CAHIERS

▶ n° **162** / 3e trimestre 2020

PHILOSOPHIQUES

CAHIERS PHILOSOPHIQUES
est une publication de la Librairie Philosophique J. Vrin
6, place de la Sorbonne
75005 Paris
www.vrin.fr
contact@vrin.fr

Directeur de la publication
DENIS ARNAUD

Rédactrice en chef
NATHALIE CHOUCHAN

Comité scientifique
BARBARA CASSIN
ANNE FAGOT-LARGEAULT
FRANCINE MARKOVITS
PIERRE-FRANÇOIS MOREAU
JEAN-LOUIS POIRIER

Comité de rédaction
ALIÈNOR BERTRAND
LAURE BORDONABA
MICHEL BOURDEAU
JEAN-MARIE CHEVALIER
MICHÈLE COHEN-HALIMI
FRÉDÉRIC FRUTEAU DE LACLOS
JACQUES-LOUIS LANTOINE
BARBARA DE NEGRONI
STÉPHANE MARCHAND
SÉBASTIEN ROMAN

Sites internet
www.vrin.fr/cahiersphilosophiques.htm
http://cahiersphilosophiques.hypotheses.org
www.cairn.info/revue-cahiers-philosophiques.htm

Suivi éditorial
ÉMILIE BRUSSON

Abonnements
FRÉDÉRIC MENDES
Tél. : 01 43 54 03 47 – Fax : 01 43 54 48 18
abonnements@vrin.fr

Vente aux libraires
Tél. : 01 43 54 03 10
comptoir@vrin.fr

La revue reçoit et examine tous les articles, y compris ceux qui sont sans lien avec les thèmes retenus pour les dossiers. Ils peuvent être adressés à : cahiersphilosophiques@vrin.fr. Le calibrage d'un article est de 45 000 caractères, précédé d'un résumé de 700 caractères, espaces comprises.

ISSN 0241-2799
ISSN numérique : 2264-2641
ISBN 978-2-7116-6014-8
Dépôt légal : avril 2021
© Librairie Philosophique J. Vrin, 2021

SOMMAIRE

■ ÉDITORIAL

■ DOSSIER
L'ORNEMENT

■ LES INTROUVABLES DES CAHIERS

■ SITUATIONS

ÉDITORIAL

Qu'ont de commun le cadre finement ouvragé d'un tableau, le chapiteau sculpté d'un édifice religieux, une vocalise ou un trille exécuté au clavecin, la peinture attentive du drapé d'une étoffe au sein d'une toile dont le sujet est tout autre ? Est-il légitime de poursuivre cette énumération et d'y adjoindre les motifs pavés de certains édifices, les entrelacs innombrables formés par les tissages et broderies arborés en divers lieux et occasions, voire certaines marques rituelles inscrites sur le corps des hommes eux-mêmes ? Toutes ces manifestations et bien d'autres encore peuvent, à un degré ou un autre, être qualifiées d'ornement. L'omniprésence spatiale et temporelle des décorations ornementales se trouve ainsi soulignée, mais que parvient-on à appréhender, *a fortiori* à déterminer, en rassemblant de cette manière des formes, des matériaux et des usages qui diffèrent autant les uns des autres ? Peut-on concevoir l'unité réelle de cette variété extrême et à quelles conditions ? Ne faut-il pas *a minima* distinguer, et même hiérarchiser, au sein de cette énumération ce qui relève d'« arts mineurs » et ce qui relève d'arts plus nobles ?

Ces questions traversent les différentes contributions de ce numéro et leur élaboration met en exergue la fécondité théorique de la notion d'ornement. Celui-ci ne peut en effet être pensé isolément. Son étude doit être articulée à celle de l'« œuvre d'art » dont la définition se trouve ainsi mise en jeu, autant qu'à la caractérisation de l'art lui-même, de son origine et de ses productions. L'ornement, quel qu'en soit le matériau, est assurément un *ouvrage*, mais quelle est sa finalité ? Est-il le simple accessoire d'une œuvre à laquelle il est rattaché, une espèce de supplément sans réalité ou utilité propre ? A-t-il au contraire une autonomie et comment la penser ? L'ornement apparaît toujours comme une réalité ambiguë, à laquelle il semble impossible d'assigner une identité unique et fixe. Dans tous les cas, l'étude de l'ornement est aux prises avec des questions méthodologiques relatives à l'étude des arts et des œuvres qui en procèdent.

Ainsi, Gombrich dans *Le Sens de l'ordre*, sur la base d'un travail de longue haleine étayé sur un très riche matériau empirique, affirme-t-il la possibilité d'accéder théoriquement à l'unité de l'ornement. Cette thèse s'appuie sur une relecture critique de l'histoire de l'art et prend ses distances avec une tendance à l'interprétation symbolique jugée excessive. D'un point de vue méthodologique, c'est l'attention à la structure, à la réitération de motifs déterminés, articulées à l'hypothèse d'un « sens de l'ordre » inhérent à la vie biologique qui permettent d'unifier l'approche des ornements. Gombrich souhaite ainsi « expliquer » l'ornement et pour ce faire tirer parti des ressources offertes par les sciences de la nature, dont la biologie et la psychologie [1]. « On peut parler d'art lorsque certaines activités deviennent un but en soi » et ce, même s'il s'agit de la composition des motifs d'une

■ 1. *Cf.* L. Bordonaba, « Ernst Gombrich : Expliquer l'ornement », p. 91-92.

broderie[2] ; dans tous les cas où la réalisation tend à prendre le pas sur la fonction. Il n'y a donc aucune justification théorique de la négligence à l'égard de l'ornement.

À première vue, l'ornement n'existe pas en soi. Il vient « orner » une réalité qui le précède et dont il se trouve ontologiquement dépendant. Les étymologies grecque et latine font pourtant apparaître une relation directe à l'ordre et à beauté : l'*ornatum* latin renvoie au grec *kosmos*[3]. L'ornement est d'abord conçu dans le cadre de la rhétorique : il participe à l'ordonnancement d'un discours et contribue à son efficacité car il a vocation à mettre en valeur ce qui doit l'être, au même titre que le cadre d'un tableau qui a pour effet de « séparer et relier à la fois » « l'espace artistique du tableau et l'espace mondain dans lequel celui-ci est situé »[4]. Poussin, dans une lettre à M. de Chantelou, lui recommande ainsi d'orner son tableau « d'un peu de corniche » afin que « les rayons de l'œil soient retenus et non épars au dehors... »[5].

Cette fonction de présentation et de valorisation de l'œuvre ne doit pas occulter une autre fonction de l'ornement qui pourrait être de se manifester lui-même. Il serait alors *premier* et non *second*. Dans quelle mesure pourrait-il être qualifié d'ornement en ce cas ? Les formes et couleurs splendides présentes dans le règne animal et le règne végétal fournissent une possible voie interprétative : elles pourraient relever d'une « automanifestation » dénuée de toute utilité et non adressée à qui que ce soit[6]. Cette hypothèse tend à valoriser les formes ornementales pour elles-mêmes au prix d'un rejet de toute approche utilitaire de l'ornement, et d'un refus d'une compréhension évolutionniste du vivant et de la vie.

Ainsi, on ne peut penser l'ornement sans se confronter à plusieurs alternatives théoriques non résorbables qui en soulignent l'ambiguïté : relève-t-il de la nature ou de la culture ? Est-il nécessaire ou contingent, utile ou superflu, secondaire ou autonome ? Doit-il être abordé d'un point de vue objectif ou procède-t-il d'une subjectivité mue par une pulsion décorative irrépressible ? Ces alternatives s'articulent de surcroît à des questions normatives. Si l'ornement est contingent, s'il est superflu, s'il procède d'une pulsion ornementale, ne tend-il pas nécessairement à proliférer sans limites ? Il est frappant de voir que l'ornement – ou peut-être une certaine manière de le pratiquer – fait l'objet de critiques virulentes à l'intersection d'un rejet esthétique et d'une condamnation morale. Il faut alors chercher à distinguer le *bon* ornement du *mauvais*, le *bon goût* du goût corrompu.

La querelle berlinoise de l'ornement initiée par les tenants d'une esthétique classique stricte est emblématique de ces déchirements[7] dont la virulence tient aussi à la montée en puissance des arts décoratifs au détriment des Beaux-Arts, au sein d'un processus d'industrialisation.

En 1793, K. P. Moritz publie les *Concepts préliminaires en vue d'une théorie des ornements*. Il y distingue le bon du mauvais ornement, en les rattachant

2. *Cf.* L. Bordonaba, « Ernst Gombrich : Expliquer l'ornement », p. 95
3. *Cf.* C. Pacquet, « La querelle berlinoise de l'ornement... », p. 35.
4. *Cf.* B. Sève, « L'ornement, un concept transartistique ? », p. 19.
5. *Ibid.* p. 19.
6. *Ibid.* p. 22.
7. *Cf.* C. Pacquet, « La querelle berlinoise de l'ornement... », p. 25-39.

soit à une noble pulsion de décoration soit à une manie d'embellissement. Le bon ornement fait preuve de justesse et à ce titre, il est légitime. S'il n'est pas par lui-même détenteur de signification, il est néanmoins *significatif*. Parce qu'il différencie et ordonne, parce qu'il contribue à lier entre eux les éléments d'une composition, il crée de la lisibilité au sein des formes et a vocation à faire rempart à la menace d'une illisibilité du monde [8].

Une réflexion sur la signification de l'ornement ne peut toutefois être dissociée d'une interrogation plus large sur le statut de la représentation dans le monde occidental. Le destin de l'« arabesque » l'atteste, qui prend la forme d'une « épreuve » et vient ébranler les « fondations de l'objectivisme occidental » [9]. Si l'étymologie d'« arabesque » renvoie à un ailleurs exotique, son « inquiétante étrangeté » tient plutôt à son caractère non figuratif, à sa gratuité formelle qui semblent provenir d'une pulsion ornementale débridée, jouissant de son propre pouvoir. Elle condense de ce fait le mélange complexe d'attraction et de répulsion qui se manifeste vis-à-vis de l'ornement.

Les arabesques s'introduisent d'abord comme des « formes muettes » venues notamment de l'Asie mineure ottomane afin d'être reproduites par les artisans du textile dans des tissus et broderies. Mais le transfert de ces formes reste superficiel du fait de l'hétérogénéité de deux régimes visuels. Du côté de l'Orient, ces compositions ornementales sont des messagères majeures d'une vision du monde, leur élégance donne à voir l'invisible harmonie des essences et permet au regard de se détourner du désordre des apparences visibles. Du côté de l'Occident, le régime de la représentation figurée prévaut et il s'accompagne, au moins jusqu'au XVIIIe siècle, d'une relégation de l'arabesque perçue comme un « à-côté », un élément secondaire par rapport à une image centrale. Il n'est donc pas surprenant que la mise en question ultérieure de la figuration, aux XIXe et XXe siècles, offre aux arabesques et autres ornements une opportunité de retrouver un rôle majeur. Ainsi Matisse évoque-t-il le caractère « surtout décoratif » de ses œuvres fauves qui « s'établissent par combinaisons de taches et d'arabesques »[10].

Avant même ces infléchissements de la figuration, les « marges » de la représentation pourraient aussi receler une liberté créatrice pleinement expressive et non réductible à une approche purement décorative. Les travaux d'Aby Warburg prêtent une attention toute particulière à ces « marges » appréhendées comme des « zones de subversion » où s'élaborent des transformations de style [11]. Car l'art au cours de son histoire éprouve ses limites et les repousse, en se métamorphosant. Ainsi en va-t-il des drapés et chevelures de Botticelli qui, pour être secondaires, n'en sont pas pour autant accessoires et concrétisent une quête d'expression du mouvement. Ce qui est secondaire du point de vue de la narration – la naissance de Vénus, par exemple – a néanmoins une grande importance sous l'angle du style et des effets esthétiques. Le drapé du vêtement doit être appréhendé non comme un ajout superfétatoire mais comme ce qui donne « une forme graphique à l'intériorité ». Il lui revient ici de suggérer conjointement l'ordre intérieur

---

■ 8. *Cf.* C. Pacquet, « La querelle berlinoise de l'ornement… », p. 37
■ 9. *Cf.* R. Labrusse, « " Arabesques". Une histoire occidentale », p. 57.
■ 10. *Ibid.*, p. 73.
■ 11. *Cf.* M. Schiele, « La singularité du drapé ou l'expressivité de l'ornement chez Aby Warburg », p. 44.

du psychisme et l'ordre extérieur physique. Plus largement, Warburg insiste sur la nécessité de se rapporter à l'ornement en tenant compte de sa nature nécessairement composite et pluridimensionnelle. Ainsi, le drapé évolue-t-il avec le temps, aussi bien dans sa forme que dans son contenu expressif, au point de devenir une prouesse technique, témoin d'une certaine maîtrise des gestes et du monde. Ces productions doivent alors être subsumées sous la catégorie de l'*ornemental,* conceptuellement distincte de celle d'ornement. En tant qu'il relève de l'ornemental, le drapé devient progressivement une « forme typique » indissociable de son contenu.

La condamnation morale de l'ornement converge souvent avec la critique sociale du luxe, de tous ces embellissements aussi précieux que superflus qui sont autant de signes extérieurs de richesse. Là encore l'ambivalence de l'ornement resurgit et la nécessité de faire preuve de discernement s'impose. En effet, l'ornement est partout, il n'est pas réservé à quelques réalisations sophistiquées destinées à ceux qui ont la ressource financière pour les acquérir. Il faut aussi compter avec « un ornement de la masse », selon l'expression retenue par Siegfried Kracauer pour son ouvrage de 1927. Phénomène particulièrement perceptible dans l'industrie cinématographique et qui constitue une sorte de reflet esthétique du mode de production capitaliste [12]. Ainsi en va-t-il des vastes compositions ornementales qui mobilisent des dizaines de danseuses dans les films de B. Berkeley. Kracauer écrit : « le plaisir esthétique que l'on prend à ces mouvements ornementaux de masse est *légitime* [...]. La masse qui est ainsi disposée [en elle] est tirée des bureaux et des usines [...]. Si faible soit la valeur esthétique qu'on attribue à l'ornement de masse, il se situe d'après son degré de réalité, au-dessus de ces productions artistiques qui continuent à cultiver dans les formes du passé de grands sentiments périmés » [13]. L'ornement est le témoin de son temps.

Les plaisirs associés à l'ornement répondent peut-être à un besoin aussi naturel que l'est la nourriture. Sans eux, la vie humaine serait restreinte à une simple survie [14]. William Morris déploie dans tous leurs linéaments les conséquences de ce constat et en souligne le sens politique. La compréhension de l'ornement s'enracine dans « la prise de conscience de la beauté de ce qui, naturel ou artificiel, existe déjà » [15] et que le capitalisme industriel contribue à détruire. La « question de l'art ornemental n'est pas de savoir [...] s'il faut ou non plaquer une certaine dose d'ornements ou d'élégance sur un malheureux objet sans vie dont on se sert quotidiennement... » [16]. Le capitalisme détruit les relations sociales et les manières de travailler propices à la fabrication d'ornements véritables. La « liberté de la main et de la pensée dans le travail » en sont une condition nécessaire, seule manière pour que chacun puisse, dans ses ouvrages, se mettre à la place qui est celle de l'autre dans la vie.

Nathalie Chouchan

12. *Cf.* A. Ledoux, « *"Just like pearls"* : L'ornement de la masse de S. Kracauer à B. Berkeley », p. 80.
13. *Ibid.* p. 84.
14. *Cf.* L. Bordonaba, « William Morris : Politique de l'ornement », p. 130
15. *Ibid.* p. 132.
16. *Cf.* W. Morris, « L'art et ses producteurs », p. 140 *sq.*

DOSSIER

L'ornement

L'ORNEMENT, UN CONCEPT TRANSARTISTIQUE?

Bernard Sève

L'ornement n'existe pas en soi, il est ontologiquement dépendant d'une réalité (artistique ou non) antérieure à lui – mais de nombreux ornements sont détachables de leur support. La secondarité de l'ornement explique sa propension à pulluler. L'ornement entretient ainsi avec l'œuvre ornée un rapport ambigu : il tend à l'affaiblir (par sa prolifération) non moins qu'à la construire (par le liant ou l'éclat qu'il lui donne). En musique et dans l'art oratoire notamment, l'ornement est essentiel. Dans tous les cas, l'ornement vise à présenter l'œuvre; dans certains cas même, l'ornement vaut pour lui-même, comme pure jubilation de la vie et « manifestation de soi » sans destinataire.

Les historiens de l'art comme les philosophes de l'art utilisent ou inventent des concepts destinés à décrire puis à penser leurs objets : ainsi des concepts de polyphonie, de point de fuite, de double énonciation, de focalisation interne. Chacun de ces concepts n'est pertinent que pour un art particulier (respectivement la musique, la peinture perspectiviste, le théâtre, le roman). Existe-t-il des concepts que l'on pourrait appeler « transartistiques »[1], qui vaudraient pour plusieurs arts, voire pour la totalité des arts? Je ne parle pas ici de l'usage métaphorique des notions (on peut parler de la polyphonie d'une peinture ou d'un roman), mais bien de concepts rigoureusement pertinents pour plusieurs arts. Cela est certainement le cas pour les concepts les plus généraux, comme celui de forme, de bonne proportion ou de matériau. Mais ces concepts sont si généraux qu'ils conviennent également aux artefacts non-artistiques, voire aux réalités naturelles. Entre la très grande généralité

---

1. Ce mot, devenu usuel, n'est pas forcément le meilleur. Le préfixe « trans » signifie en français le passage d'une position à une autre (transfuge, transsexuel, transclasse), alors quand dans « transartistique » il s'agit de penser non le passage d'un art à un autre, mais l'applicabilité d'une propriété à plusieurs arts ou à tous les arts. Il est vrai que « trans » peut aussi signifier « qui surplombe les différentes positions » (un accord transpartisan), ce qui est le sens ici pertinent.

du concept de forme et la stricte spécialisation du concept de polyphonie, on peut douter qu'il existe des concepts transartistiques.

Mais les arts ne sont pas des îles, et les pratiques contemporaines, qui aiment à brouiller les frontières ou à mêler les arts, contribuent à mettre en évidence un certain continuum des arts. La synthèse ou le mixage des arts (par exemple à l'opéra ou au cinéma) ne supposent-ils pas, comme condition de leur possibilité, la présence de structures artistiques communes, ou du moins compatibles ? Parmi les concepts possiblement transartistiques, on trouve, au premier rang, le rythme. Le concept de rythme est à l'évidence indispensable pour penser la poésie, la danse, la musique, l'art oratoire, l'art vidéo, le cinéma, le théâtre, le mime ou le roman ; mais il est à mon sens tout autant indispensable pour penser

Il n'y a pas d'art sans ornement

la sculpture, l'architecture, la gravure, l'art du vitrail, le *land art* ou la peinture. On pourrait soutenir que, pour ce second groupe d'arts, la notion de rythme est employée de façon purement analogique ; ce n'est pas mon avis, mais ce n'est pas ici le lieu de discuter ce point [2]. Il est du moins certain que le concept de rythme convient au minimum à de très nombreux arts, et peut-être à tous.

L'ornement est le second exemple qui se présente à l'esprit lorsqu'on se met en quête de concepts transartistiques. Sans même évoquer d'assez inutiles généralités comme « l'art est un ornement de la vie », on peut supposer que la pulsion d'art, antérieurement à sa spécialisation en arts différents, se manifeste d'abord comme pulsion d'orner. Dans son pamphlet « Ornement et crime » [3], Adolf Loos soutient que la pulsion d'orner son visage, pulsion à laquelle Loos accorde une dimension érotique, est « le commencement des arts plastiques » - commencement infantile selon lui, qu'il s'agirait de répudier. On sait depuis Lévi-Strauss au moins [4] que les tatouages et peintures faciales des sociétés sans écriture n'ont rien d'infantile et expriment une signification précise, ce qui n'invalide pas l'hypothèse selon laquelle le geste d'orner comporterait une composante pulsionnelle. Le geste d'orner, antérieur à tout ornement réel et à toute distinction des arts, serait le point d'unité transartistique de la notion [5]. L'inconvénient de cette trop séduisante théorie est qu'elle est purement spéculative et sans appui réel sur les faits.

Si l'on prend les arts non à l'état hypothétiquement non spécialisé de leur émergence, mais dans leur réalité culturelle et anthropologique, on constate qu'il n'y a pas d'art sans ornement. La musique, les arts du langage, les arts plastiques sans exception, le théâtre, mais aussi la danse ou le cinéma, tous

■ 2. On se référera à P. Sauvanet, *Le Rythme et la raison*, 2 volumes, Paris, Kimé, 2000. D'après Sauvanet, on peut parler de rythme dès qu'au moins deux des trois caractères suivants se rencontrent dans une œuvre ou une pratique : structure, périodicité et mouvement.

■ 3. A. Loos, « Ornement et crime » [1908], dans *Ornement et crime et autres textes*, Paris, Rivages, 2003.

■ 4. C. Lévi-Strauss, *Tristes Tropiques*, Paris, Plon, 1955, chap. xx.

■ 5. Il faudrait aussi évoquer, parmi bien d'autres, les positions d'Aloïs Riegl et de Wilhelm Worringer. Voir l'éclairant article d'A. Sauvagnargues, « L'éthique de l'ornement au tournant des xixᵉ et xxᵉ siècles : Riegl et Worringer », *Nouvelle Revue d'Esthétique* 6, Paris, P.U.F., 2010 / 2, p. 165-176.

les arts usent d'ornements. Les rares exceptions (minimalisme architectural, pictural ou musical) sont motivées, aux XXe et XXIe siècles, par un purisme anti-ornemental, à certains égards historiquement daté, mais justifié par le privilège donné à la rigueur formelle, au rejet du romantisme, à la méfiance envers la facilité esthétique et au refus des compromissions commerciales. Ces exceptions, si remarquables soient-elles, ne font pas loi devant cette massive évidence : l'homme est l'animal qui orne son corps, sa voix, ses gestes, ses paroles, et, de proche en proche, les objets qui l'entourent puis le monde lui-même. Les arts sont une des voies, non la seule, de ce désir d'orner. Comme le soutient Jacques Dewitte, l'ornement est un geste d'amour, non de pitié ; on embellit une ville parce qu'on l'aime, non pour cacher sa laideur [6]. L'œuvre d'art, expression de ce désir d'orner, est elle-même digne d'être aimée, et d'être ornée à son tour. Ainsi s'expliquerait le fait que tous les arts pratiquent l'art (second) d'orner.

Ce constat liminaire suffit-il à établir que le concept d'ornement serait valide pour tous les arts ? Ce serait aller beaucoup trop vite : rien ne garantit que, sous le mot unique d'ornement utilisé pour tous les arts se trouvent un même concept et une problématique commune. Il nous faut reprendre les choses de plus loin.

Une pratique essentiellement seconde

L'ornement n'existe pas en soi, tout ornement est ornement de quelque chose d'antérieur et d'indépendant. L'ornement est un relatif, un accident et non une substance. Cette secondarité essentielle à l'ornement permet de lier deux de ses caractères les plus remarquables : l'ornement est détachable, l'ornement tend à pulluler.

L'ornement étant second est « relatif à » et, par le fait même, contingent. Il peut donc être détaché de la chose ornée, qui peut en principe se passer de lui. On peut ôter son cadre à un tableau, ses métaphores à un discours, ses vocalises à un air d'opéra. Mais ce principe de détachabilité peut prendre deux sens différents. « Détachable » peut signifier que l'ornement peut être physiquement détaché de l'objet qu'il ornait, et qu'ainsi séparé il existe par lui-même et pour sa propre valeur (l'objet orné étant, de son côté, appauvri par ce retranchement) ; mais « détachable » peut, à l'inverse, indiquer que l'ornement détaché était à ce point relatif à l'œuvre que, réduit à lui-même, il n'a aucune valeur (corrélativement, l'œuvre qu'il ornait peut se passer sans dommage de son ornement). Les exemples du premier cas sont innombrables, principalement dans les arts plastiques. Les frises du Parthénon d'Athènes valent par elles-mêmes (au British Museum), détachées du temple qui seul pourtant pouvait leur donner tout leur sens ; on voit dans les musées des chapiteaux historiés ou des sculptures détachées des cathédrales gothiques qu'elles ornaient. Ces sculptures ou chapiteaux « tiennent », artistiquement, par eux-mêmes [7]. Comme exemples du second cas, on peut nommer les

■ 6. J. Dewitte, *La Manifestation de soi. Éléments d'une critique philosophique de l'utilitarisme*, Paris, La Découverte, 2010, notamment p. 73-76.

■ 7. Il faut à chaque fois se demander ce que gagne et ce que perd l'ornement à être ainsi détaché, et promu à une existence esthétique indépendante. Un chapiteau historié présenté à hauteur d'homme dans un musée

cadres des tableaux : à part dans certaines installations d'art contemporain, chez les brocanteurs, ou pour des pièces exceptionnelles, un cadre vide n'a ni valeur ni intérêt ; on peut aussi penser aux vocalises ou aux métaphores, qui « tiennent » rarement toutes seules quand elles sont détachées de l'œuvre qu'elles ornaient [8]. Reste le cas particulier des couleurs dont étaient ornés les statues grecques et tant de chapiteaux romans, couleurs non pas détachées (par les hommes) mais détruites par l'érosion ; à quelques exceptions près (église de Saint-Nectaire, Puy-de-Dôme), ces couleurs sont perdues, sans qu'on puisse mesurer l'ampleur esthétique de cette perte.

Le second trait de l'ornement est sa tendance à la prolifération. L'ornement, étant un « en plus », n'est limité, contrairement à l'œuvre qu'il orne, par aucun principe intrinsèque. La secondarité de l'ornement ne bride pas sa propension à la prolifération, tout au contraire. Cette prolifération de l'ornement peut prendre au moins deux formes. La première est la réduplication du geste ornemental : on peut orner un ornement, on peint de couleurs vives la statue ornementale, on ajoute des appogiatures dans une vocalise, etc. La seconde est l'extension indéfinie de l'ornement, qui tend à remplir tout l'espace disponible (compulsion à couvrir un mur de graffitis, à se couvrir le corps de tatouages ou de bijoux, à saturer l'interprétation musicale d'ajouts expressifs, etc.). Le vertige de la surornementation appartient à la logique de l'ornement, et plus encore dans les arts de performance, où existe un lien étroit entre improvisation et ornementation. Le grand nombre des ornements exprime ce vertige ; donnons-en pour exemple une liste (non exhaustive) des ornements musicaux : *acciacatura*, agréments, appoggiature, battement, broderie, cadence, coloration, coulé, diminution, échappée, glissando, glose, *gruppetto*, mordant, paraphrase, pincé, port de voix, tremblement, tremolo, trille.

Cette secondarité de l'ornement, Kant l'appelle *parergon* dans un texte célèbre de la *Critique de la faculté de juger*, très souvent commenté, et que je me contente de rappeler :

> Même ce que l'on appelle des *ornements* [*Zieraten*] (*parerga*), c'est-à-dire ce qui ne fait pas partie intégrante de la représentation entière de l'objet comme l'un de ses éléments constitutifs, mais simplement comme un ajout extérieur [*Zutat*], et qui augmente la satisfaction du goût, ne parvient lui aussi néanmoins à ce résultat que grâce à sa forme : c'est le cas, par exemple, des cadres des tableaux, des vêtements pour les statues, ou des colonnades autour des palais. En fait, si l'ornement ne consiste pas lui-même dans la belle forme, s'il n'est là, comme le cadre avec sa dorure, que pour recommander,

gagne de pouvoir être observé de très près ; mais il perd le sens que lui donnaient sa fonction architecturale et sa place dans un ensemble à vocation religieuse (pensons aux beaux chapiteaux romans du prieuré Notre-Dame de la Daurade aujourd'hui exposés au Musée des Augustins de Toulouse) ; et après tout les chapiteaux sont faits pour être vus de bas en haut, et non de manière frontale.

■ 8. Certaines métaphores très célèbres tiennent, quoique détachées, tenues qu'elles sont elles-mêmes non plus par l'œuvre où elles sont prélevées mais par le contexte culturel qui, précisément, leur a conféré cette célébrité qui vaut indépendance. Par exemple : « L'année a perdu son printemps » de Périclès, d'après Aristote, *Rhétorique*, I, 7 et III, 10 ; ou « Cette faucille d'or dans le champ des étoiles » de V. Hugo, dernier vers de « Booz endormi », dans *La Légende des siècles*.

par son attrait, le tableau à l'assentiment, dans ce cas on parle de lui comme d'une *parure* [*Schmuck*], et il est dommageable à la beauté authentique [9].

La distinction kantienne entre l'ornement, possiblement sauvable en tant qu'il est forme et non attrait, et la parure, toujours mauvaise, est intéressante. L'exemple du cadre est parlant : en tant que simple forme géométrique, il est acceptable, voir recommandable ; mais s'il est « doré », attirant pour l'œil par son brillant et non plus par sa forme, il devient une parure dangereuse. Bien des ornements seraient classés par Kant sous la catégorie infamante de la parure. L'ornement, ou plutôt la parure, est pour Kant essentiellement instable voire dangereuse. Au service de l'œuvre, il risque toujours de sortir de son rôle et d'attirer sur lui une attention qui ne devrait être vouée qu'à l'œuvre. La chose est souvent vraie : le cadre d'un tableau, s'il est trop sophistiqué, va capter l'attention et la détourner de l'œuvre ; les décors et costumes utilisés au théâtre vont, s'ils sont trop riches ou porteurs de messages iconiques trop complexes, détourner l'attention de l'intrigue dramatique et parasiter l'entente de la tragédie. On peut, sans adopter le purisme de Kant, conserver son analyse de l'ornement et de la parure comme forme et comme attrait.

Si la secondarité de l'ornement semble essentielle, il arrive pourtant qu'il fonctionne seul, sans support – contredisant ainsi la secondarité. Certaines pièces brèves de Scarlatti ou de Chopin peuvent être entendues comme de longs ornements, qui valent en eux-mêmes et n'ornent rien [10]. Dans la 9e de ses *Variations sur un thème de Diabelli*, Beethoven réussit le tour de force de traiter un simple pincé (ornement de deux notes) comme le motif d'une variation complète. Cette variation est donc ornement au second degré, amplification du plus mince des ornements musicaux. On pourrait même dire, plus radicalement encore, que certains arts sont ornementaux de part en part, comme l'art médiéval de l'enluminure et plus précisément celui de la lettrine ornée [11], l'art du maquillage ou celui du tatouage. Certes la lettrine orne le manuscrit, le maquillage et le tatouage ornent le corps humain, mais ni le manuscrit ni le corps humain ne sont en eux-mêmes des œuvres d'art. L'ornement ici est donc la totalité de l'œuvre d'art, contrairement à ce que nous pensions être son concept. D'art second, l'ornementation devient art premier.

Cette prise en compte d'ornements non-seconds, qui sont l'art lui-même et non un ajout à l'art, nous conduit à rectifier et à approfondir la notion de détachabilité.

Ornement interne et ornement externe

Certains ornements sont détachables, mais tous ne le sont pas. On pourrait distinguer entre ornement externe (détachable) et ornement

■ 9. E. Kant, *Critique de la faculté de juger* [1790], § 14, trad. fr. A. Renaut modifiée, Paris, GF-Flammarion, 2015 ; J. Derrida a abondamment exploité ce mot dans « Parergon » dans *La Vérité en peinture*, Paris, Champs-Flammarion, 1978.

■ 10. On peut songer à la sonate pour clavecin K 535 en ré majeur de Scarlatti au Prélude n° 10 de Chopin.

■ 11. Voir Dom P. Blanchon-Lasserve, *Écriture et enluminures des manuscrits du IXe au XIIe siècles*, Sablé-sur-Sarthe, Abbaye de Solesmes, 1922. Quoiqu'ancien, ce livre rare *in-quarto* se recommande par la précision de son information technique et plus encore par la très grande richesse de ses nombreuses illustrations et reproductions de lettrines (ornées, historiées, zoomorphiques).

interne (non détachable). Le cadre d'un tableau est ornement externe, tout comme la cadence d'un concerto classique ; on peut les supprimer, ou les remplacer par un autre cadre ou par une autre cadence ; il en va de même pour les décors et costumes choisis par le metteur en scène : d'autres décors et d'autres costumes seront choisis par un autre metteur en scène, et l'on admet qu'il s'agit de la même pièce autrement interprétée. Les ornements d'un discours épidictique ou d'un texte théâtral, en revanche, ne sont pas extérieurs au discours : images et métaphores, choix des mots et du rythme, mais aussi débit et gestuelle de l'orateur (*l'actio* de la rhétorique classique) ne sont ni détachables ni modifiables. Modifier les métaphores et les insultes de *King Lear* de Shakespeare, c'est tuer le texte. Et, pour prendre un des exemples les plus célèbres de l'éloquence de la chaire, comment séparer ce qui est ornement de ce qui ne l'est pas dans l'*Oraison funèbre d'Henriette d'Angleterre* de Bossuet : « Nous devrions être assez convaincus de notre néant : mais, s'il faut des coups de surprise à nos cœurs enchantés de l'amour du monde, celui-ci est assez grand et assez terrible. Ô nuit désastreuse ! ô nuit effroyable, où retentit tout à coup, comme un éclat de tonnerre, cette étonnante nouvelle : Madame se meurt, Madame est morte » [12] ? L'analyse rhétorique du passage isolera la comparaison de l'éclat de tonnerre, un peu banale, la double exclamation anaphorique « Ô nuit désastreuse ! ô nuit effroyable ! », à laquelle fait écho la seconde anaphore « Madame se meurt, Madame est morte », et l'inimitable formule « s'il faut des coups de surprise à nos cœurs enchantés de l'amour du monde ». Où est ici l'ornement, où est ici la substance du propos ? La distinction est impossible.

J'admets volontiers que la distinction entre « ornement externe » (détachable) et « ornement interne » (non détachable) est, sinon fragile, du moins poreuse, et que bien des cas, examinés de près, se révéleraient ambigus. Mais ceux que je viens d'indiquer ne le sont pas. Cette distinction contribue sans doute à fragiliser le concept d'ornement, dont l'univocité est battue en brèche, et dont la cohérence devient douteuse ; mais elle permet de comprendre l'existence de ces ornements qui n'ornent rien, de ces œuvres-ornements ou de ces arts-ornements évoqués plus haut.

Si nous rassemblons les différents cas évoqués, nous nous trouvons devant quatre grandes catégories d'ornement : les ornements détachables qui, une fois détachés, constituent une œuvre autonome (une statue) ; les ornements détachables qui, une fois détachés, ne constituent pas une œuvre (une vocalise) ; les ornements indétachables (les tropes d'un sermon de Bossuet) ; les ornements qui n'ont jamais été attachés à une œuvre d'art, et constituent donc l'œuvre à eux seuls (une lettrine historiée médiévale). La frontière entre les catégories 2 et 3 est assez poreuse ; dans nos exemples, elle tient à ce que la vocalise est ajoutée par l'interprète alors que les tropes de l'*Oraison funèbre d'Henriette d'Angleterre* sont dus à Bossuet. L'artiste qui produit l'ornement externe est rarement celui qui produit l'œuvre, la cantatrice aura tendance à multiplier ports de voix et vocalises, à la fureur

■ 12. J.-B. Bossuet, *Oraison funèbre de Henriette-Anne d'Angleterre* [1670], dans *Œuvres*, Paris Gallimard, Pléiade, 1961, p. 91.

parfois du compositeur (Gluck ou Berlioz tenteront de lutter contre les « folles vocalises » des ténors et divas).

Construction et affaiblissement de l'œuvre par l'ornement

L'ornement, nous l'avons dit, a tendance à proliférer. L'ornement fonctionne alors comme un principe de dislocation de l'œuvre, comme un grouillement de grotesques, de formes plus ou moins fantastiques, de lignes et de courbes arbitraires; le baroque se dégrade en rococo. La multiplication des agréments (ornements) dans l'interprétation de la musique baroque peut dénaturer la ligne mélodique fondamentale – ce qui est, parfois, le but recherché [13].

Mais l'ornement peut, à l'inverse, contribuer à construire l'œuvre. En architecture, l'ornement (sculptures, chapiteaux historiés, fresques, vitraux, rosaces, sablières sculptées, poutres de gloire, pour ne parler que de l'architecture religieuse) contribue à structurer l'espace, à lui donner du rythme et du sens ; l'ornement n'est pas seulement destiné au regard humain, certains sont placés à une telle hauteur qu'ils ne sont visibles que par Dieu. Cela n'est pas moins vrai, quoique par des moyens différents, de la cathédrale gothique que de l'église baroque. Le risque de prolifération est présent, il n'est pas toujours conjuré, mais la logique de l'ornement ne peut être réduite à ce risque.

> **L'ornement peut contribuer à construire l'œuvre.**

Des réflexions voisines peuvent être faites pour l'ornementation musicale. Charles Rosen compare l'évolution des ornements musicaux à celle des tissus d'ameublement :

Le rôle de la décoration devint exactement le contraire de ce qu'il avait été. Dans les intérieurs Rococo, la décoration servait à masquer les structures, à recouvrir les joints, à imposer une continuité absolue. La décoration néo-classique, beaucoup plus sobre, servit au contraire à renforcer les structures, à les articuler, à aiguiser à leur égard la sensibilité du spectateur [...]. Dans la première moitié du XVIIIe siècle, l'ornementation était un moyen fondamental, en musique, pour atteindre la continuité : non contente de recouvrir la structure musicale sous-jacente, elle la maintenait en mouvement. Le dernier Baroque avait horreur du vide, les *agréments* remplissaient donc ce qu'il y avait d'espace libre. Dans le style classique au contraire, l'ornementation articule la structure. Le principal ornement du Baroque que ce style conserva fut le trille cadentiel terminal. Quant aux autres, ils disparurent plus ou moins, et dans la mesure où ils subsistèrent, ce fut presque toujours sous une forme entièrement écrite : il le fallait bien, puisqu'ils étaient devenus *thématiques* [14].

■ 13. En toute rigueur, comme le rappelle François Sabatier, il faut distinguer l'agrément qui affecte une note unique et l'ornement qui concerne une phrase musicale prise en son entier; voir F. Sabatier, « Table d'agréments et planches d'ornements dans la première moitié du XVIIIe siècle : correspondances », dans *Questionner l'ornement*, Paris, Les Arts décoratifs/INHA, 2013, en ligne. Le pincé est un agrément, l'arabesque (musicale) un ornement. Mais ces deux mots sont souvent pris l'un pour l'autre.

■ 14. C. Rosen, « Structure et ornement », dans *Le Style classique, Haydn, Mozart, Beethoven*, Paris, Gallimard, 1978, p. 134-135. Je me permets de renvoyer aussi à mon *Altération musicale*, Paris, Seuil, 2e édition 2013, p. 212-213.

Il faut ajouter ici que l'ornement musical est, dans certains cas, rendu nécessaire par la nature même du matériel utilisé. Certains instruments de musique peuvent tenir des notes longues sur plusieurs mesures (instruments à vent, orgue, instruments à cordes frottées [15]), mais d'autres ne le peuvent pas, le son une fois produit ne peut pas être entretenu et disparaît (clavecin, piano, instruments à cordes pincées [16], percussions). L'ornement peut être alors une manière de tenir la note : un trille au clavecin ou au piano permettra de faire durer une note aussi longtemps que le compositeur le souhaite, alors qu'à l'orgue ce trille ne serait pas nécessaire. Un trille à l'orgue est toujours détachable (même s'il peut être recommandé pour telle ou telle raison), il ne l'est pas toujours au clavecin ou au piano. Quand un ornement n'est pas détachable, on est sûr qu'il joue un rôle constructif et qu'il est ornement interne.

Tournons-nous enfin vers l'ornementation rhétorique (notre approche transartistique rend inévitables des juxtapositions que la démarche scientifique exclut en principe). L'ornement, nous l'avons vu avec Bossuet, est consubstantiel au discours de l'orateur. *Ornate dicere proprium esse eloquentis*, écrit Quintilien [17] (« parler de façon ornée est le propre de l'homme éloquent »). Le bon ornement est la marque de l'éloquence dans sa perfection commente Francis Goyet [18]. Dans cette perspective, l'ornement n'est pas un surplus qui viendrait s'ajouter à un discours déjà complet, il est subsantiellement constitutif du discours rhétorique. Francis Goyet insiste sur le fait qu'*ornare* n'a jamais voulu dire « ajouter » en latin, mais « équiper », voire « compléter » :

> Quand le gros œuvre d'une construction est fait, cela reste incomplet. Les « ornements » sont les équipements indispensables, portes et planchers, des compléments qui ne sont pas du luxe. La problématique est celle de *perficere*. Il reste à parfaire après avoir fait, à couronner, à mettre la dernière main, avec ce paradoxe que ce qu'on met en dernier est aussi ce que les autres voient en premier. Ce sens général est conforme à l'étymologie d'*ornare*, formé par haplologie sur *ordinare*, « mettre en ordre, organiser », ce qui fait d'*ornamentum* la traduction normale du mot grec *kosmos*, en convoquant la même idée de lutte contre le chaos originel. Les idées d'ordre et de complétude permettent de faire l'économie de toute notion d'ajout [19].

Ce texte est quelque peu embarrassant, il prend l'exact contrepied de notre propos antérieur sur la secondarité essentielle de l'ornement, le contrepied également des notions kantiennes de *Zutat* et de *parergon*. Voici que l'ornement est devenu l'indispensable couronnement d'une œuvre incomplète sans lui ! Nous pouvons avoir deux attitudes devant cette dissonance théorique : reconnaître que le concept d'ornement est profondément contradictoire, qu'il peut désigner le nécessaire comme le superflu, et en tirer quelques conclusions sévères sur la solidité de ce concept ; ou bien renvoyer ce sens d'*ornamentum*

15. Violon, alto, violoncelle, contrebasse, violes, etc.
16. Clavecin, épinette, guitare, luth, théorbe, harpe, etc.
17. Quintilien, *Institution oratoire*, livre VIII, Prohoemium, t. 5, trad. fr. J. Cousin, Les Belles-Lettres, 2003, p. 48.
18. F. Goyet, « L'ornement événement dans les rhétoriques en latin », dans *Questionner l'ornement*, op. cit.
19. F. Goyet, « L'ornement événement dans les rhétoriques en latin », op. cit.

à la pensée latine, considérer *ornare* comme un faux ami (mais un faux ami qui aurait fait beaucoup de dégâts dans la pensée occidentale), et interpréter avec précautions les textes des théoriciens romains. Ne pensons d'ailleurs pas qu'un trait demeurerait commun entre l'ornement « ajout gratuit » et l'ornement « complément nécessaire » : la secondarité chronologique (sinon ontologique). L'*ornamentum* selon Goyet vient certes en dernier, comme l'ornement « ajout », quand il est question d'architecture ; mais cela ne peut pas être le cas de l'ornement rhétorique, qui fait corps avec le propos. Nous avons nous-même soutenu que l'ornement était essentiel au discours rhétorique (Bossuet).

Si l'ornement est du côté du *kosmos*, de l'ordre rationnel où règne, selon le *Gorgias*, l'égalité géométrique, alors il se situe aux antipodes de la flatterie, *kolakeia*, vilipendée par Socrate dans le même dialogue. L'*ornamentum* compris comme *kosmos* est limité par sa fonction, il échappe donc au vertige du pullulement et ne peut nullement être pensé comme un danger pour l'œuvre qu'il complète. Il faut cependant remarquer, pour réduire l'ampleur de la contradiction, que le mot *kosmos* présente une pluralité de sens, puisqu'il signifie « parure » chez Homère déjà [20]. Il ne faut pas prêter à ce mot une unité platonicienne factice, le *kosmos* n'est pas toujours ordre rationnel.

Quintilien, au chapitre « De l'ornement » de l'*Institution oratoire* (livre VIII, chap. 3, *De ornatu*), pose un accent un peu différent ; on notera qu'il n'emploie pas le mot *ornamentum* mais le mot *ornatus*, dont le sens est il est vrai pratiquement identique. Pour qu'un style soit orné, dit-il, il ne lui suffit pas d'être clair (*perspicuus*) et plausible (*probabilis*) ; la clarté consiste à concevoir vivement les choses, et la plausibilité ou convenance à les exprimer comme on les conçoit. Mais une troisième condition est nécessaire : « lui donner un surcroît de brillant, ce qui constitue à proprement parler l'élégance » (*tertius qui haec nitidiora faciat, quod proprie dixeris cultum*) [21]. Aussi Quintilien range-t-il parmi les moyens d'orner le discours cette qualité que les Grecs appelaient *enargeia*. Cicéron avait traduit le terme philosophique d'*enargeia* par *evidentia* ; transposant cette notion de la philosophie à la rhétorique, Quintilien garde la traduction cicéronienne par *evidentia* [22]. L'*enargeia* (*evidentia*) rhétorique consiste à mettre en quelque sorte sous les yeux de l'auditeur (ou du lecteur) les choses dont il parle, parce que, continue Quintilien, « le discours ne produit pas un effet suffisant et n'exerce pas pleinement l'emprise qu'il doit exercer si son pouvoir se limite aux oreilles et si le juge croit qu'on lui fait simplement le récit des faits dont il connaît, au lieu de les mettre en relief et de les rendre sensibles au regard de son intelligence » [23]. L'ornement produit l'*evidentia*, l'objet du discours passe du simple récit à la visibilité. C'est bien un effet de présence que vise et atteint l'ornement pertinent. En

---

■ 20. Voir *Iliade*, XIV, 187. Sur l'ensemble de ce problème, voir B. Prévost, « Cosmique cosmétique. Pour une cosmologie de la parure », *Images Re-vues* 10, *Inactualité de l'ornement*, 2012, en ligne.

■ 21. Quintilien, *Institution oratoire, op. cit.*, VIII, 3, p. 77.

■ 22. Sur l'histoire passionnante de l'*evidentia*, voir J. Dross, « Texte, image et imagination : le développement de la rhétorique de l'évidence à Rome », *Pallas, Revue d'études antiques* 93, *Texte et image dans l'Antiquité*, 2013.

■ 23. « *Magna virtus res de quibus loquimur clare atque ut cerni videantur enuntiare. Non enim satis efficit neque, ut debet, plene dominatur oratio si usque ad aures valet, atque ea sibi iudex de quibus cognoscit narrari credit, non exprimi et oculis mentis ostendi* », Quintilien, *Institution oratoire, op. cit.*, VIII, 3, p. 77-78.

conséquence, commente Francis Goyet, « l'ornement est ce qui permet le dialogue [de l'orateur] avec la salle » [24]. L'ornement rhétorique est à la fois ce qui rend le discours « complet » (comme œuvre d'art) et ce qui permet la communication avec l'auditoire.

L'ornement est donc plus ou moins nécessaire à la complétude de l'œuvre (selon les arts, les époques, les publics visés par l'œuvre), mais il est toujours inscrit dans la perspective d'une communication. L'ornement est là pour attirer le spectateur, l'auditeur ou le lecteur, un peu comme la beauté poétique est chez Lucrèce le « miel » qui rend attirant l'amer breuvage de la doctrine physique d'Épicure. Les ornements les plus gratuits et les plus fantaisistes ont eux aussi une fonction : attirer l'œil ou l'oreille, intriguer, susciter l'intérêt. La célèbre *Toccata* en ré mineur pour orgue de Bach BWV 565 commence par un ornement (un pincé, « agrément » déjà évoqué : le « la », qui est la « note réelle », est précédé de deux petites notes très rapides, « *la-sol-*la ») ; cet ornement frappe immédiatement l'auditeur. Il y a là un paradoxe : rien n'est plus courant dans la musique baroque que le pincé, y compris à l'*incipit* d'une œuvre, et chez Bach même (pincé sur le sol initial de la *Fantasia e fuga* pour orgue en sol mineur, BWV 542) ; et pourtant, il suffit d'entendre le « la-sol-la » joué à l'orgue pour reconnaître immédiatement la *Toccata* en ré de Bach. La raison en est que la *Toccata* en ré use de ce pincé de façon très originale : il est joué à découvert, *fortissimo*, à l'unisson, et répété trois fois sur trois octaves descendantes. Bach transforme ainsi un ornement banal en une signature unique.

Ces remarques nous conduisent à la question essentielle : la fonction artistique de l'ornement. Du point de vue de l'historien des arts plastiques, de la musique ou du théâtre, il n'y a pas de sens à parler de « *la* fonction de l'ornement », de façon anhistorique. Les fonctions d'un ornement particulier dans une œuvre particulière relèvent de différents registres, artistique, mais aussi religieux, politique, idéologique, privé, etc., et tous ces registres sont contextuels. La fantaisie et le hasard y ont aussi leur part, qui n'est pas petite. Mais du point de vue de la philosophie de l'art, il me paraît possible de distinguer deux grandes fonctions de l'ornement en art. Certains ornements visent à présenter l'œuvre, d'autres valent comme manifestation de soi.

Présentation de l'œuvre et manifestation de soi

Les œuvres d'art sont dans le monde mais ne sont pas totalement du monde. Il faut une médiation, un sas, qui assure leur inscription dans le monde tout en marquant sensiblement la place singulière qu'elles doivent y occuper. Un tableau occupe un certain espace objectif, une portion du mur où il est accroché, portion mesurable en centimètres carrés. Mais l'espace du tableau (son espace interne) est d'une autre nature, que le tableau soit figuratif ou non. Il faut donc à la fois séparer et relier l'espace artistique du tableau et l'espace mondain dans lequel ce tableau est situé. Le cadre effectue

■ 24. F. Goyet, « L'ornement événement dans les rhétoriques en latin », *op. cit.*

cette double opération, qui n'est contradictoire qu'en apparence. Citons la très connue lettre de Nicolas Poussin concernant son tableau *La Manne* :

> Quand vous aurez reçu le vôtre [votre tableau, à savoir *La Manne*] je vous supplie, si vous le trouvez bon, de l'orner d'un peu de corniche, car il en a besoin, afin que, en le considérant en toutes ses parties, les rayons de l'œil soient retenus et non point épars au-dehors, en recevant les espèces des autres objets voisins qui, venant pêle-mêle avec les choses dépeintes, confondent le jour. Il serait fort à propos que ladite corniche fût dorée d'or mat tout simplement, car il s'unit très doucement avec les couleurs sans les offenser [25].

La position de Poussin est d'une remarquable précision. Le tableau « a besoin » d'une corniche (d'un cadre), la clausule « si vous le trouvez bon » semble être de pure politesse. « Orner » ici ne connote pas un ajout arbitraire mais bien un complément nécessaire (on est près de l'*ornamentum* évoqué ci-dessus). La fonction de ce cadre est expliquée en fonction de la théorie de la vision dont dispose Poussin : il faut que les rayons de l'œil ne se dispersent pas en dehors de l'espace du tableau, il ne faut pas que la vision des choses hors du tableau (« les espèces des autres objets voisins ») se mêlent avec la vision de ce qui est peint sur la toile (« les choses dépeintes »). Le cadre permet de cadrer moins le tableau que la perception que le spectateur doit en avoir. Mais Poussin a aussi conscience des dangers de ce *parergon* : anticipant la critique de Kant, il enjoint de dorer la corniche à l'or mat, pour assurer la transition avec les couleurs du tableau « sans les offenser », ce qu'aurait sans doute fait une dorure trop brillante. La corniche n'a pas à être plus regardée que les objets extérieurs, sa mission est de rabattre la perception vers le tableau.

Le cadre est un ornement (lui-même souvent très orné : surornementation) obéissant à une fonction, il est donc nécessaire et non gratuit, il répond à un « besoin » du tableau. Il a pour fonction de rendre le tableau correctement visible, je dirai qu'il a pour fonction de *présenter* le tableau. L'ornement se fait écrin (et le musée est une sorte de cadre, d'écrin ou d'ornement de rang deux). Si cette fonction présentative de l'encadrement est évidente en peinture, elle n'est pas l'apanage de cet art. Le socle d'une sculpture a une fonction similaire, comme la colonnade qui entoure le temple, ou le péritexte d'une œuvre littéraire [26]. Au péritexte (du texte) il faut ajouter les ornements (du livre), que Genette ne prend pas en compte, les frontispices par exemple, mais aussi les lettrines dont nous avons déjà parlé pour les livres manuscrits et tous les procédés de mise en page ou de choix des polices d'imprimerie [27]. Frontispices, cadres, socles, colonnades ou péritextes sont autant de « bords » permettant de présenter l'œuvre de telle manière qu'elle soit correctement abordée dans la relation esthétique. Tous ces objets ornementaux répondent à une fonction de présentation, au sens social ou sociologique du terme.

■ 25. N. Poussin, lettre à Paul Fréart de Chantelou, 28 avril 1639, dans *Lettres et propos sur l'art*, textes présentés par A. Blunt, Paris, Hermann, 1989, p. 45.
■ 26. Voir G. Genette, *Seuils*, Paris, Seuil, 1987.
■ 27. Sur cette question essentielle de la différence entre texte et livre, et sur ce que la forme matérielle du livre (ornements compris) ajoute au sens du texte, voir D. McKenzie, *La bibliographie et la sociologie des textes*, trad. fr. M. Amfreville, Paris, Éditions du cercle de la librairie, 1991.

Il en va de même au théâtre (le frappement des « trois coups » est un bord sonore et temporel assurant le passage du temps du monde au temps du drame) ou à l'opéra (le noir de la salle avant le premier accord). On peut analyser en détail l'enchâssement des « bords de l'œuvre musicale ». Je ne puis que résumer ici des analyses que j'ai proposées ailleurs [28]. Le bord temporel en amont d'une œuvre musicale (en tant qu'elle est effectivement jouée) est d'abord institutionnel : à Bayreuth, toutes les représentations (sauf celle de *L'Or du Rhin*) commencent à 16h, c'est ainsi depuis Wagner et cela fait partie du rituel (lequel contribue à fortement séparer le temps mondain du temps musical et dramatique). Le silence qui s'installe au moment où le concert va commencer est un autre bord, un vrai « cadre temporel », une fine lame de temps vide permettant l'accès au temps de l'œuvre. Ce silence signifie aussi l'imminence : à tout instant l'œuvre peut commencer, elle est déjà là dans l'anticipation de son commencement. Ces bords sont *ante musicam*, mais l'œuvre musicale commence elle aussi par un bord, musical cette fois-ci : une toccata (l'*Orfeo* de Monteverdi), une ouverture (traditionnelle à l'opéra), un ou plusieurs accords initiaux (la *Troisième Symphonie* de Beethoven), un prélude (primitivement conçu comme moment de mise en doigts de l'interprète), etc. À ces bords de débuts répondent des bords de fin, pour conclure l'œuvre (ainsi le sobre Choral qui clôt certaines des Cantates de Bach, ou les trois accords triomphaux en ut# majeur qui concluent le monumental *Quatorzième Quatuor* de Beethoven). Symétriques du silence *ante musicam*, les applaudissements *post musicam* permettent aux auditeurs d'accomplir le trajet retour, du temps de la musique au temps du monde.

Sans vouloir multiplier les exemples (mais notre recherche transartistique nous y incite), on pourrait relever dans l'art oratoire des dispositifs ornementaux obéissant aux mêmes fonctions. L'exorde, la *captatio benevolentiae*, ont pour but de présenter le discours et l'orateur, de préparer la bonne réception de ce qui va être dit, d'aider l'auditeur à passer du temps de ses pensées personnelles et de ses passions privées au monde dans lequel l'orateur veut l'introduire. Cette *captatio* peut parfois être extrêmement brutale, c'est le célèbre « Dieu seul est grand, mes frères », par lequel Massillon commença son oraison funèbre de Louis XIV [29]. « C'est un beau mot que celui-là, prononcé en regardant le cercueil de *Louis le Grand* » commente Chateaubriand [30]. Peut-on ici parler d'ornement ? Il s'agit plutôt de l'énoncé d'une des vérités les plus fondamentales du christianisme, formulée dans le plus grand dépouillement. Son statut d'*incipit* et le contexte (« en regardant le cercueil de *Louis le Grand* ») lui donnent une « beauté », une sublimité peut-être, qui l'apparentent à ce qu'il y a de plus élevé dans l'ordre rhétorique de la *captatio benevolentiae*.

■ 28. Je me permets de renvoyer à mon article « Bords de l'œuvre musicale », in *Aisthesis, pratiche, linguaggi e saperi d'elle estetico*, vol. 4, n° 2, mai 2012, en ligne.

■ 29. J.-B. Massillon, *Oraison funèbre de Louis XIV* [1715], Bernin, Éditions J. Millon, 2004.

■ 30. F.-R. de Chateaubriand, *Génie du christianisme*, Troisième partie, livre IV, chap. 3, « Massillon », dans *Essai sur les révolutions, Génie du christianisme*, Paris, Gallimard, Pléiade, 1978, p. 861. Les italiques à *Louis le Grand* sont de Chateaubriand.

En tant que « présentation » de l'œuvre, l'ornement est second. Il n'est pas forcément second dans l'ordre temporel de la production de l'œuvre : certains costumes de théâtre réutilisés préexistent à leur nouvel emploi, et peut-être certains masques ; les agréments de la musique baroque forment une sorte de catalogue dans lequel le musicien n'a qu'à puiser à volonté ; et il existe de très nombreux recueils ou catalogues d'ornements plastiques (beaucoup sont consultables en ligne sur Gallica, ou sur le site de la bibliothèque de l'INHA). Mais l'ornement est nécessairement second dans l'ordre ontologique. Les ornements sont des objets artistiques soigneusement pensés et construits, maîtrisés, en fonction de leur usage. On pourrait dire que dans l'art oratoire, qui à bien des égards fait exception dans notre approche transartistique, on observe une fusion entre œuvre et présentation de l'œuvre, substance du propos et ornement du propos.

Mais il est des cas où l'ornement est non pas second, mais premier. C'est la thèse à la fois paradoxale et extrêmement puissante que soutient Jacques Dewitte, notamment à partir de sa lecture d'Adolf Portmann [31]. Ces réflexions s'inscrivent dans une perspective explicitement anti-utilitariste, que l'on peut à certains égards rapprocher des réflexions plus anciennes de Roger Caillois, qui semblèrent quelque peu irrationnelles lorsqu'elles parurent. Faisons le détour par un texte important de Caillois :

> Une doctrine de la sélection naturelle admet volontiers ou suppose même la plasticité qui donne la nageoire de l'hydrophile, le harpon dentelé de la mante, l'excavateur de la courtilière, mais elle se refuse, en vertu de ses mêmes postulats, à envisager un mécanisme analogue pour le décor des ailes de papillons. L'opposition du nécessaire et du somptuaire semble ici décisive. On se persuade que ce qui ne sert à rien ne doit pas avoir de force déterminante. L'inutile est inadmissible. Autrement dit, tout ce qui est superflu paraît *a priori* inexplicable. Je l'avoue : c'est ici, pour moi, que sévit ce que j'appellerai l'anthropomorphisme profond. On veut à tout prix éviter de parler d'art ou de beauté, de blasons ou de tableaux, à propos des ailes des papillons, parce que ce sont là des mots qui n'ont de sens que pour la sensibilité ou pour l'histoire humaines, et peu importe que celui qui choisirait de s'exprimer ainsi prenne grand soin de souligner différences et contrastes. Pour éviter les mots interdits, il semble communément préférable d'ériger en absolu le critère d'utilité, c'est-à-dire de survie, dans une nature où, cependant, de toute évidence, si l'on cesse de projeter sur le reste de la biologie les réactions particulières à l'homme, une énorme dilapidation fait loi, et où rien, absolument rien, n'indique qu'une dépense fastueuse, sans but intelligible, ne soit pas une règle plus ample et plus obéie que le strict intérêt vital, que l'impératif du salut de l'espèce. L'homme demeure ainsi convaincu que la nature ne fait rien en vain. À peu près tout en elle lui suggère l'inverse, mais il n'en continue pas moins de croire, sinon au meilleur, du moins au

---

■ 31. A. Portmann fait actuellement l'objet d'un intérêt soutenu. Voir principalement son livre *La Forme animale*, trad. fr. G. Rémy, Paris, Éditions la Bibliothèque, 2013, Préface de J. Dewitte ; J. Dewitte, *La Manifestation de soi, op. cit.* ; B. Prévost, « L'élégance animale. Esthétique et zoologie selon Adolf Portmann », *Images Re-vues* 6, *Devenir-animal*, 2009.

plus économique des mondes possibles. Il me semble périlleux d'accepter un tel postulat. Je me demande même à quel critère il serait légitime de recourir pour donner un sens clairement défini à l'expression « en vain ». À la fin, la discrimination, je le crains, sera purement humaine. Je soupçonne là l'ultime erreur de l'anthropomorphisme véritable. Certes, je me doute bien que c'est moi qui serai accusé d'anthropomorphisme délirant : quoi de plus ridicule en effet que d'oser comparer les ailes des papillons aux œuvres des peintres ? Pourtant, il se pourrait que mon système de références se révélât le plus *décentré* de tous : car il consiste aussi à présenter les tableaux des peintres comme la variété humaine des ailes de papillon [32].

Ce long texte méritait d'être reproduit, et médité, en son entier. Le renversement de l'accusation d'anthropomorphisme y est mené avec brio. Ce ne sont pas les ailes des papillons qui sont comparées aux tableaux des peintres, mais les tableaux qui sont « la variété humaine des ailes de papillon ». Plus radicalement, plus techniquement aussi, Adolf Portmann soutiendra que les formes et les couleurs animales ont une valeur propre, indépendamment de leur valeur utilitaire, et parfois antérieurement à elle. Au-delà du simple souci d'autoconservation, l'animal manifeste une tendance à s'autoprésenter, à s'automanifester ; cette automanifestation ne s'adresse à personne, elle vaut pour elle-même : c'est une *unadressierte Erscheinung*, une apparence (ou manifestation) sans destinataire [33]. La profusion extraordinaire des formes, des sons et des couleurs dans la nature (que relevait déjà Caillois) déborde largement les rôles fonctionnels qu'ils peuvent par ailleurs endosser pour les vivants considérés. L'ornement (mais un ornement inadressé) est plus profond que l'utile. Portmann évoque ainsi les travaux de l'ornithologue Franz Sauer portant sur les fauvettes grisettes. Ces fauvettes ont deux types de chant : un chant exubérant et jubilant, et un chant plus pauvre, dit « chant à motifs », version simplifiée du précédent. Or c'est le pauvre « chant à motifs » qui est pratiqué par la fauvette à des fins de séduction sexuelle et de reproduction, alors que le chant exubérant est pratiqué hors de toute visée utilitaire. Le chant fonctionnel et utile est prélevé sur un chant inutile mais plus riche que lui. Dewitte commente :

> [Il y a] une sorte d'étayage du fonctionnel sur le non-fonctionnel, sur une création de formes originellement gratuite. Car c'est bien le non-fonctionnel qui est premier et non pas le fonctionnel, lequel se constitue par une délimitation d'un champ premier de gratuité ; mais dans cette réduction ou restriction du champ premier, le fonctionnel continue à se rapporter à cela même qu'il réduit, et à y puiser [34].

Un renversement capital s'est produit. L'ornement (mais jusqu'à quel point ce mot convient-il encore ?) n'est plus un surplus, il est la trame de fond. Il n'est plus second, mais premier, c'est le fonctionnel qui est second. Les attitudes humaines de panache, d'ostentation, d'excès ou d'exubérance dans

■ 32. R. Caillois, *Méduse et Cie* [1960], *Œuvres*, Paris, Gallimard, « Quarto », 2008, p. 499-500.
■ 33. J. Dewitte, *La Manifestation de soi, op. cit.*, p. 35.
■ 34. *Ibid.*, p. 37.

l'autoprésentation, toutes ces attitudes qui débordent les formes maîtrisées de la « présentation sociale de soi » qu'analyse Erving Goffman[35], et qui s'expriment par des costumes coûteux et brillants, des tatouages et des maquillages, des parures, des perruques et des chapeaux extravagants, des ornements de plume ou de métal, des bijoux éclatants, toutes ces attitudes sont la version humaine des manières animales d'*unadressierte Erscheinung*.

Que ces attitudes fortement ornementales puissent après-coup être réinvesties dans la construction sociale d'une image de soi, notamment à des fins de domination ou de séduction d'autrui, ne les empêche pas de trouver leurs racines psychiques et naturelles dans une pulsion pré-utilitaire et foncièrement gratuite. Si l'on poussait cette intuition plus loin, on pourrait dire que la « présentation de soi » au sens social de Goffman, rationnelle et réfléchie (ou intériorisée par mimétisme social), est seconde par rapport à une pulsion de « manifestation de soi » qui ne vise rien d'autre qu'une *Selbstdarstellung* subjective, joyeuse et inadressée. Il faudrait, pour prolonger cette pensée jusqu'au bout, lire l'éblouissante étude que J. Dewitte consacre au chapitre IV de *Billy Budd, marin*, dans lequel Melville narre la mort de Nelson à Trafalgar[36]. Mourir avec panache, mourir pour n'avoir pas voulu renoncer au panache : l'ornement, brutalement, sort de l'ordre de la frivolité.

Au terme de ce parcours, il est à craindre que nous n'ayons dépassé notre but. Nous nous demandions si le concept d'ornement pouvait être pensé comme un concept transartistique. Mais avec Caillois, Portmann ou Dewitte, l'ornement apparaît non seulement comme un concept qui transcende la diversité des arts, mais, d'abord, comme un concept qui transcende la différence de l'art et de la nature, un concept qui rétrocède de l'art vers la nature vivante dans la profusion extraordinaire de ses formes. Il ne s'agit pourtant pas pour nous de chercher une unité du concept dans une origine pulsionnelle, supposée plutôt que prouvée, nous avons d'emblée écarté cette démarche. Il s'agit plutôt de remonter de l'ornement second (il orne une œuvre qui vaut déjà par elle-même) à l'ornement premier (il n'orne aucune œuvre, il est ornement et vaut par lui-même, comme les ailes de papillon et le chant joyeux de la fauvette grisette). L'ornement second est transitif, l'ornement premier est intransitif ; ou, si l'on préfère, l'ornement second est une médiation et un surplus, l'ornement premier est une butée. Dans cette perspective, l'ornement second (le cadre du tableau, la vocalise du ténor, le cordon de billettes de la basilique romane) est toujours second, mais sa secondarité a changé de polarité. Il est second par rapport à l'œuvre, certes : le tableau peut exister sans son cadre, l'air sans la vocalise et la basilique sans le cordon de billettes, et ces ornements sont au service de ces œuvres. Mais il est aussi second par rapport à ce qu'il exprime et retient de l'ornement premier qu'il est aussi – même au service de l'œuvre, il tend à exister pour lui-même. Si l'on osait, mais nous n'irons pas jusque-là, on pourrait dire :

▓ 35. E. Goffman, *La Mise en scène de la vie quotidienne*, notamment le t. 1, *La Présentation de soi*, Paris, Minuit, 1973.
▓ 36. J. Dewitte, « Le panache de Nelson ou l'exposition de soi à la guerre », dans *La Manifestation de soi, op. cit.*, p. 44-63.

la basilique est un bon prétexte pour que puisse exister l'élégant cordon de billettes, et *Norma* de Bellini pour les magnifiques vocalises de la soprano.

Bernard Sève
Professeur émérite en esthétique et philosophie de l'art
Université de Lille, UMR 8163 STL

DOSSIER

L'ornement

ORNEMENT, INDUSTRIE ET AUTONOMIE AUTOUR DE 1800
La querelle berlinoise de l'ornement au prisme de l'industrialisation naissante des arts appliqués en Allemagne

Clara Pacquet

À la fin du XVIIIe siècle en Allemagne, alors que les domaines du textile et de la porcelaine connaissent une industrialisation croissante, une dispute éclate entre théoriciens et praticiens concernant la valeur des ornements : ces derniers sont-ils nécessaires ou superflus, initiateurs d'ordre ou de désordre, au service de la raison ou de l'imagination ? Faut-il les enseigner ou les bannir des académies ? Cette crise normative sera l'occasion de réévaluer la frontière, qu'elle soit considérée comme étanche ou dynamique, entre beaux-arts et arts appliqués, et d'inaugurer ainsi une pensée pionnière de l'art dont le noyau sera l'autonomie et où les enjeux esthétiques et politiques paraîtront comme indissociables.

Avec l'affaiblissement des grands systèmes qui expliquaient le monde à partir d'une cause première, les Lumières ont vu naître de nouvelles disciplines à la fois symptomatiques et instigatrices d'une complexification du sentir et du penser. C'est dans ce contexte que se développent deux nouveaux types de discours sur les œuvres d'art et leur réception – l'histoire de l'art et l'esthétique – au sein desquels la place de l'homme dans un monde progressivement détaché de toute transcendance a été sans cesse interrogée. Ces deux disciplines bénéficient du développement concomitant d'autres sciences telles que la physiologie, la psychologie et l'anthropologie, mais également la biologie ou l'histoire naturelle qui offrent de nouveaux outils d'étude empirique des phénomènes humains et non humains, et modifient en

CAHIERS PHILOSOPHIQUES ▶ n° 162 / 3e trimestre 2020

profondeur la perception du monde et de ses occupants. Le rôle de l'homme dans le grand tout de la nature, a fortiori celui des créateurs de formes que sont les artistes, les architectes et les artisans, se voit alors questionné et la valeur de l'art ontologiquement ébranlée [1].

Envisager les bouleversements autour de la valeur de l'art au prisme de la querelle berlinoise de l'ornement s'avère particulièrement fructueux. D'abord parce que les ornements permettent de réexaminer les rapports entre le beau et l'utile, et par extension la délimitation entre beaux-arts et arts appliqués ou décoratifs au regard de changements anthropologiques profonds, ensuite parce qu'ils apparaissent comme l'une des clefs pour comprendre l'avènement du paradigme moderne de l'autonomie de l'art, des œuvres et des artistes, dominant à partir du XIXᵉ siècle. À la fin du XVIIIᵉ siècle, l'ornement devint le lieu d'une ambivalence fertile et d'une redéfinition des frontières et des hiérarchies entre nature et culture – les ornements relèvent-ils d'un besoin d'art voire d'une pulsion de décoration ou bien sont-ils le produit d'une culture et d'une histoire ? –, entre passé et futur – l'ornement est-il le signe de restes archaïques ou l'annonce d'une modernité ? –, et enfin entre décadence et régénération – l'ornement est-il le symptôme d'un goût gâté ou au contraire celui d'une vitalité sans limites de l'imagination dont le potentiel émancipatoire vis-à-vis des normes, qu'elles soient esthétiques, morales ou politiques, témoignerait d'une puissance inédite ?

Tandis que les institutions prussiennes, désireuses d'élaborer un goût national concurrençant l'Angleterre et la France, commissionnent des théoriciens de l'art à l'exemple de Karl Philipp Moritz afin de dessiner les grandes lignes d'un plan d'action politique et économique relatif à la production industrielle dans les manufactures à partir des enseignements dispensés dans les académies, c'est toute la géographie des relations entre le tout et la partie, le nécessaire et le superflu, le centre et la périphérie, le majeur et le mineur, mais également le classique et le baroque, l'original et la copie, l'individu et le collectif, l'ordre et le désordre qui se voit ainsi métamorphosée. Les conséquences de cette métamorphose continueront d'agir les siècles suivants, rythmés par le retour cyclique de disputes lors desquelles s'opposeront pourfendeurs et défenseurs de l'ornement.

Dans son texte intitulé « La Ceinture d'Aphrodite. Une brève histoire de l'ornement », notamment publié dans l'édition française des *Concepts préliminaires à une théorie des ornements* [2], Danièle Cohn distingue deux familles de pensée ornementale : la première, aristotélicienne et grammairienne dont l'un des grands représentants modernes serait Alois Riegl, et la seconde, kantienne et substantielle, dont l'apogée se retrouverait chez Wilhelm Worringer

---

1. Hegel diagnostiquera même dans ses *Leçons sur l'esthétique* la fin de l'art (G. W. Hegel, *Esthétique*, t. 1, Introduction, trad. fr. C. Bénard, Paris, Le Livre de poche, 1997, p. 62) : « Sous tous ces aspects, l'art est et demeure du point de vue de la plus haute destination quelque chose de passé. Il a perdu pour nous sa vérité et sa vitalité authentiques. » Selon le philosophe, le jugement porté sur les œuvres (concernant le type de rapport – continu, discontinu, etc. – entre contenu et forme) devient déterminant (*ibid.*, p. 62) : « Ce que les œuvres d'art provoquent maintenant en nous, ce n'est pas seulement du plaisir immédiat, mais aussi un jugement, car nous soumettons à notre méditation le contenu et les moyens de la manifestation de l'œuvre d'art, ainsi que leur adéquation ou inadéquation mutuelle ».

2. K. P. Moritz, *Sur l'ornement*, trad. fr. C. Pacquet, avec une postface de D. Cohn, Paris, Éditions Rue d'Ulm, 2008.

et tout particulièrement dans son ouvrage paru en 1908 et issu de sa thèse de doctorat en histoire de l'art : *Abstraction et* Einfühlung. *Contribution à la psychologie du style*[3]. Tandis que la première lignée, directement issue de la tradition rhétorique et de la théorie de la mimésis, œuvrerait à une compréhension objective, empirique et plurielle de l'ornement envisagé comme un phénomène dont on pourrait analyser les causes et à partir duquel il serait possible de développer une anthropologie des formes, la seconde, éprise de liberté et laboratoire de l'abstraction en art, tâcherait de développer une essence de l'ornement pensé comme une catégorie relationnelle voire un concept pur. Auteur d'une théorie des ornements mêlant les deux approches et traitant à parts égales le sujet et l'objet, le sensible et l'idéal, Moritz se révèle particulièrement intéressant en cet endroit car représentatif de cette « ambivalence fertile », à la source de mutations conceptuelles directement corrélées au développement simultané de l'esthétique et de l'industrie à la fin du XVIIIe siècle.

Les prémisses de l'ornement classique

Prise entre fonctionnalisme pur et libération des forces de l'imagination, la querelle berlinoise de l'ornement s'origine dans un paradoxe : celui de penser ce contre quoi le classicisme s'était lui-même construit, à savoir, une pratique ornementale de l'art qu'il reprochait à l'art rococo dont il fustigeait les débordements stylistiques. Cette querelle n'aurait pas eu lieu sans l'excavation, quelques décennies plus tôt, d'ornements antiques à Herculanum (1738) et Pompéi (1748). Ces découvertes firent vaciller les certitudes du classicisme et vinrent rappeler que les Anciens que l'on se devait d'imiter – ainsi que la devise de Winckelmann l'avait popularisé dans l'espace germanophone depuis la parution en 1755 des *Pensées sur l'imitation des œuvres grecques en peinture et en sculpture*[4] – pratiquaient l'ornementation. Il fallait alors réviser la condamnation en bloc de l'ornement, les rapports entre l'art grec et l'art romain, mais aussi convenir de la filiation du rococo à l'Antiquité, celle de Rome, que l'on ne saurait couper trop hermétiquement de la culture hellénique[5]. La répartition à la fois historique et géographique entre norme

■ 3. W. Worringer, *Abstraction et* Einfühlung. *Contribution à la psychologie du style*, trad. fr. E. Martineau, présenté par D. Vallier, Paris, Klincksieck, 1986.
■ 4. Dans les *Pensées sur l'imitation des œuvres grecques en peinture et en sculpture* [1755], trad. fr. L. Cahen-Maurel, Paris, Éditions Allia, 2005, p. 12, Winckelmann condamne ouvertement les ornements qu'il considère être des corrupteurs du bon goût : « Dans les ornementations actuelles le bon goût est encore bien plus corrompu qu'à l'époque où Vitruve dénonçait amèrement sa perversion, en partie à cause du grotesque mis en vogue par Morto [...], en partie du fait que les peintures dépourvues de signification décorent nos chambres. »
■ 5. Si Winckelmann, en 1764 dans son *Histoire de l'art dans l'Antiquité*, convient de la difficulté de distinguer dans les peintures découvertes à Herculanum celles qui auraient été réalisées par des artistes grecs de celles qui l'auraient été par des artistes romains, il se risque à une hypothèse : « Quant à savoir si la plupart des peintures antiques sont de la main d'artistes grecs ou romains, je pencherais pour la première hypothèse, parce qu'on sait l'estime dont jouissaient les artistes grecs à Rome et sous le règne des empereurs; parmi les peintures d'Herculanum, l'inscription grecque des *Muses* en est une preuve. Mais parmi ces peintures on trouve aussi des pièces qui sont d'un pinceau romain, comme l'atteste l'inscription latine sur les rouleaux de papiers peints [...]. » Dans J. J. Winckelmann, *Histoire de l'Art dans l'Antiquité*, [1764], trad. fr. D. Tassel, Paris, Le Livre de poche, 2005, p. 424-425.

et déviance se compliquait, forçant le dogme classique à faire bouger les lignes et à repenser son historiographie [6].

La publication en 1757 du premier tome d'un recueil de gravures rassemblant motifs, frises et fresques découvertes à Herculanum et Pompéi sous le titre *Le Pittore antiche d'Ercolano e contorni, con qualche spiegazione* [7] suscita tant l'admiration que l'affolement des représentants du classicisme. Dans son texte virulent contre le « goût baroque » publié anonymement et intitulé *Pensées sur l'origine des décorations, leurs changements et leurs évolutions jusqu'à leur actuelle disparition* (1759), l'architecte originaire de Dresde, Friedrich August Krubsacius [8], entend réagir à cet engouement pour l'anarchie du goût que représente, selon lui, la continuation rococo des fresques antiques. Krubsacius s'applique à démontrer que l'essentiel des décorations héritées des Anciens se loge dans leur usage harmonieux de la ligne, de facture probablement grecque si l'on en croit son expertise, tandis que les excentricités de certains décors afficheraient déjà les symptômes d'un goût décadent. Parce qu'ils ne respecteraient pas les lois physiques de la nature et arboreraient un illogisme inacceptable, ces décors n'auraient pas vocation à quitter leur statut périphérique. Ce jugement s'applique tout particulièrement aux ornements dans la veine des fresques grotesques de la *Domus aurea* qui inspirèrent à Raphaël ses fameuses *Loges* du Vatican et dont la perception se trouvait à son tour chamboulée depuis la découverte de représentations similaires sur les sites d'Herculanum et de Pompéi. S'il s'agissait d'un genre « déviant », le phénomène ne pouvait de toute évidence être parfaitement isolé.

Fasciné par l'antique pureté de la ligne, Krubsacius amorce une réflexion sur le rôle de l'enseignement du dessin dans les académies et son importance pour les productions manufacturées, une idée qui s'affirmera les décennies suivantes. Ainsi que le souligne Helmut Pfotenhauer, Krubsacius envisage les ornements du point de vue du dessin pour une raison avant tout liée aux conditions matérielles de réception des fresques d'Herculanum et de Pompéi ; c'est par le biais de gravures que l'architecte les découvre : « En raison de leur reproduction gravée, avec leur recours à la linéarité des contours, à la "ligne simple" et au modelage plastique, une grâce toute classique leur a été attribuée qui sut les distinguer de l'ornement rococo » [9]. En outre, si la

---

■ 6. Dans son *Histoire de l'art dans l'Antiquité*, Winckelmann reste néanmoins fidèle à la supériorité de l'art grec sur l'art romain et classe toute pratique « ornementale » dans la seconde catégorie. J. Winckelmann, *Histoire de l'Art dans l'Antiquité, op. cit.*, p. 423-424 : « Les peintures d'Herculanum ne sont probablement pas plus anciennes [que l'époque des empereurs romains - ne seraient donc pas grecques] : d'abord parce que la plupart représentent des paysages, des ports, des maisons d'agrément, des forêts et des vues, et que le premier à travailler dans ce genre de peinture fut un certain Ludio à l'époque d'Auguste. Les Grecs anciens n'étaient pas favorables à la représentation d'objets inanimés qui ne font que divertir l'œil sans occuper l'esprit. D'autre part, l'architecture tout à fait excentrique des bâtiments figurant dans ces vues, la gratuité et la bizarrerie de leur ornementation, montrent que ces travaux datent d'une époque qui n'était plus régie par le vrai bon goût. »

■ 7. *Le Pitture antiche d'Ercolano e contorni, con qualche spiegazione*, t. 1-9, Naples, Regia Stamperia, 1757-1792.

■ 8. Voir E. H. Gombrich, *Ornament und Kunst, Schmucksinn und Ordnungstrieb in der Physiologie des dekorativen Schaffens*, Stuttgart, Klett-Cotta, 1982 et M.-A. von Lüttichau, *Die deutsche Ornamentkritik im 18. Jahrhundert*, Hildesheim-Zürich-New York, Olms, 1983.

■ 9. H. Pfotenhauer, « Klassizismus als Anfang der Moderne ? Überlegungen zu Karl Philipp Moritz und seiner Ornamenttheorie », *in* V. von Flemming et S. Schütze (Hrsg.), *Ars naturam adiuvans. Festschrift für Matthias Winner zum 2. März 1996*, Mainz, P. von Zabern, 1996. Nous traduisons.

prépondérance du dessin sur la couleur correspond à l'exigence classique de la forme pure, elle présente, pour l'industrie, l'avantage du principe d'économie [10]. Dessiner des motifs élémentaires adaptés à la production en série représente un gain de temps et réclame une technique de mise en forme de la matière plus simple que ne le supposerait l'intrusion de la couleur. Helmut Pfotenhauer évoque une « ruse de la raison esthétique » qui permit de faire coïncider l'idéal classique avec les conditions empiriques de production industrielle, laquelle était déjà en elle-même une négation de toute esthétique opulente, abondante, dépensière.

Au-delà du fait que le dessin « classique » semble parfaitement adapté aux manufactures, Krubsacius en appelle à l'abandon en architecture de toute pratique ornementale considérée comme non nécessaire ; en effet, il préconise « que tous les artistes et artisans n'acceptent comme décoration rien d'autre que ce qui est conforme à la nature et à la chose ; de telle manière que chacun sache dire ce que cela représente vraiment et puisse démontrer, à partir de causes raisonnables, pourquoi il a fait la chose ainsi plutôt qu'autrement » [11]. Ici, Krubsacius dénonce les abus de créativité de l'imagination venant violer l'économie de la nature. Avec l'architecte de Dresde, qui se réclame de Vitruve, on assiste à la tentative d'intégrer les ornements au programme métaphysique d'une « unité dans la diversité » – formule héritée de Leibniz et de sa définition de la monade dans le système de l'harmonie préétablie – qui sera la matrice de la théorie classique et rationaliste du beau [12].

De la France à la Prusse :
Le rococo comme champ de bataille

Dérivé du mot « rocaille », c'est-à-dire un registre de formes relevant du coquillage, du caillou ou du corail, rococo désigne l'abondance ou la surcharge d'ornements. Ses détracteurs – à l'exemple de Krubsacius qui, dans son pamphlet, vise nommément l'architecte Borromini mais également le goût français pour la rocaille – le considèrent comme décadent. Peinture, architecture, mobilier, habillement, objets manufacturés sont imprégnés par

■ 10. Ces arguments d'économie pour penser les ornements au sein de la production industrielle dans un souci d'efficacité et de contrôle des coûts de réalisation (en termes de matériau et de temps de travail) seront avancés par Adolf Loos dans son célèbre pamphlet *Ornement et crime* (1908). Selon l'architecte viennois, une modernité authentique et efficace doit savoir se libérer de toute tendance à l'ornementation. Si ce texte affiche une certaine brutalité, notamment raciste, choquante pour un lecteur contemporain, il est représentatif d'une lecture dévalorisante de la pulsion et du « primitif » autour de 1900, qui sera à la source d'un minimalisme radical en architecture et design.

■ 11. F. A. Krubsacius, *Gedanken von dem Ursprunge, Wachsthume und Verfalle der Verzierungen in den Schönen Künsten, d.i. der Bau-, Schnitz-, Maler- und Kupferstecherkunst, entworfen und mit einem Anhange von herkulanischen Verzierungen begleitet von einem Liebhaber derselben*, Leipzig, Bernhard Christoph Breitkopf, 1759, p. 40. Nous traduisons. Krubsacius cite deux textes dont il ambitionne de poursuivre la réflexion, le premier d'un « connaisseur » et marchand d'art influent, le second d'un architecte : J.-F. Reiffenstein, *Anmerkungen über Zierathen in den Werken der Maler und Bildhauer*, 1746, et J.-G. Fünck, *Betrachtungen über den wahren Geschmack der Alten in der Baukunst, und über derselben Verfall in neuem Zeiten*, 1747. Ces deux textes sont publiés in *Neuer Büchersaal der schönen Wissenschaften und freyen Künste*, t. 4 (5), Leipzig, Bernhard Christoph Breitkopf, 1747.

■ 12. Sur ce point précis voir C. Pacquet, « Das Spiel des Ornaments bei Karl Philipp Moritz : zwischen Einheit und Mannigfaltigkeit », in Vera Beyer et Christian Spies (eds.), *Ornament. Motiv – Modus – Bild*, München, Wilhelm Fink, 2012, p. 234-251. Concernant Leibniz, nous nous rattachons ici à la lecture de Cassirer qui reconnaît en lui un moteur du classicisme (*La Philosophie des Lumières*, 1932) plutôt qu'à celle de Deleuze (*Le Pli. Leibniz et le Baroque*, 1988).

ce style. La musique, le théâtre, l'art des jardins, la littérature et la poésie participent également de cette esthétique, de ce goût pour l'opulence, la variété, l'accumulation de détails au service d'une sensualité assumée. Les peintres français Antoine Watteau et François Boucher, Jean-Honoré Fragonard ou le portraitiste Maurice Quentin de la Tour, en sont des représentants. Plusieurs fois portraiturée par Boucher ou de la Tour, Madame de Pompadour exerce sous Louis XV une importante influence en matière de projets artistiques et architecturaux. Elle soutient tout particulièrement les arts décoratifs et milite en faveur de la création de la Manufacture de porcelaine de Sèvres. Grande amatrice de lettres, de sciences et de philosophie, elle encourage la publication des deux premiers tomes de *L'Encyclopédie ou Dictionnaire raisonné des sciences, des arts et des métiers* [13] (1751-1772).

> Rococo désigne l'abondance ou la surcharge d'ornements.

Ailleurs qu'en France, le rococo est particulièrement florissant en Bavière ou en Prusse, comme à Potsdam avec le Neues Palais ou la résidence d'été Sanssouci construits pour Frédéric Le Grand. Potsdam se situe à quelques kilomètres de Berlin et de l'Académie royale des arts et des sciences mécaniques, lieu principal de la querelle des ornements et théâtre d'un combat non seulement esthétique, mais aussi politique pour la Couronne qui rêve d'une renaissance de la nation allemande au moyen d'un despotisme éclairé, protestant, plaçant les réformes au cœur de l'art de gouverner. Pour nombre de fonctionnaires au service du Roi, le temps est venu de s'émanciper de la domination ravageuse du goût français, dont le désordre endémique s'exprimera à leurs yeux de manière spectaculaire dans la Révolution.

Académies et industrie : la politique du dessin

Afin de concurrencer la France et la Grande-Bretagne, la Prusse crée une Académie des beaux-arts en 1696. En 1740, il existait vingt-cinq académies dans toute l'Europe, dont dix seulement bénéficiaient d'une renommée par-delà les frontières ; en 1790, on en comptait déjà plus de cent [14]. L'académie parisienne était le modèle le plus imité et fut la référence pour l'institution prussienne. À la fin du siècle, de nombreuses académies sont en réorganisation ; celle de Berlin connaît une restructuration en 1786 précisant les rapports entre enseignement et industrie. Si Krubsacius soulignait déjà en 1759 leur importance, ils s'imposèrent trois décennies plus tard comme incontournables au sein d'une académie royale. Ainsi que le rappelle Werner Busch [15], il s'agit non plus de moderniser la fabrication de produits de luxe pour une minorité aristocratique comme c'est le cas en France, mais bien d'industrialiser la production au sein d'une société de consommation. Le

13. Qui propose déjà des définitions très pondérées des « Arabesques » (en 1751) et des « Grotesques » (en 1757), dans un esprit authentiquement classique prônant mesure des formes et maîtrise de l'imagination.
14. Chiffres cités d'après l'article de W. Busch : « Die Akademie zwischen Autonomer Zeichnung und Handwerkdesign – Zur Auffassung der Linie und der Zeichen im 18. Jahrhundert », in *Ideal und Wirklichkeit der bildenden Kunst im späten 18. Jahrhundert, op. cit.*, p. 177-192.
15. *Ibid.*

modèle économique des sociétés européennes est en pleine mutation et l'industrialisation des arts décoratifs commence à prendre une ampleur qui ne cessera, au cours du XIXe siècle, de s'intensifier pour venir bouleverser la conception de l'artisanat et des productions ornementales : ameublement, vaisselle, textile, etc., l'ensemble des objets produits pour l'organisation et la décoration des habitations et des corps induisent des enjeux esthétiques et économiques de premier plan. On observe en Prusse une conscience aiguë de l'importance à accorder aux formes mineures de l'art, à la « prose de la vie » et aux objets qui accompagnent le quotidien. Car c'est en cet endroit qu'une réforme du style et une éducation populaire du goût en accord avec les préceptes des Lumières semblent les plus efficaces. Une révolution est alors en cours : ce sont les arts appliqués qui deviennent le laboratoire du grand art, se voyant ainsi crédités d'un enjeu politique inédit. Dans un texte intitulé « De l'influence de l'étude des beaux-arts sur les manufactures et l'industrie », Moritz écrira en 1792 : « Si le bon goût doit un jour être élargi universellement, même les formes et les décorations sur les tabatières, les chaînettes de montre, les agrafes, les boutons et les pommeaux ; les ornementations sur les casiers ; le travail du sculpteur sur bois sur les sièges des canapés et des sofas ; les formes et les décorations des poêles ; les cadres des miroirs, les pieds de table, les appliques, les boîtiers de montre, etc., ne sont pas des objets totalement indifférents » [16].

Le développement du commerce devient essentiel pour asseoir une indépendance économique et donc un sentiment patriotique ; il faut rappeler que l'Allemagne ne jouit pas encore, à la fin du XVIIIe siècle, d'une unité nationale et que son éclatement politique et religieux représente aux yeux de ses dirigeants un frein à sa modernisation. Les acteurs principaux des institutions, qu'ils soient en Prusse, en Autriche, en Bavière, sont conscients de l'importance de la croissance des arts décoratifs à travers leur industrialisation afin de créer une identité collective allemande (sachant que les différents empires se disputent cette aptitude), mais aussi de moderniser le pays et l'ouvrir au marché européen en exportant des marchandises, ainsi qu'un savoir-faire de plus en plus apprécié. Dans un discours prononcé en 1788 et publié dans le Journal de l'Académie, le curateur *(Kurator)* de l'Académie royale, le ministre d'État von Heinitz, s'exprimait à ce sujet : « Nous n'avons pas d'autre objectif et pas d'autre souhait que de développer l'industrie nationale – et, tout comme l'Angleterre et la France font des arts la source la plus importante d'une situation financière viable, nous n'avons pas d'autre choix que de préparer Berlin et la monarchie prussienne à être le dépositaire des arts dans les régions du Nord de notre partie du monde » [17].

Au sein de ce programme impérialiste, l'enseignement du dessin sera capital, et cela pour une raison en accord avec l'histoire du classicisme qui le considère, avec la sculpture, comme son outil le plus noble : depuis l'antique querelle du dessin et de la couleur – pour évoquer une autre dispute

■ 16. K. P. Moritz, *Le Concept d'achevé en soi et autres écrits*, trad. fr. P. Beck, Paris, P.U.F., 1995, p. 227-228.
■ 17. « Minister von Heinitz aus Anlaß der Aufnahme des Grafen Herzberg in die Akademie », reproduit in *Monatsschrift der Akademie der Künste und mechanischen Wissenschaften zu Berlin*, t. 1 (4), Berlin, Königl. preuss. akakemische Kunst- und Buchhandlung, 1788, p. 149. Nous traduisons.

qui n'est pas étrangère à celle de l'ornement –, on considère le premier comme représentant la forme pure, tandis que la seconde incarnerait l'attrait empirique, la séduction facile [18]. En affinité avec le programme défendu par Krubsacius, mais témoignant également de l'influence de l'œuvre du peintre anglais William Hogarth *Analysis of Beauty* (1753), texte dans lequel l'artiste expose son concept plastique de « ligne serpentine », les cadres de l'Académie berlinoise entendent mettre en avant la simplicité du dessin dans l'idée de minorer et de contrôler les extravagances stylistiques rococo. Le texte de Moritz précédemment cité en témoigne : « On voit aisément, par exemple dans les manufactures de soie, tout ce qui, dans les taffetas, les velours à ramage, les crêpes entrelacés de fleurs, etc., revient au dessin du modéliste, quand doit y prédominer un certain goût, et l'on voit qu'une Académie ayant formé de bons modélistes pourrait également avoir une influence très utile sur cette branche des manufactures » [19]. Derrière les lignes directrices agit en sourdine l'arsenal métaphysique de la pureté du dessin qui représente un rempart contre la défiguration non seulement des architectures, mais aussi de la production en masse de matières et d'objets. Un débat autour de la nature des ornements alors s'imposait, interrogeant la meilleure façon de les enseigner dans l'enceinte de l'Académie.

La querelle berlinoise : Les ornements au banc des accusés

En 1787, l'année précédant celle du discours du ministre d'État von Heinitz, éclatait déjà entre théoriciens de l'Académie berlinoise la polémique autour des grotesques et des arabesques. Le terme « grotesque » vient du mot italien *grotta*, précise l'*Encyclopédie*, avant d'ajouter que « ce genre de sujets de peinture, que nous nommons aussi ornements et arabesques, a été appelé grotesque, parce qu'il est une imitation de certaines peintures anciennes qui ont été découvertes dans des grottes souterraines ». Le terme peut aussi signifier caprice, chimère ou monstre et désigne des formes hybrides mêlant les registres de l'humain, de l'animal, du végétal et du géométrique. « Arabesque » vient quant à lui du mot « arabe », dont l'origine remonte à l'Antiquité tardive et à l'art byzantin à travers le motif du rinceau d'acanthe. Les arabesques se caractérisent par un mouvement infini, une organicité et se différencient des grotesques en ce qu'elles font usage de motifs exclusivement végétaux. Au XVIIIe siècle, les deux termes sont souvent utilisés comme synonymes, une confusion déjà constatée dans le texte de Krubsacius.

Cette querelle s'ouvre par un véritable procès initié par Andreas Riem, théologien et secrétaire à l'Académie, qui prononce en 1787 une philippique [20]

CAHIERS PHILOSOPHIQUES ▶ n° 162 / 3e trimestre 2020

■ 18. Ainsi que le montre J. Lichtenstein dans *La Couleur éloquente. Rhétorique et peinture à l'âge classique*, Paris, Flammarion, 1989, ornement et couleur partagent le même discrédit, celui d'être un supplément non nécessaire dont la fonction première serait de satisfaire les sens, tandis que le dessin serait associé à la pensée et condenserait l'essentiel. La dégradation ontologique de l'ornement et de la couleur les prive d'un accès direct à la vérité et les place du côté du mensonge, du fard et de la manipulation.

■ 19. K. P. Moritz, *Le Concept d'achevé en soi et autres écrits, op. cit.*, p. 228.

■ 20. Voir G. Oesterle, « Vorbegriffe zu einer Theorie der Ornamente. Kontroverse Formprobleme zwischen Aufklärung, Klassizismus und Romantik am Beispiel der Arabeske » (*op. cit.*, p. 133) et S. M. Schneider « Zwischen Klassizismus und Autonomieaesthetik der Moderne. Die Ornamentdebatte um 1800 und die

sur ce qu'il considère être la « peste du goût », les « monstres d'une imagination la plus effrénée » et les « descendants de la barbarie ». En 1788, le Journal de l'Académie [21] qu'il édite à quatre mains avec son collègue Moritz publie son pamphlet. Adressée aux enseignants et étudiants, cette diatribe répond à la question de savoir comment éduquer les futurs artistes qui seront les artisans d'un art et d'un goût authentiquement prussiens au service de la Couronne, c'est-à-dire garants de l'héritage d'une Grèce idéale, et surtout, d'une alternative au goût français considéré comme artificiel et excessivement ornemental, la Prusse ambitionnant de produire le ciment culturel des régions du nord de l'Europe.

Riem prône le bannissement des arabesques et des grotesques des enseignements proposés. En substance, il reprend les mêmes arguments que Krubsacius afin d'affirmer le caractère mineur des compositions ornementales placées en bas de l'échelle des arts, après les paysages, les natures mortes et bien sûr la peinture d'histoire. Riem s'aligne sur la position vitruvienne condamnant les compositions grotesques au motif qu'elles ne respecteraient pas les règles de compositions de la nature. Bien qu'excessive et caricaturale, cette première attaque eut le mérite de susciter trois réactions. Celle de Goethe, avec un essai intitulé « Des arabesques » publié en 1789 dans la revue *Der Teutsche Merkur* [22] ; celle de Christian Ludwig Stieglitz, amateur d'histoire et d'architecture, qui publie à son tour, en 1790, l'article « De l'usage des grotesques et des arabesques » dans le *Magazine général de construction bourgeoise* [23] ; et enfin, celle de Dominik Fiorillo, professeur à l'université de Göttingen, proche des frères Schlegel, qui fait paraître en 1791 un opuscule intitulé *De la Grotesque*.

À quelques variations près, les auteurs s'accordent sur un point : plutôt qu'interdire radicalement les grotesques et les arabesques, et donc les bannir de la palette de possibles pour les artistes, il convient de les cantonner à une fonction mineure et les soumettre au dogme classique. Leur fonction est de venir décorer, accompagner, encadrer des représentations centrales détentrices de la signification, comme c'est le cas dans *Les Loges* du Vatican. Tous les trois soulignent néanmoins le potentiel esthétique que revêt leur caractère capricieux, arbitraire et non-mimétique. Bien qu'elles soient des ornementations libres, fruits d'une imagination débridée, Stieglitz reconnaît, à l'instar de Goethe, le caractère irremplaçable de ces décorations murales qui ont la capacité d'animer l'architecture sans sombrer dans un maniérisme ravageur lorsqu'elles sont maîtrisées. Goethe y reconnaît quant à lui l'art du *capriccio* et rappelle l'argument de Vasari selon lequel Raphaël aurait souhaité avec *Les Loges* impressionner le pouvoir papal par une innovation

Autonomisierung des Ornaments » (in *Zeitschrift für Kunstgeschichte*, 63, cahier 3, München-Berlin, Deutscher Kunstverlag, 2000, p. 344).

■ 21. A. Riem, « Über die Arabeske », in *Monatsschrift der Akademie der Künste und mechanischen Wissenschaften zu Berlin*, I/1, Berlin, Königl. preuss. akademische Kunst- und Buchhandlung, 1788, p. 276-285; I/2, 1788, p. 22-37, p. 119-137.

■ 22. J. W. von Goethe, « Von Arabesken » *in* C. M. Wieland (Hrsg.), *Der Teutsche Merkur*, t. 1 (2), Weimar, Verlag der Gesellschaft, Février 1789, p. 120-126.

■ 23. C. L. Stieglitz, « Über den Gebrauch der Grotesken und Arabesken », *Allgemeines Magazin für die bürgerliche Baukunst*, Weimar, Hoffmann, 1790, t. 2 (2), p. 98-137.

inédite, un génie dont l'absolue liberté s'émanciperait des règles de la nature. Goethe termine son texte en évoquant la sensualité, voire l'érotisme de ces décorations primitivement réservées à des lieux privés dédiés au plaisir, parfois même secrets, dont il reconnaît l'origine dionysiaque et orgiaque [24]. Cet aspect sera central pour les romantiques, et tout particulièrement pour Friedrich Schlegel qui produira une arabesque littéraire ouvertement érotique avec son roman *Lucinde* (1799). Stieglitz arrivait quant à lui à cette conclusion : il faut réserver l'usage des arabesques à des lieux qui conviennent à leur légèreté, aux boudoirs et aux salons. Il est intéressant de remarquer que cette catégorisation était déjà avancée dans l'article de *L'Encyclopédie* consacré aux « Arabesques » [25]. Le potentiel esthétique polymorphe des arabesques sera synthétisé par Moritz au moyen d'une catégorie bien spécifique : la pulsion.

La pulsion de décoration : Karl Philipp Moritz

Publiés en 1793 alors que Moritz est professeur de théorie de l'art à l'Académie de Berlin, les *Concepts préliminaires en vue d'une théorie des ornements* reprennent dans leurs grandes lignes les arguments précédemment évoqués tout en proposant des définitions innovantes afin de faire avancer le débat. S'apparentant à un montage de textes, cet ouvrage consiste en une compilation d'articles publiés dans la revue de l'Académie, ainsi que des extraits de son journal de voyage en Italie ou encore d'autres petits essais, précédemment publiés ou non. Moritz meurt l'année de la publication et le titre laisse entendre qu'il pourrait s'agir d'une étape préparatoire n'ayant pu aboutir dans l'élaboration d'une essence de l'ornement, ce dont témoignent les efforts définitionnels fournis par le texte.

> L'ornement relèverait d'abord d'une pulsion de décoration

À la lecture de cet opus, on comprend que le terme « ornement » recouvre des acceptions différentes. Il s'agit à la fois d'un phénomène empirique, observable et pluriel, et d'une catégorie esthétique réclamant des réaménagements conceptuels avant de pouvoir intégrer pleinement le programme classique. La grande nouveauté apportée par Moritz est celle d'une approche psychophysique du phénomène qui se situe dans la continuité de ses travaux en psychologie expérimentale, principalement publiés dans la revue qu'il a créée dix ans plus tôt, *Gnothi seauton* [26]. En effet, selon Moritz, l'ornement

■ 24. Sur cet aspect, voir tout particulièrement l'article de G. Oesterle : « Das Faszinosum der Arabeske um 1800 », *in* W. Hinderer (ed.), *Goethe und das Zeitalter der Romantik*, Würzburg, Königshausen und Neumann, 2002, p. 51-70.

■ 25. Article « ARABESQUE ou MORESQUE » par J.-F. Blondel, *L'Encyclopédie ou Dictionnaire raisonné des sciences, des arts et des métiers*, 1 ʳᵉ éd., 1751, t. 1 texte établi par D'Alembert et Diderot, p. 569 : « […] nos meilleurs architectes n'en font-ils usage que là, ou tout au plus dans de petits appartemens, comme chambre et salle des bains, cabinets de toilette, garde-robes, etc. et méprisent le mauvais goût de ces sculpteurs qui prodiguent ces ornemens chimériques et imaginaires dans les appartemens qui demandent de la gravité ; au lieu de leur préférer ce que la nature nous offre de plus beau dans ses productions. »

■ 26. ΓΝΩΘΙ ΣΑΥΤΟΝ *oder Magazin zur Erfahrungsseelenkunde, als ein Lesebuch für Gelehrte und Ungelehrte. Mit Unterstützung Mehrerer Wahrheitsfreunde*, édité par K. P. Moritz du volume 1 à 4 ; à partir du volume 5 par K. P. Moritz et C. F. Pockels, Berlin, Mylius, 1783-1793.

relèverait d'abord d'un besoin ou d'une pulsion *(Trieb)* de décoration. Cette catégorisation n'est pas nouvelle ; le théoricien utilise depuis déjà quelques années des termes similaires comme la pulsion de formation *(Bildungstrieb* ou *nisus formativus)* ou la pulsion d'imitation *(Nachahmungstrieb)*, des notions qu'il emprunte à la biologie et à l'anthropologie alors en plein essor [27], à l'exemple des travaux de Blumenbach [28] ou de Herder, et que l'on retrouve au cœur de son célèbre essai *L'Imitation formatrice du beau* publié en 1788. Moritz parvient à distinguer le « mauvais » ornement du « bon » en empruntant le chemin des instincts. Pour cela, il différencie l'aspiration *(Streben)* à la décoration, qui est une pulsion noble de l'âme, de la manie d'embellissement *(Verschönerungssucht)* synonyme de versatilité, de soumission aux modes et d'absence de goût véritable. Toute opération d'embellissement se révèle compatible avec les principes de l'esthétique classique si elle s'y soumet, c'est-à-dire si elle vient non pas contrarier les exigences d'unité, d'économie et d'harmonie, mais les accompagner et les renforcer.

Mettre en ordre le monde

En introduisant la notion de besoin, Moritz fait intervenir une dimension esthétique – est-ce conforme aux lois classiques du beau ? – mais aussi psychologique et anthropologique, cette pulsion venant expliquer une mise en ordre du monde propre au genre humain. Rappelons les étymologies qui viennent corroborer cette triple dimension : de *kosmos* (ordre, univers organisé) dérive cosmétique (parure, ornement) ; d'*ornare* (parer, orner, décorer, ce qui est nécessaire au bon ordre) ornement ; et de *decorum* (ce qui convient esthétiquement) décor. L'*ornatum* latin renvoie au grec *kosmos*, qui s'oppose au chaos et en réfère à l'ordre et à la beauté. Depuis son usage par Vitruve en théorie de l'architecture, l'ornement est un concept formé par la rhétorique signifiant qu'il s'agit, non pas de quelque chose d'absolument secondaire, mais d'un artifice constitutif de l'efficace d'un discours bien dit, bien écrit. Si l'ornement correspond à un besoin, celui-ci remplit une fonction, laquelle est selon Moritz – dans le droit fil de la tradition rhétorique – « d'indiquer où se trouve l'essence de la chose » [29]. Un bon ornement insuffle de l'ordre et de l'esprit, tandis qu'un mauvais viendrait brouiller les pistes, défigurer, (ré-)instaurer le chaos dans les rapports de la signification à son expression. Cette idée demeure fidèle au dogme classique ; c'est en effet ce que formulaient déjà Krubsacius, Goethe ou Stieglitz lorsqu'ils soulignaient la nécessité de contrôler la puissance ornementale spontanée. Avec Moritz, la constellation d'ensemble gagne néanmoins une dynamique nouvelle dans l'intensification du crédit accordé à la liberté de l'imagination et à l'autonomie des formes ornementales, un crédit conditionné par la dimension constitutive et cognitive pour l'homme, dans son rapport à l'espace et à l'environnement, d'une mise

■ 27. À ce sujet, voir la récente étude de E. Witte : *Bildungstrieb. Zur Karriere eines Konzepts zwischen 1780 und 1830*, Hildesheim-Zürich-New York, Olms, 2019.
■ 28. Blumenbach publie en 1781 un essai intitulé *Über den Bildungstrieb und das Zeugungsgeschäfte*, Göttingen, Dieterich, 1781, réédité ensuite régulièrement en 1789, 1791.
■ 29. K. P. Moritz, *Sur l'ornement, op. cit.*, p. 33. Formule employée dans un paragraphe dédié à la question des colonnes.

en ordre qui passe d'abord par une mise en forme, notamment ornementale. Cette dynamique nouvelle produit ainsi une accélération de la crise normative qui débouchera en même temps sur une stabilisation néo-classique et une radicalisation romantique.

Dans *Les Concepts préliminaires,* Moritz arrive à cette conclusion : « plus le décor est significatif *(bedeutend),* plus il est beau »[30]. Autrement dit, si le décor, synonyme d'ornement pour l'auteur, n'est pas détenteur de la signification, il est néanmoins « significatif » au sens de « marquant » ou de « remarquable », mais aussi de « signifiant » (ainsi qu'il serait possible d'également traduire le terme allemand). L'ornement participe à l'activation de la signification sans la produire. Moritz reformule ici l'idée winckelmannienne – et c'est à travers Winckelmann qu'il hérite du cadre rhétorique de l'ornement juste – d'un ornement légitime car « lié à l'endroit qu'il occupe »[31]. Quelques décennies plus tôt, l'historien de l'art, inquiet de la panne artistique dont il était témoin et dont les lourdes allégories étaient le plus flagrant symptôme, a pressenti le potentiel libérateur de l'ornement, justement parce que celui-ci se tenait à distance de la signification. Winckelmann développe l'idée d'une polarité entre l'allégorie et l'ornement, chacun devenant le remède des excès de l'autre dans un incessant va-et-vient. Si le mauvais ornement se révèle forcément absurde, sa version pertinente propose un antidote contre le penchant à l'illustration d'allégories s'inspirant d'images poétiques ou de concepts abstraits sans pertinence plastique. Dans *Les Concepts préliminaires,* Moritz dédie un paragraphe aux arabesques et un autre à l'allégorie, dans lesquels il va encore plus loin pour affirmer une autonomie radicale par rapport à la norme, au modèle et à la signification initiale. Le premier texte se conclut par l'affirmation que « la parure n'obéit à aucune loi »[32] (si ce n'est celle de nous ravir), tandis que le second affirme, quelques pages plus loin, que « la figure, dans la mesure où elle est belle, ne doit rien signifier, ne parler de rien qui lui soit extérieur, mais doit plutôt parler seulement d'elle-même, parler de son être intérieur au moyen de sa surface extérieure ; elle doit devenir signifiante [*bedeutend*] par elle-même »[33].

Traçant le chemin vers l'autonomie, Moritz complique encore le tableau et augmente la règle d'une complémentarité nécessaire entre allégorie et ornement d'un autre principe, celui de l'isolement ou de l'encadrement, une aptitude humaine qu'il relevait déjà en 1789 dans un court texte publié dans le Journal de l'Académie et intitulé « De l'isolement, en ce qui concerne les beaux-arts en général » : « Isoler, séparer de la masse, c'est l'affaire perpétuelle de l'homme, qu'en conquérant il étende les frontières de son empire sur les terres et les mers – ou que du bloc marmoréen il extraie une formation

■ 30. K. P. Moritz, *Sur l'ornement, op. cit.*

■ 31. « Une étude plus approfondie de l'allégorie pourrait par la même occasion purifier notre goût de façon qu'il conserve vérité et esprit …[…] l'allégorie pourrait nous rendre assez savants pour lier même le plus petit ornement à l'endroit qu'il occupe. » J. J. Winckelmann, *Pensées sur l'imitation des œuvres grecques en peinture et en sculpture, op. cit.,* p. 12.

■ 32. K. P. Moritz, *Sur l'ornement, op. cit.,* p. 37.

■ 33. *Ibid.,* p. 42.

achevée en soi »[34]. C'est justement parce que l'ornement doit se prémunir des abus de l'imagination, d'un génie individuel tout-puissant cherchant à s'émanciper des lois naturelles, qu'il peut devenir une fonction par laquelle il gagnera une valeur organisatrice. Néanmoins, s'il trace des lignes, dessine des frontières – et on remarquera la concordance de l'esthétique et du politique dans les métaphores choisies par Moritz – l'ornement a valeur de lien. Encore une fois, le théoricien clarifie les termes du problème avant de réinstaller une ambivalence, car c'est avant tout la dynamique des choses qui l'intéresse. Dans sa théorie de l'imitation qu'il qualifie de « formatrice », Moritz précise bien, en termes spinoziens, que ce qu'il s'agit d'imiter pour l'artiste n'est pas la *natura naturata* mais la *natura naturans*. Moritz envisage le génie comme puissance, non pas individuelle, mais impersonnelle parce que cosmique ; une position que la formule de Moritz résume parfaitement : « Chaque belle totalité de l'art est en petit une empreinte du beau le plus haut dans le grand Tout de la Nature »[35]. Si l'ornement différencie et ordonnance, il lie entre eux les éléments qui constituent la composition ; il crée de la lisibilité au sein des formes, il crée une image du monde pour l'homme, il est un rempart contre l'angoisse du désordre et la menace d'une illisibilité, d'une inintelligibilité qui lui serait fatale[36].

Chez Moritz, le concept d'ornement est indissociable de celui de signature (au sens d'empreinte)[37], notamment présenté dans son essai de 1788 : « La Signature du Beau. Dans quelle mesure les œuvres peuvent-elles être décrites ? » Héritière de la métaphore ancestrale du Livre de la Nature, la signature s'inscrit dans de multiples traditions de pensée : épicurienne avec le poème scientifique *De rerum natura* dans lequel Lucrèce expose la théorie de l'atomisme, néoplatonicienne et augustinienne, et biblique et kabbalistique. La signature traverse tout le Moyen Âge et la Renaissance jusqu'à l'Âge baroque pour se révéler singulièrement féconde chez le médecin et alchimiste Paracelse (1493-1541) ou encore le mystique allemand Jakob Böhme et tout particulièrement son *De signatura rerum, oder Von der Geburt und Bezeichnung aller Wesen* (1622). Ainsi que Hans Blumenberg l'analyse méticuleusement dans *La Lisibilité du monde*[38], cette métaphore a conditionné une théorie de la connaissance où la nature se regarde et se lit comme une surface couverte de signes en attente d'interprétation[39]. Répandue par Augustin depuis le Ve

34. K. P. Moritz, « Vom Isolieren, in Rücksicht auf die schönen Künste überhaupt », *Monatsschrift der Akademie der Künste und der mechanischen Wissenschaften zu Berlin*, 2 (1), 1789, p. 66. Ici trad. fr. de P. Beck (*Le Concept d'achevé en soi et autres écrits, op. cit.*, p. 194).

35. K. P. Moritz, « Lignes directrices pour une théorie complète des beaux-arts » [1789] dans *Le Concept d'achevé en soi et autres écrits, op. cit.*, p. 198.

36. L'ouvrage récemment publié par l'historien de l'art R. Labrusse – *Face au chaos. Pensées de l'ornement à l'âge de l'industrie*, Dijon, Les Presses du réel, 2018 – propose une étude remarquable de ce phénomène, dont il analyse les causes apparues à la fin du XVIIIe siècle.

37. Je me permets ici de renvoyer au livre que j'ai tout particulièrement consacré à cette problématique : C. Pacquet, *Signature et achevé en soi. Esthétique, psychologie et anthropologie dans l'œuvre de Karl Philipp Moritz (1756-1793)*, Dijon, Les Presses du réel, 2017.

38. H. Blumenberg, *La Lisibilité du monde* [1981], trad. fr. P. Rush et D. Trierweiler, Paris, Le Cerf, 2007.

39. Nous faisons ici sciemment référence à Blumenberg plutôt qu'au premier chapitre du livre de Michel Foucault, *Les Mots et les choses*, car moins que l'idée de rupture, présente chez Foucault, c'est plutôt celle de continuité qui nous intéresse. Notre propos s'inscrit dans l'hypothèse de Blumenberg selon laquelle l'esthétique serait le lieu d'une survivance de la pensée du signe à la Renaissance.

siècle, l'allégorie du Livre de la Nature vient souligner la responsabilité de l'homme qui est d'apprendre à déchiffrer les signes qui l'entourent et de contribuer ainsi à la construction d'une connaissance. L'irruption de l'industrie dans les affaires humaines, si elle a bien contribué à révolutionner le rapport de l'homme à son environnement, n'a pas fait disparaître ce paradigme de l'interprétation et de la lecture. Les travaux de Walter Benjamin, notamment son opus majeur *Le Livre des passages,* composé entre 1927 et 1940, ont par exemple transposé la méthode d'interprétation de traces, de signatures ou de ruines à l'espace urbain, essentiellement parisien, construit au XIXe siècle, moment crucial dans le tournant industriel de l'humanité.

Vers l'autonomie

Un premier texte fondateur publié en 1785, *Essai d'unification des arts sous le concept d'achevé en soi,* détermine l'ensemble des écrits en théorie de l'art de Moritz. Outre l'ambition de forger un singulier pluriel capable de rassembler la diversité des arts issue d'un système de classification ancestral, cet essai affiche une radicale nouveauté, celle de penser l'autonomie de l'œuvre d'art et du beau. Les conséquences sont énormes : non seulement pour la théorie de l'imitation, tout rapport purement mimétique au modèle s'en trouvant invalidé, mais aussi pour l'autonomisation de la forme par rapport à la signification et à la finalité. Anticipant l'idée kantienne de « finalité sans fin », Moritz propose d'envisager le beau comme entité autotélique qu'aucune finalité extérieure ne saurait assujettir. Si le « beau n'exclut pas l'utile » [40], autrement dit, s'il peut être lié à une finalité externe, par exemple sur un objet utilitaire, il doit, pour rester beau, garder sa souveraineté. Lorsque le beau se « subordonne » à l'utile, il devient un ornement ou un décor. On retrouve ici toute l'ambivalence moritzienne qui consiste à se nourrir de l'ornement pour penser la liberté du beau, notamment de sa tendance à occulter la norme, tout en veillant à freiner le risque d'une errance ornementale qui viendrait annuler cette même liberté. Pour reprendre les analyses de Gérard Raulet [41] s'intéressant au double mouvement de politisation et de nationalisation de l'ornement dans le contexte d'une tension entre le paradigme rhétorique antique d'un côté et celui de la différenciation moderne des plans de la connaissance, de la morale et de l'esthétique de l'autre, nous pourrions affirmer que Moritz rassemble en lui-même ces contradictions. La modernisation de la société allemande à la fin du XVIIIe siècle, entre sécularisation et éveil d'un sentiment national, influe sur la portée politique de l'ornement lesté de nouveaux enjeux, notamment dans l'éclosion d'une subjectivité, et se voit ainsi transformé en objet de dispute.

Dans cette quête de liberté totale – qui s'exprimera philosophiquement chez Kant dans le concept de « beauté libre » présenté au § 16 de la *Critique de la faculté de juger* (1790) – l'ornement joue un rôle charnière et ouvre la voie tant à Kant qu'à Schiller, Friedrich Schlegel ou Novalis. Qu'il en aille de

CAHIERS **PHILOSOPHIQUES** ▶ n° 162 / 3e trimestre 2020

■ 40. K. P. Moritz, « Lignes directrices pour une théorie complète des beaux-arts » [1789] dans *Le Concept d'achevé en soi et autres écrits, op. cit.,* p. 197.

■ 41. G. Raulet « Zur Entstehung der modernen politischen Problematik des Ornaments » *in* F. Hartung (ed.), *Die Rhetorik des Ornaments,* München, Wilhelm Fink, 2001, p. 147-162.

« la beauté libre », de « l'instinct de jeu » (*Spieltrieb*) ou du *Witz,* nombreux sont les concepts-clés de l'esthétique allemande autour de 1800 qui bénéficient du chamboulement théorique provoqué par la querelle des ornements. Au sein de cette constellation, Moritz conserve donc une ambiguïté fondamentale et demeure, dans son abord de l'ornement, à la fois grammairien et essentialiste. Ceci explique la variété de ses descendants. Tandis que la lignée kantienne creusera le sillon de la pureté et de la liberté, d'autres, d'inspiration romantique, s'intéresseront au potentiel émancipatoire et hétérogène de l'ornement. Héritier de certaines idées nationalistes déjà formulées dans les années 1770-80 par le *Sturm und Drang* et d'un vent de révolte dirigé contre l'autorité du classicisme souvent associée à la culture française, Friedrich Schlegel, représentant du premier romantisme allemand, se nourrira de la polémique berlinoise afin de détourner la notion d'arabesque. Il y reconnaîtra une liberté poétique inédite, moderne et « primitive », qu'il exposera dans son *Entretien sur la poésie* paru en 1800 dans *L'Athenaeum.* L'arabesque devient « la forme la plus ancienne et la plus originale de l'imagination humaine », un « genre poétique où matière et forme s'entrelacent dans la composition » et enfin « un roman romantique qui contient une théorie du roman, un roman du roman ». À l'inverse du classicisme rationaliste, Schlegel ira même jusqu'à voir dans la Révolution française une « tragique arabesque » exemplaire de la puissance créatrice du chaos, toujours originel, où se rejoignent poésie et politique [42]. Fidèle à son goût pour le fragment, il identifiera dans cette forme d'ornement une puissance hétéroclite à même de révolutionner non seulement la littérature mais aussi l'art en général, ainsi que les compositions fantasques et rétrospectivement « baroques » du peintre Philipp Otto Runge en feront la preuve.

Clara Pacquet
Enseignante en histoire et théorie de l'art
à l'École supérieure d'art Pays Basque

■ 42. Voir les dernières pages de l'article de G. Oesterle « Vorbegriffe zu einer Theorie der Ornamente. Kontroverse Formprobleme zwischen Aufklärung, Klassizismus und Romantik am Beispiel der Arabeske », *in* H. Beck (ed.), *Ideal und Wirklichkeit der bildenden Kunst im späten 18. Jahrhundert,* Berlin, Gebr. Mann Verlag, 1984, p. 119-139.

L'ornement

LA SINGULARITÉ DU DRAPÉ OU L'EXPRESSIVITÉ DE L'ORNEMENT CHEZ ABY WARBURG

Marie Schiele

Loin d'être absente de l'œuvre de Warburg, la notion d'ornement brille par son éclatement et son caractère composite. Cet article se propose de restituer et d'étudier la pluralité des conceptions warburgiennes de l'ornement à partir d'un motif particulier, le drapé.

L'intérêt d'Aby Warburg pour l'ornement se manifeste très tôt dans ses recherches, dès ses premières réflexions sur la genèse de l'art en 1888 [1], prolégomènes à sa thèse bien connue sur Botticelli publiée en 1893 [2]. Détail suffisamment singulier pour être noté d'emblée : Warburg aborde l'ornement moins sur le plan formel que sur celui de la perception. L'ornement est plaisant à voir, fascinant parfois. Et cette expérience s'avère décisive pour comprendre la manière dont les styles artistiques se forment et évoluent. L'identification du potentiel expressif de l'ornement et sa fécondité théorique conduisent l'historien à en rendre compte rationnellement en dépassant le stade de la description sommaire des sensations pour leur faire correspondre une terminologie nouvelle et prolixe, quitte à dissoudre l'unité commode de la notion. Accessoire en mouvement, style décoratif, pathos décoratif, parure, formule de pathos, toutes ces expressions stimulantes, qui ont redessiné l'interprétation de l'œuvre d'art, s'agrègent en une même constellation dont l'ornement serait le centre. Résistant à toute entreprise de synthèse, l'historien de l'art allemand vise plutôt par ses réformes lexicales successives à comprendre les enjeux de l'ornement plutôt qu'à en donner une définition

1. A. Warburg, *Fragments sur l'expression*, Paris, Éditions L'écarquillé, 2015.
2. A. Warburg, « La naissance de Vénus et le Printemps de Sandro Botticelli. Étude sur les représentations de l'Antiquité au début de la Renaissance italienne (*Sandro Botticellis Geburt der Venus und Frühling. Eine Untersuchung über die Vorstellungen der Antike in der italienischen Frührenaissance*) Hamburg et Leipzig, 1893, dans *Essais Florentins*, Paris, Klincksieck, 1990, p. 45-100.

arrêtée. L'ornement hante les analyses de Warburg, traverse de part en part ses écrits, sans faire l'objet d'une étude dédiée.

Plutôt que d'y voir le corollaire d'une œuvre fragmentée, l'éclatement de la notion d'ornement peut être interprété de manière positive, comme un indice précieux sur sa nature, nécessairement pluridimensionnelle. Loin de se réduire à une catégorie descriptive ou esthétique, loin de se limiter à faciliter la lisibilité de l'œuvre ou à amplifier son appréciation, l'ornement chez Warburg admet de profondes connotations anthropologiques. Il révèle ainsi la manière qu'a l'homme de symboliser un rapport au monde et d'exprimer par une stylisation des réactions affectives qui le traversent.

> **L'ornement chez Warburg admet de profondes connotations anthropologiques**

Pour autant, une telle catégorie ne peut être approchée de façon exclusivement théorique ou générale, c'est-à-dire abstraction faite de sa matérialisation, de sa mise en forme plastique. D'où la nécessité, du point de vue méthodologique, d'une médiation locale et concrète qui permet de comprendre les différentes déclinaisons de l'ornement. Le drapé est l'une de ces déclinaisons singulières que retient Warburg, fasciné notamment par le traitement remarquable qu'a pu en faire Botticelli.

À partir d'une étude suivie des différentes valeurs du drapé, on montrera comme s'élabore la catégorie de l'ornement nécessairement composite chez Warburg, à rebours d'une acception purement décorative mais pleinement expressive. L'ornement est ainsi la manifestation plastique de réactions psychologiques intérieures dont Warburg dressera dans ses écrits la typologie : l'indice saillant du lien intime entre style de vie et style artistique.

Le drapé comme ornement ou la singularité du détail

Le drapé comme élément secondaire ou les marges de la représentation

Le drapé est un élément qui intéresse Warburg dès ses premières publications, c'est-à-dire dès la fameuse dissertation sur Botticelli publiée en 1893. Dans cette courte étude et de façon novatrice, Warburg délaisse l'analyse traditionnelle de la représentation, comprise comme mise en image d'une histoire religieuse ou profane, pour isoler au contraire des éléments secondaires, à première vue anodins, que sont les chevelures et les drapés [3]. L'objectif d'une telle inflexion revient, selon les conclusions de l'auteur, à révéler un courant souterrain de l'histoire de l'art consistant en un intérêt nourri des peintres florentins et en particulier de Botticelli pour les marges de la représentation. Le traitement du drapé et des chevelures, particulièrement soigné, signale un zèle peu commun. Pensons au grand drapé flottant et

---

■ 3. Dans ses essais, Warburg distingue bien le drapé [*Gewandung*] du terme générique *Kleid* qui signifie robe ou manteau. L'emploi d'un terme spécifique suggère une attention particulière à ce motif et la volonté de traduire lexicalement un effet esthétique propre.

sinueux attendant Vénus à la sortie des eaux dans le tableau de Botticelli, dont les courbures imitent les boucles de la déesse. Ce constat empirique et évident est étayé par une analyse philologique rigoureuse de textes théoriques et poétiques. Ovide, Politien et Alberti sont ainsi convoqués pour établir la généalogie de ce vif intérêt, intérêt dont à première vue on ne saurait expliquer la cause, si ce n'est en invoquant, de façon naïve, un amour gratuit pour son art. Il s'agit en d'autres termes de révéler l'épaisseur d'une œuvre en mettant au jour la complexité du réseau d'influences qui l'innerve. Dans la lignée de Jacob Burckhardt [4], Warburg revendique une approche pluridisciplinaire de l'œuvre d'art, qui n'est jamais une création isolée, purement formelle, mais le résultat d'une civilisation dans ses multiples aspects : la peinture répond à la poésie et toutes deux se prolongent dans la vie telle qu'elle s'éprouve dans les scènes de rue, les fêtes populaires. Aussi, parmi les auteurs qui éveillent la curiosité de Warburg, Alberti tient une place de choix. Le *De Pictura* est l'un des premiers textes dans la tradition théorique renaissante à ne pas limiter le drapé à une acception technique, comme simple représentation d'une étoffe ou d'un vêtement, indigne du discours, mais à tenter de lui conférer un statut dans la typologie des arts, notamment comme ornement en mobilisant une culture humaniste, particulièrement imprégnée de la lecture des poètes grecs. L'idée d'une fluidité des plis, de leur croissance presque naturelle comme le suggère la comparaison avec l'arbre et ses branches précise la visée d'Alberti, celle d'ajouter à la fonction dynamique du drapé un enjeu esthétique. La suggestion du mouvement est insuffisante, c'est la forme du mouvement, forme gracieuse qui doit être recherchée :

> Et que l'on observe la même chose dans les plis des drapés : de même que les branches d'un arbre se répandent du tronc de tous côtés, de même les plis naissent d'un pli, comme ses branches mêmes. Et que là aussi se retrouve la totalité des mouvements, de sorte qu'il n'y ait aucune étendue de drapé où l'on ne puisse découvrir presque tous ces mouvements. Mais que tous les mouvements, comme je le fais souvent remarquer soient modérés et aisés et qu'ils suscitent la grâce plutôt que l'admiration pour l'effort fourni [5].

Warburg, quant à lui, ne reprend pas scrupuleusement les analyses d'Alberti et préfère à la catégorie d'ornement celle plus neutre, sur le plan moral, d'accessoire [*Beiwerk*] ou d'élément secondaire de la représentation, soit en quelque sorte l'acception la plus générale mais aussi la plus équivoque de l'ornement. On se souvient en effet que le terme « ornement » charrie un ensemble de connotations, notamment éthiques ou morales – la grâce de la ligne serpentine dessine l'idéal d'une conduite et l'harmonie ou la complétude entre ornement et support incarne l'excellence [6] – connotations bien présentes

■ 4. J. Burckhardt, *Die Kultur der Renaissance in Italien/La Civilisation de la Renaissance en Italie* (1860), *J. Burckhardt Werke. Kritische Gesamtausgabe*, vol. 4, M. Mangold et B. Roeck (eds), München-Bâle, Beck Verlag-Schwabe Verlag, 2018. Sur le rapport intellectuel entre Warburg et Burckhardt, voir M. Ghelardi, *Aby Warburg ou la lutte pour le style*, Paris, Éditions L'écarquillé, 2016, p. 26-33.
■ 5. L. B. Alberti, *La Peinture/De Pictura* (1435). Texte latin, traduction française, version italienne. Éditions de T. Golsenne et B. Prévost revue par Y. Hersant, Paris, Seuil, 2004, § 45, p. 159.
■ 6. Sur la connotation éthique de l'ornement, voir l'entrée *ornamentum* dans le lexique de la traduction française du *De Pictura* d'Alberti. L. B. Alberti, *La Peinture/De Pictura, op. cit.*, 2004.

chez Alberti par exemple, que Warburg n'introduit pas véritablement dans son étude sur Botticelli. La notion d'élément secondaire renvoie plus directement à la structure de l'œuvre, à la position des éléments qui la composent et implicitement à leur valeur. Solidaire d'une innovation méthodologique, cette catégorie prend, sous la plume de Warburg, une tonalité critique en ce qu'elle invite à considérer sous un nouveau jour l'économie de l'œuvre. Tout en partant de la conception binaire de l'œuvre, entre le centre de l'œuvre qui agrège tous les éléments signifiants et expressifs, et la périphérie qui ne mérite qu'une attention passagère, superficielle, Warburg démontre, à partir de Botticelli, les limites d'un tel modèle général. Cette critique ne se traduit pas par un renversement radical de point de vue : les éléments secondaires demeurent secondaires du point de vue narratif chez Botticelli. Le drapé, quand bien même son exécution est extrêmement soignée et détaillée, n'apporte pas de contenu narratif propre. La figure de Vénus nue sur sa conque suffit à reconnaître l'épisode de sa naissance merveilleuse. En revanche, sur le plan stylistique, les éléments dits secondaires prennent un relief nouveau et créent un contraste remarquable. Dès lors, il ne s'agit plus d'analyser les éléments de la représentation en fonction de leur implication dans la suggestion d'une histoire, c'est-à-dire de les considérer en termes de valeur signifiante intrinsèque à une fiction, mais de les envisager selon leurs effets esthétiques, c'est-à-dire sur le plan visuel, dans le cadre de la découverte d'une œuvre, puis sur le plan stylistique, soit sur le plan d'une fonction de l'art. Le traitement des éléments secondaires devient l'indice d'un changement de centre de gravité de l'œuvre : les marges s'apparentent à des zones de subversion où s'élaborent progressivement des transformations de style.

L'élément secondaire
ou l'introduction d'une dynamique

Les transformations de style selon Warburg sont solidaires de l'introduction du mouvement ou plutôt de sa suggestion. En raison de certaines propriétés matérielles – souplesse, non-adhérence à un support, élément terminal – les éléments secondaires, comme le signalait déjà Alberti [7] sont les auxiliaires adéquats du mouvement. Ils permettent sa représentation ou du moins leur configuration (courbure, spirale, plis, creux, déformations) suggère l'effet d'une cause subtile, invisible ou extérieure à la scène peinte, « brise imaginaire » selon les termes de Warburg, ou flux aériens. Aussi le drapé comme élément secondaire n'est pas accessoire, au sens d'inutile. Au contraire, il est un élément nécessaire, l'indice d'une atmosphère [8], voire un élément subversif en ce qu'il bouleverse à son tour le regard. Ce bouleversement est double, tant sur le plan artistique, par une nouvelle attention prêtée à l'exécution de ces éléments périphériques, notamment leur embellissement, que sur le plan esthétique, c'est-à-dire selon la réception de l'œuvre, en ce que la

7. Les remarques d'Alberti sur les accessoires inanimés [*rerum inanimatarum*] se trouvent au Livre II, § 45 du *De Pictura*.
8. Sur la question de l'atmosphère et de ses enjeux à la Renaissance, voir G. Didi-Huberman, « The imaginary breeze. Remarks on the air of the Quattrocento », *Journal of Visual culture* 3, vol. 2, p. 275-289, décembre 2003. https://journals.sagepub.com/doi/10.1177/1470412903002003001

configuration du drapé paraît impossible à interpréter logiquement à partir des seuls éléments visibles de la représentation. C'est le cas par exemple de la ceinture imaginaire telle qu'on la retrouve dans la représentation d'une Grâce du *Printemps* de Botticelli :

> Ce vêtement flottant et transparent, le peintre l'a considéré comme une caractéristique inévitable, ce que montre bien le costume de la Grâce qui se tient à l'extrême gauche : les motifs de drapés sur sa cuisse n'ont pas d'autre cause qu'un lien, pourtant on ne voit pas de trace de ceinture, de sorte que par fidélité au modèle, il n'y a pas de cause visible à cette disposition du vêtement [9].

Dès lors, chez Warburg, le drapé relève moins d'une convention artistique visant la dissimulation de la nudité que d'une exception signifiante privilégiant la liberté créative [10], en ce que les marges du tableau sont comprises comme des zones inclassables car poreuses aux influences, et en particulier à la réintroduction d'un vocabulaire de formes antiques. La révélation d'un lien entre *maniera all'antica* et expression du mouvement interroge Warburg. Pourquoi les artistes reviennent-ils à ces configurations anciennes du drapé pour mettre en exergue le dynamisme des figures ? Ni citation littérale, ni indice historique, le drapé flottant à l'antique tel qu'il réapparaît à la Renaissance florentine insiste sur la complexité du mouvement. Autrement dit, sa participation à deux ordres distincts : un ordre intérieur, celui du psychisme ; un ordre extérieur, celui du physique. Il revient au drapé de suggérer conjointement ces deux ordres, la turbulence des plis suggérant de façon analogue la tension psychique ; les pans flottants soulignant la direction du corps, c'est-à-dire une dynamique. Le drapé combine dès lors deux fonctions :

– une fonction d'expression au sens fort du terme, c'est-à-dire révéler de manière visible ce qui échappe au regard : un mouvement intentionnel ou volontaire,
– et une fonction d'accentuation, cette fois de la dimension physique du corps et de la gestuelle que les plis dessinent et renforcent, qu'ils traduisent en quelque sorte graphiquement.

Cette précision quant à la fonction du drapé est signalée chez Warburg par l'apparition d'une catégorie plus élaborée, celle des accessoires en mouvement [*Bewegtes Beiwerk*] ; mouvement au sens générique du terme, puisque Warburg ne semble pas distinguer ce qui relève de l'animation psychologique de ce qui relève d'un dynamisme moteur (le mouvement en avant du personnage), accentuant encore le statut d'interface du drapé.

Contrairement à une démarche qui viserait à expliquer la totalité de l'œuvre, Warburg s'intéresse à des motifs extrêmement circonscrits, pour

■ 9. A. Warburg, *Essais Florentins*, Frag. 71, *op. cit.*
■ 10. Tout au long de son œuvre, Warburg discutera ce point. Faut-il considérer le traitement remarquable du drapé comme le propre d'un certain groupe d'artistes ou au contraire, le drapé a-t-il toujours fait l'objet d'un intérêt artistique constant ? La conception du drapé comme exception signifiante s'oppose à l'acception traditionnelle du drapé comme élément conventionnel, masquant la nudité. Ce second sens du drapé n'est pas renié par Warburg, il maintient les deux comme nous le verrons dans la dernière partie de cet article. Voir aussi A. Warburg, *Fragments sur l'expression*, Frag. 43, *op. cit.*, p. 66.

ne pas dire isolés, à partir desquels il envisage l'œuvre moins de manière autonome, que de façon relative à un contexte historique général et évolutif. Cependant, cet intérêt pour le drapé n'est pas un intérêt pour le drapé en lui-même, mais en ce qu'il donne un nouvel éclairage sur un problème plus profond de la représentation artistique, problème qui semble repousser sans cesse les limites de la représentation, à savoir celui de l'animation. Le drapé comme élément secondaire et accessoire en mouvement ne se limite pas à un intérêt thématique, mais se voit reconnaître une fonction supplémentaire, d'ordre méthodologique.

L'expérience esthétique troublée ou l'attention locale

Résumons. Le drapé est avant tout considéré dans la dissertation sur Botticelli comme un motif isolé, nécessitant une conversion du regard, une attention vers des parties généralement oubliées. Reste que, dans cette première publication, aucun travail de théorisation n'est vraiment entrepris. Au contraire, il s'agit plutôt d'une entreprise d'archéologie des sources, engageant fermement le travail historique de recontextualisation. L'invention conceptuelle est elle-même modeste puisqu'il s'agit plutôt d'une réadaptation de catégories issues de la théorie de l'art de la Renaissance, les accessoires en mouvement étant un décalque de la catégorie d'Alberti des *rerum inanimatarum*. En d'autres termes, l'essai tout entier s'intéresse au cadre littéraire de l'œuvre, à un paratexte potentiel plutôt et ne prend guère la mesure des transformations qu'apporte la représentation au discours sur l'art. À dire vrai, rien ne permet véritablement de rapprocher le drapé de la catégorie de l'ornement, aucun effort de définition n'est réellement entrepris. La catégorie des accessoires en mouvement, avant tout descriptive, ne possède pas véritablement de fonction conceptuelle claire et déterminée, elle n'admet pas de contenu conceptuel propre, mais précise une posture méthodologique forte : celle d'un intérêt pour l'inaperçu.

Si Warburg associe bien le drapé à une forme d'expression plastique, sa fonction est en réalité plus proche du détail. La singularité du motif renforce davantage ce rapprochement. Warburg, là encore, n'admet pas ce lien à titre d'acquis théorique, mais il le considère comme une caractéristique du style de Botticelli :

> Pour tout objet aux contours précis, en position de repos, Sandro Botticelli a le regard attentif du « peintre-orfèvre » florentin ; à propos des éléments secondaires, cela se manifeste par cette précision pleine de tendresse avec laquelle il observe et reproduit chaque détail. La netteté du détail est l'élément fondamental de sa conception de l'art [11].

Le drapé fonctionne à la manière d'un détail singulier, en ce qu'il vient infléchir l'ensemble de l'interprétation de l'œuvre [12], contrarier le visage calme et paisible des figures de Botticelli en les mettant en rapport avec

---

■ 11. A. Warburg, *Essais Florentins, op. cit.*, p. 89.
■ 12. Sur la fonction méthodologique du détail chez Warburg, voir M. Hagelstein, « Aby Warburg, science du détail et éléments secondaires », dans *La mécanique du détail : Approches transversales*, Paris, ENS Éditions, 2013.

l'expression plus intense d'une intériorité, mais de manière détachée. Par des accessoires qui rendent à cette intensité une présence. Détail singulier, le drapé est aussi ce à partir de quoi peut être inaugurée une nouvelle analyse de l'œuvre, moins représentation homogène que polarisée.

L'ornement comme parure

Dans sa première dissertation, Warburg met en œuvre les prémisses d'une méthode se définissant par une attention locale. L'intérêt prêté aux marges de la représentation permet d'infléchir sérieusement l'interprétation générale d'une œuvre sur le plan stylistique, de même qu'elle renseigne sur un certain rôle de l'art, ou plutôt sur la manière dont l'art au cours de son histoire éprouve ses limites et les repousse, notamment la question de l'expression du mouvement. Cependant, le traitement de l'ornement, même s'il apparaît de manière latérale dans les premiers écrits, ne se limite pas à une fonction d'initiation de la recherche, à titre de prolégomènes ou à titre d'intuition initiale. On trouve conjointement dans des écrits de travail antérieurs [13] (mais non publiés) et des essais postérieurs, un nouvel intérêt pour l'ornement, mais là encore selon un traitement indirect. Il n'est pas question pour Warburg de définir l'ornement telle une catégorie ou un concept opératoire de sa théorie de l'art. Sa préférence va à une notion alternative, repérée chez Gottfried Semper [14], à savoir la notion de parure [*Schmuck*]. Là encore, le choix d'une telle notion est intéressant pour comprendre ce sur quoi Warburg veut mettre l'accent. Par parure, comme le laissent entendre quelques fragments de cet immense travail préparatoire sur l'expression [15], Warburg entend de façon privilégiée le vêtement, soit la mise en rapport d'un ornement avec un porteur [*Träger*], c'est-à-dire avec un être doué de conscience. Pour Warburg comme pour Semper, la parure n'a rien d'accidentel, au sens où elle pourrait être abstraite et laisser place à un état originel de dépouillement : l'état idéal de nudité. La parure est l'un des premiers stades symboliques à partir duquel l'homme se pense et intervient dans le monde, c'est-à-dire prend conscience d'une force matérielle et éprouve les effets de son action sur le monde [16]. Là encore, ce n'est pas la parure sur le plan descriptif qui intéresse Warburg, bien que la comparaison entre les différents costumes, notamment entre le costume bourguignon et le costume italien soit riche d'enseignement quant à la manière dont ces styles s'influencent mutuellement, mais de façon plus profonde et théorique sa fonction sur le plan psychologique. S'élabore au gré des *Fragments sur l'expression*, une véritable psychologie de l'ornement, au sens d'une psychologie de la parure. La parure, c'est-à-dire le vêtement et tous les éléments qui l'accompagnent ont valeur d'insigne. Et à double-titre :

■ 13. A. Warburg, *Fragments sur l'expression, op. cit.*
■ 14. L'article de Semper est cité au fragment 101 : G. Semper, « Über die formelle Gesetzmässigkeit des Schmukes und dessen Bedeutung als Kunstsymbol ». Sur le rapport entre Warburg et Semper, voir S. Papapetros, « Warburg, lecteur de Semper : ornement, parure et analogie cosmique », *Images Re-vues*, Hors-série 4, 2013, http://journals.openedition.org/imagesrevues/2862
■ 15. A. Warburg, *Fragments sur l'expression, op. cit.*
■ 16. A. Warburg, *Fragments sur l'expression*, Frag. 296, *op. cit.*, p. 192.

- Au sens où la parure distingue l'individu au sein d'un groupe. (Distinction sociale)
- Au sens où la parure différencie un individu d'un autre. (Principe d'individuation)

Cohabite ainsi un double point de vue sur la parure : externe et social ; interne et psychologique, que nous allons détailler successivement.

La parure comme individualisation sociale ou l'ornement comme insigne

La question de la distinction sociale par l'ornement est intrinsèquement liée à l'origine même du terme. Celui qui est orné ou décoré est celui dont on reconnait les mérites sur le plan social. Warburg résume ainsi au fragment 88 : « *La parure est la première tentative d'individuation, mais ce qui est caractérisé par elle est la richesse, et non la volonté de la personne : ce qui la fait sortir du lot.* » [17]

En d'autres termes, il s'agit d'un critère extérieur, de reconnaissance sociale, ce par quoi l'individu est reconnu comme tel dans le cadre d'une relation ou d'un rapport de force. Cette tentative de reconnaissance se traduit sur le plan de l'histoire de l'art par l'influence flamande sur la Renaissance italienne du Quattrocento et va de pair avec un réalisme de l'ornement et sa représentation de façon précise et détaillée :

> La cité des orfèvres et des drapiers [Florence] goûtait surtout le reflet fidèle et détaillé du personnage individualisé en costume de l'époque, aux traits calmes reproduits avec soin. Les tapisseries de Bourgogne et les portraits flamands qui occupaient dans la Florence des Médicis une place étonnamment importante, favorisent ce réalisme du costume et de la physionomie [18].

Autrement dit, la reconnaissance par la restitution précise et fortement ornée vise à comprendre l'importance d'un personnage relativement à sa richesse (abondance des détails) mais aussi à sa complétude, à son établissement. Rappelons que la parure signifie aussi l'équipage complet, la préparation achevée, tant sur le plan matériel que moral. Dès lors, la distinction s'inscrit moins dans un processus d'affirmation d'une singularité absolue, que dans la manifestation d'une identité sociale, c'est-à-dire comme reconnaissance d'une appartenance à un groupe social comme le suggère le fragment 124 : « *S'affirmer soi-même et se renforcer par le port d'un insigne social ; s'agréger comme membre de la majorité contre les singularités.* » La mention de l'insigne ne s'apparente pas à une comparaison infondée, mais élargit la définition de la parure, à tous les signes distinctifs [19]. À rebours des hiérarchies traditionnelles, Warburg mobilise indifféremment tous les supports où migrent des ornements remarquables : drapeaux, blasons, *impresa*, *ex-libris* sont la matérialisation

---

17. A. Warburg, *Fragments sur l'expression*, Frag. 88. *op. cit.*, p. 90.
18. A. Warburg, *Essais Florentins, op. cit.* p. 230.
19. Sur cet élargissement, voir l'entrée [Parure] dans le lexique proposé par L. Bonneau en appendice des *Fragments sur l'expression*. A. Warburg, *Fragments sur l'expression, op. cit.*, p. 305.

d'une rencontre entre le domaine artistique et le domaine social et de leur porosité certaine.

Un essai de 1907 exemplifie ce point. Warburg y analyse longuement les dernières volontés de Francesco Sassetti, noble et érudit florentin, texte qu'il comprend comme le symptôme d'une crise des valeurs de l'époque. L'historien allemand est ainsi saisi par la récurrence d'un motif antique : celui de la Fortune, figure en « apparence naïvement ornementale » [20]. Procédant selon une méthode historico-analytique des écrits testamentaire et épistolaire, Warburg remarque l'originalité des ornements choisis pour constituer le blason, éléments païens plutôt que religieux. Certes, la réintroduction de l'Antiquité dans cette symbolique appliquée qu'est l'art du blason sert la volonté de distinction sociale, en transgressant les conventions héraldiques en usage par un syncrétisme inédit, l'union de la mythologie et de l'hagiographie chrétienne. La Fortune incarnée rejoint Saint-François d'Assise, patron de Francesco Sassetti. Mais cet élan de distinction ne se réduit pas à une affirmation de puissance. L'ajout d'une nouvelle figure sur les armes officielles de la famille ne correspond pas uniquement à la représentation symbolique d'une prospérité nouvelle, d'une bonne fortune, à l'origine des activités marchandes florissantes. Cet ajout signale pour Warburg de manière plus profonde et sur le plan psychologique l'émergence d'une conscience de l'individualité, d'un nouvel égocentrisme dont la singularité exige de nouveaux modes d'expression comme « *l'alliance d'une sensibilité populaire païenne, d'une imagination artistique antiquisante et de l'humanisme théologique* » [21], ce qui se traduit à l'échelle individuelle par un compromis « *entre la confiance "médiévale" en Dieu et la confiance en soi de l'homme de la Renaissance.* » [22]. Le choix de telle ou telle figure n'a rien de purement décoratif pour Warburg, et ne s'interprète pas non plus à la lumière d'un goût éclectique ou érudit. La parure vestimentaire ou d'ordre héraldique à destination sociale éclaire parallèlement une psychologie de l'époque. De même qu'il n'y a pas de naïveté ornementale, il n'y a pas non plus de transparence du blason ou de l'*ex-libris* qui ne sont pas simplement l'illustration d'un complexe psychique, mais résultent plutôt d'une loi d'association des symboles engagée par l'individu.

La parure comme singularité psychologique

Bien qu'artificielle, c'est-à-dire résultant de la mise en œuvre d'une technique humaine, d'un savoir-faire, la parure est comprise par Warburg comme une « extension inorganique de l'individu » [23] ou encore comme des « organes indolores », autrement dit ce qui influence le mouvement, la traduction visible d'un mouvement intérieur, ce qui donne une forme graphique à l'intériorité. À travers cette analogie avec le vivant, Warburg

■ 20. A. Warburg, *Essais Florentins, op. cit.,* p. 181.
■ 21. A. Warburg, *Essais Florentins, op. cit.,* p. 182.
■ 22. A. Warburg, *Essais Florentins, op. cit.,* p. 183.
■ 23. A. Warburg, *Fragments sur l'expression,* Frag. 87, *op. cit.,* p. 90.

cherche à dresser un parallèle entre les mouvements vitaux et la possibilité de leur représentation de façon imagée [24] :

> Une pièce d'habit portée est un indice dynamique ou non, selon qu'elle complique ou non l'adaptation de la personne qui la porte au but poursuivi [25].

En d'autres termes, plutôt que de penser le drapé selon la modalité ethnographique du costume ou simplement technique de la représentation d'un volume sur un plan, Warburg cherche à circonscrire l'effet du vêtement sur le corps. Il écarte par conséquent toute dimension morale, au sens où le vêtement serait une contrainte ou le résultat d'une convention à respecter : une morale de la bienséance. Au contraire, il se place d'emblée sur le plan d'une interaction dynamique, c'est-à-dire une considération matérielle de la parure, au sens où elle est préhensible et manipulable, au sens où le vêtement comme parure influence à son tour une gestuelle en la contraignant. La parure se rapporte ainsi à des mouvements musculaires d'expression ou à la mimique selon le lexique de Warburg [26]. Dès lors, l'ornement n'est pas compris comme un ajout superfétatoire ou mineur dont il faudrait minimiser la présence. La parure comme ornement n'est pas pensée dans une dialectique du caché-montré, c'est-à-dire dans un jeu de dissimulation et révélation, où le vêtement conformément à un certain idéal anatomique doit masquer sa présence pour révéler le nu. Au contraire, dans le cadre de l'analyse de Warburg, il est considéré dans sa pleine positivité, comme premier stade symbolique, c'est-à-dire comme manière de se situer dans le monde. Porter une parure est un moyen d'appropriation et de prise de conscience de soi pour Warburg, c'est-à-dire un moyen de saisir sa propre différence d'avec le monde extérieur par la sensation que la parure matérialise le périmètre de sa propre personne :

> Le premier stade du symbole
> Comme propriété. Outil, parure.
> La subsomption corporelle par quelque chose de moindre périmètre [27].

Ce rapport avec la parure sur le plan de la perception – perception de soi – et de l'expérience vécue est prolongé sur le plan de la représentation. La parure rend à l'intériorité une présence concrète en convertissant les élans de la volonté en lignes graphiques, en traduisant l'expérience vécue de l'espace par la saisie visuelle d'une surface aux contours définis, celle du drapé qui déborde le corps. Mais cette expression consacre un écart progressif avec l'origine psychique du mouvement, en ce qu'elle dérive vers une amplification du mouvement. Ignorant le référent organique ou vital, la parure n'est plus l'indice d'une animation ou d'un mouvement directionnel, mais simple jeu avec les formes.

24. Voir en particulier une lettre adressée à C. Müller-Rastatt : « Ce dont je m'occupe réellement, c'est du parallélisme psychologique entre le mouvement de la vie des individus et le style du mouvement dans l'art. » Lettre du 10 octobre 1907 citée par M. Ghelardi, *Aby Warburg ou la lutte pour le style*, Paris, Éditions L'écarquillé, 2016, p. 87.
25. A. Warburg, *Essais Florentins, op. cit.*, p. 182.
26. Sur la question de la mimique, voir l'entrée [Mimique] dans le lexique proposé par L. Bonneau en appendice des *Fragments sur l'expression*. A. Warburg, *Fragments sur l'expression, op. cit.*, p. 302.
27. A. Warburg, *Fragments sur l'expression*, Frag. 296, *op. cit.*, p. 192.

La falsification de l'ornement
ou le devenir-ornemental de la parure

La parure est certes un prolongement de l'individu, mais un prolongement inorganique et qui comporte un risque, celui du détachement de la parure par rapport à la représentation de l'intériorité de l'individu, en d'autres termes, l'impossibilité d'avoir l'intuition d'un lien effectif entre vie intérieure et sa matérialisation. La parure est à la fois une solution technique quant à la représentation de l'animation intérieure, mais elle est aussi sa limite, en ce qu'elle convertit l'expression authentique en une représentation stylisée, artificielle et peut-être autonome. La solution mise en exergue en particulier par le peintre orfèvre Botticelli est critique, précaire, car elle contient déjà les germes de sa dissolution possible, celle entraînée par le maniérisme, compris à la fois par Warburg de manière hédoniste, comme jouissance de soi de sa propre technique et comme exagération et oubli d'une liaison fondamentale avec la volonté. En déportant le lieu d'expression du visage vers les marges, Botticelli confère aux ornements périphériques une volonté de façade, selon les lois de l'anthropomorphisation. Il n'y a plus de lien évident entre la volonté du personnage et la stylisation de l'ornement, de sorte que la représentation de la volonté par amplification et exagération ornementale signifie conjointement la perte du référent organique initial. Le fragment 101 est explicite :

> Parure et principe d'individuation. La parure est la pierre d'achoppement de la restitution artistique, car ce n'est pas parce qu'on reproduit l'extérieur d'un sujet paré qu'on obtient en même temps une expression symptomatique des rapports de volonté élémentaires de la personne [28].

Warburg critique en somme une lisibilité immédiate de l'ornement, qui selon lui n'est pas le fossile ou le résidu d'une volonté figée, mais un motif qui gagne progressivement en autonomie. Loin d'être homogène, la notion de parure est polarisée, oscillant selon le traitement artistique entre le registre ornemental et le registre expressif. L'expressivité authentique de la parure revient à manifester l'individuation du personnage.

Cette polarité de la parure semble introduire tacitement un parti pris de taille, celui de reléguer le jeu formel ornemental à l'insignifiance, au motif qu'il s'écarte du schéma expressif selon lequel le sens d'une œuvre revient toujours à la manifestation d'une signification cachée : intériorité du personnage ou intériorité de l'artiste. Le peintre ne se peint-il pas lui-même ? L'approche warburgienne est plus nuancée qu'une condamnation en règle d'une esthétique de la surface. L'historien de l'art n'ignore pas l'effectivité de l'ornement sur le plan esthétique. Il reconnaît la fascination qu'exercent lignes serpentines, arabesques, expressions amplifiées de l'ornement sur le regard des spectateurs. Cependant, contrairement aux approches antérieures ou contemporaines [29], stylistiques et classificatoires, Warburg n'explique pas

■ 28. A. Warburg, *Fragments sur l'expression*, Frag. 101, *op. cit.*, p. 94.
■ 29. O. Jones, *La Grammaire de l'Ornement. Illustrée d'exemples pris de divers styles d'ornement*, Paris, Éditions L'Aventurine, 2001 [éd. orig. : *The Grammar of Ornament. Illustrated by Examples from Various Styles of Ornament*, London, Day and Son, 1856]

l'impression vive que laisse l'ornement en illustrant de façon exhaustive son mode opératoire qui est celui de la variation, mais en raccordant l'ornemental à un principe plus général : le processus anthropologique du symbole. S'inspirant des travaux de Vischer qu'il cite à plusieurs reprises, Warburg caractérise l'ornemental moins à partir d'une fonction transitive (celle de rendre compte d'une signification) que d'une fonction réflexive : celle de mettre à distance par le geste répété un certain rapport à soi, premier jalon de la conscience. Fortement indexée sur le geste artistique, cette fonction de l'ornement ne concerne qu'indirectement le spectateur et par conséquent délaisse la question d'une réception singulière de l'ornement. Le regard du spectateur ne revient finalement qu'à mimer fictivement par le regard le geste de l'artiste, qui affleure dans les lignes graphiques de l'ornement.

Sans pour autant fonder une hiérarchie entre deux valeurs de la parure, expressive ou ornementale, Warburg admet deux points de vue – le décoratif et le psychologique – qui selon les textes peuvent apparaître opposés ou relevant d'une même approche. Dans les derniers aphorismes des *Fragments sur l'expression*, l'analyse de l'ornemental est progressivement légitimée car réintégrée à la méthode anthropologique adoptée par Warburg. Dans cette perspective, l'ornemental, c'est-à-dire la représentation d'un mouvement sous une forme graphique et sans référent vital, devient signifiant, moins de façon intrinsèque à la représentation que sur le plan de la morphologie des symboles. L'inadéquation entre le contenu psychologique et les moyens d'expression apparaît non comme la négation d'une expressivité authentique, mais comme une crise, indice d'une transformation dans le rapport de l'individu au monde.

L'ambivalence du drapé ou la polarité de l'ornement

Bouche-trou universel et vide superlatif : l'ambivalence du drapé

Si le drapé exprime la singularité de l'individu, notamment sur le plan social et dans une certaine mesure sur le plan psychologique, on trouve dans les *Fragments sur l'expression* et de façon ponctuelle dans les essais postérieurs de Warburg, une caractérisation moins positive du drapé, ou du moins opposée à cette première acception. Le fragment 40 illustre précisément ce point :

> Là où précisément, l'art palliait l'insuffisance de la caractérisation par l'ajout de phylactère écrit, ou d'une caractérisation déterminée par telle légende (ou par la Bible), le drapé en mouvement fait à présent fonction de moyen conventionnel (de bouche-trou universel) [30].

Avec le phylactère, l'image était étayée par l'écrit – nom, devise ou parole transcrite – de sorte à faciliter la reconnaissance des personnages, leur rôle et participation dans l'histoire. Selon Warburg, le drapé tient ce rôle à partir du Quattrocento. Mais phylactère et drapé possèdent-ils véritablement une fonction équivalente ? Malgré une ressemblance formelle, notamment au niveau du travail des volutes et des courbures, phylactère et drapé ne mettent pas

■ 30. A. Warburg, *Fragments sur l'expression*, Frag. 40, *op. cit.*, p. 64.

en œuvre un procédé similaire de détermination. Le phylactère suppose un rapport transparent et indivisible entre l'écrit et l'image ; tandis que le drapé tend vers une extériorisation de l'affect par son amplification, jusqu'à son détachement par la création d'une forme autonome. Warburg semble hésiter lui-même quant à la qualification du drapé : entre détermination précise du statut du personnage conformément à sa conception de la parure comme principe d'individuation ou simple élément de ponctuation[31], de césure ou de transition visuelle dans l'économie de la toile. En effet, la notion de bouche-trou universel fait écho à un autre qualificatif employé également par Warburg, celle de « vide superlatif ». Tous deux correspondraient davantage à l'idée selon laquelle le drapé en tant qu'ornement correspondrait, dans le cadre des lois de l'art que met en évidence Warburg, à une pulsion de remplissage, vide de tout contenu signifiant, et non à la détermination individuelle d'un caractère ou une caractérisation psychologique. Comment expliquer la coexistence de ces deux valeurs contradictoires ? Plus précisément, comment le drapé peut-il être à la fois l'expression singulière du caractère et la négation d'une telle détermination ? En réalité, il s'agit de distinguer ici deux plans : à la fois l'analyse locale et historique de l'œuvre et la possibilité de considérer le drapé comme exception signifiante ; puis le plan général et anthropologique des processus de symbolisation où la progression du style ornemental est à interpréter comme l'affirmation progressive d'une domination de la nature et parallèlement comme la reconnaissance du monde comme inoffensif : « L'arabesque part d'un point fixe et se déploie sans but ou revient sur elle-même – plaisir du mouvement inoffensif. »[32]

La coprésence de ces deux valeurs insiste sur la nature fortement hétérogène de la notion d'ornement, notion polarisée, dont la diversité sémantique est assez diffuse dans les essais achevés de Warburg et n'apparaît de manière plus explicite que dans les *Fragments sur l'expression*.

De l'ornement à l'ornemental, du motif au mouvement

La double-valence du drapé comme principe d'individuation et vide superlatif se traduit sur le plan conceptuel ou du moins théorique par l'élaboration successive de deux catégories : l'ornement et l'ornemental[33]. Ces deux catégories ne résultent pas d'une approche axiologique, quand bien même la présentation sommaire de l'ornemental dans le fragment 58 laisse entendre le contraire, présentant l'ornemental comme la fin de l'art, si ce n'est sa dégénérescence :

■ 31. Sur le drapé comme transition rythmique, voir A. Warburg, *Fragments sur l'expression*, Frag. 41, *op. cit.*, p. 66 : « Drapé florentin en général. Comparaisons : Pour la signification du vêtement (compulsion d'achèvement, compulsion d'humanisation) Quelque chose d'analogue : Le soulignage des mots importants. Le point d'exclamation. »
■ 32. A. Warburg, *Fragments sur l'expression*, Frag. 69, *op. cit.*, p. 82.
■ 33. Pour une reprise de la distinction entre ornement et ornemental, voir T. Golsenne, « Le « pathos décoratif » italien du Quattrocento selon Aby Warburg », dans R. Dekoninck, C. Heering et M. Lefftz (éd.), *Questions d'ornements. XVᵉ-XVIIIᵉ s.*, Turnhout, Brepols, 2013, p. 31-40.

Apogée et décadence de l'art du dessin.

(Spectateur et art) Œuvre d'art considérée comme un objet ennemi dans la série des choses – apogée. Identification avec l'activité artistique (au sens où elle fait mosaïque avec des œuvres connues) décadence (art ornemental) [34].

Plutôt que dégénérescence, il faut davantage y comprendre la transformation d'un état de l'art et la modification d'une visée de la pratique artistique. L'idée de transformation de l'art ne se superpose pas pour autant à la conception d'un passage entre deux époques aux esthétiques définies, entre deux types artistiques à la manière de Wölfflin, qui instaure une séparation entre Renaissance et Baroque par la détermination de critères discriminants définitifs. Selon Warburg, l'ornemental est moins un indice historique, permettant de délimiter une période donnée et de définir l'identité d'un courant esthétique, que le symptôme d'une crise interne à l'art, déjà présente à la Renaissance. L'ornemental est bien facteur de variation, mais de façon ponctuelle et locale par l'introduction d'une tension et d'un déséquilibre au sein de la représentation. Warburg explique le passage de l'ornement à l'ornemental par le biais de deux causes souterraines :

– La première est la répétition d'un motif et son exagération, conduisant à un déséquilibre entre figure et ornement
– La seconde revient à un changement de référent : moins un référent affectif que technique.

Aussi il n'est plus question avec l'ornemental de donner forme à un affect et de le stabiliser en un motif défini. Au contraire, le référent devient geste technique, le geste répétitif lui-même, source de plaisir, comme signe latéral d'une certaine maîtrise sur le monde :

Le plaisir procuré par la ligne qui avance a ceci de semblable à l'ornement que l'image n'appelle pas une comparaison avec la vie réelle, mais que le spectateur s'identifie au contraire avec l'activité de l'artiste (pur plaisir de remplir) ; et ceci de dissemblable que les motifs singuliers ne sont pas répétés avec les mêmes contours, mais, partant d'un point donné, changent sans cesse de direction [35].

L'ornemental ne relève plus du domaine de l'expression du caractère, c'est-à-dire de l'extériorisation immédiate d'un affect en ce que la forme ornementale est séparée de son origine psychologique, c'est-à-dire de la volonté de l'individu. De la répétition de l'ornement on ne peut plus remonter à sa cause initiale, le parallèle entre la vie et l'art est brisé. Le rapport à l'œuvre d'art en est lui-même transformé : de rapport empathique (comme possibilité de reconnaître la vie), on passe à un rapport purement esthétique, c'est-à-dire à l'appréciation du style. L'ornemental est donc précisément à entendre comme force d'engendrement de nouvelles formes variées et s'associant de façon

34. A. Warburg, *Fragments sur l'expression*, Frag. 58, *op. cit.*, p. 74.
35. A. Warburg, *Fragments sur l'expression*, Frag. 49, *op. cit.*, p. 70

hybride plutôt qu'un ensemble de caractères formels unifiés. L'exemple des gravures du calendrier de Baldini, tiré de l'essai « Art italien et astrologie internationale » en témoigne :

> Au milieu de l'entourage de Vénus, on voit une petite figure féminine raide, en train de danser : une femme en costume bourguignon, coiffée du très reconnaissable hennin français avec sa guimpe ; son aspect extérieur suffit à prouver que Baldini-Botticelli a dû s'en tenir à une version bourguignonne du modèle nordique. La deuxième édition de cette gravure, quelques années plus tard, révèle la tendance et l'essence de ce changement stylistique qui s'est produit au début de la Renaissance à Florence. La chenille bourguignonne étroitement enfermée dans son cocon a donné naissance au papillon florentin, la nynfa à la coiffure ailée et au vêtement flottant de la Ménade grecque ou de la Victoire romaine [36].

Le compromis entre deux influences antagonistes révèle selon Warburg la création d'un nouveau style, autrement dit la nécessité d'engendrer de nouvelles formes. Une telle conception de l'ornemental ne se réduit pas nécessairement au constat d'un déclin de l'art ; au contraire, l'exagération de certains motifs et l'expression superlative du mouvement par l'intermédiaire du drapé constituent de nouveaux éléments disponibles pour figurer des expériences sensibles et psychologiques inédites, en ce que ces motifs figés constituent les types à partir desquels l'individu peut représenter, c'est-à-dire mettre à distance les expériences pathiques les plus intenses. Dans ce cadre, le drapé est moins l'expression d'une singularité que la constitution d'une forme typique, une formule artistique. Cette convergence entre l'ornemental et le typique est l'acquis théorique majeur de Warburg, acquis théorique plus tardif, connu sous le terme de formule de pathos [*Pathosformel*], où forme et contenu sont indissociables, sans pour autant être déterminés. L'exemple le plus fameux de formule de Pathos est la nymphe florentine, dont la signification ne peut être détaillée, elle n'est en dernier lieu que l'exaltation de l'énergie vitale ce par quoi l'individu exprime une crise. Dans *l'Atlas Mnémosyne* [37], Warburg précise encore le statut de la nymphe dont le drapé agité est l'indice de reconnaissance, signe de la vie en mouvement en retraçant par une série d'images sa trajectoire dans l'histoire de l'art, soit la série de ses transformations, métamorphoses, reprises et dégradations. De sa forme archétypale qu'est la Victoire romaine, formule du triomphe, à la fresque de Ghirlandaio, sous la figure d'une servante canéphore, à la semeuse de blé d'Oscar Roty sur les timbres français [38], toutes ces figures sont la stylisation d'une même force, dont l'intensité repose non pas sur la seule introduction d'une dynamique mais sur la valeur symbolique, au sens où Warburg entend ce terme, c'est-à-dire comme l'absorption de réactions primitives humaines ou énergie polarisée. Par conséquent, le bouleversement stylistique introduit par la nymphe dans la représentation doit aussi s'entendre comme la réapparition ou la survivance [*Nachleben*]

■ 36. A. Warburg, *Essais Florentins, op. cit.*, p. 214.
■ 37. A. Warburg, *L'Atlas Mnémosyne*. Avec un essai de R. Recht, Paris, Éditions L'écarquillé, 2012. Voir en particulier la planche 46, intitulée « Ninfa. « Porteuse empressée » dans la maison Tornabuoni. Domestication », p. 140.
■ 38. Voir A. Warburg, *L'Atlas Mnémosyne*, planche 77, p. 184.

selon les termes de Warburg, d'expériences psychiques archétypales dont la valeur – nécessairement ambivalente – dépend du contexte et de l'espace de la représentation dans lequel elles réapparaissent [39]. La servante canéphore, réminiscence de la victoire ailée dans la fresque de Ghirlandaio, redouble le sentiment de triomphe dans la chambre d'Elizabeth, où la naissance du Baptiste correspond à l'anticipation de la venue christique par exemple ; mais à l'inverse, la moralisation de ces figures au Moyen Âge transforme les plis flottants des drapés en guimpe raide, privant le drapé d'une force expressive.

Conclusion

L'analyse des textes de Warburg met en évidence la nature composite de l'ornement. Oscillant entre la fonction de détail et le signe particulier de lois de l'art, l'ornement admet avant tout le rôle de révélateur. Les transformations stylistiques dont il est le porteur renseignent sur la visée de cette volonté artistique qui anime l'homme et sur les moyens dont dispose l'individu pour représenter une intériorité vive. Dans ce contexte, le drapé exemplifie de façon complexe la fonction de l'ornement au croisement entre l'expression authentique d'une expérience affective et l'impression vive procurée par un jeu formel. Ce faisant, toute conception naïve du drapé est infléchie au profit de la mise en évidence de sa nature plurielle, relevant tout à la fois d'enjeux stylistiques inhérents à la représentation et d'enjeux psychologiques liés à la projection de son propre corps et de ses possibilités.

Marie Schiele
Sorbonne Université

Repères bibliographiques

Alberti (L. B.), *La Peinture/De Pictura* (1435). Texte latin, traduction française, version italienne. Éditions de T. Golsenne et B. Prévost revue par Y. Hersant, Paris, Seuil, 2004.
Ghelardi (M.), *Aby Warburg ou la lutte pour le style*, Paris, Éditions L'écarquillé, 2016.
Warburg (A.), *Essais Florentins*, Paris, Éditions Klincksieck, 1990.
Warburg (A.), *Fragments sur l'expression*, Paris, Éditions L'écarquillé, 2015.
Warburg (A.), *L'Atlas Mnémosyne*. Avec un essai de R. Recht, Paris, Éditions L'écarquillé, 2012.

■ 39. M. Ghelardi, *Aby Warburg ou la lutte pour le style*, op. cit., p. 100 : « Pour Warburg, la nymphe est à la fois une sorte de dynamo énergétique porteuse d'une valeur stylistique éminemment « éversive » et un symbole capable d'absorber et de domestiquer [...] des réactions primitives qui survivent comme des sortes d'archétypes dans l'expérience humaine. »

DOSSIER

L'ornement

« ARABESQUES »
UNE HISTOIRE OCCIDENTALE[1]

Rémi Labrusse

Par son étymologie, le mot d'arabesque, dans les langues européennes, renvoie à un ailleurs. Depuis le XVIᵉ siècle, ce sentiment d'altérité n'a jamais cessé, nourrissant à la fois l'attraction et la méfiance à l'égard d'une forme dont la valeur ontologique demeure profondément ambiguë. Son appropriation dans la conscience de soi de l'Occident moderne n'enlève rien à son altérité, mais elle l'intériorise : dans l'arabesque, de la Renaissance au XVIIIᵉ siècle, du Romantisme aux avant-gardes du XXᵉ siècle, l'étranger se transmue en étrangeté. Une altérité à soi s'y manifeste, inquiétante et fascinante, fissurant le règne de l'objectivité auquel cherche à s'inféoder l'image mimétique.

« **A**rabesques » : plus que des formes clairement délimitées, des motifs ou des styles, voilà un mot et une idée qui hantent l'imaginaire occidental depuis la Renaissance, circulant entre le dessin, la philosophie, la poésie, la musique, la danse. À partir d'humbles pratiques artisanales se sont peu à peu déployées de vastes spéculations théoriques, parvenues à leur plus haut degré d'incandescence en Allemagne autour de 1800. Dès l'origine, cela dit, c'est-à-dire au début du XVIᵉ siècle en Italie, l'idée mobilise une vision du monde, exige de celui qui la pense un engagement métaphysique, conscient ou inconscient : en amont de l'esthétique proprement dite, l'« arabesque », depuis les lointains orientaux, parle au monde occidental de l'immixtion de l'invisible dans le visible, du mouvement de la vie dans la géométrie de l'univers, du rapport entre le corps et le monde, des interactions entre l'intériorité et l'extériorité.

■ 1. Ce texte constitue une version remaniée et augmentée d'une intervention dans le cadre du séminaire « Épistémologie du dessin », organisé par Agnès Callu à l'École nationale des Chartes en 2017; il avait connu une première élaboration pour le catalogue de l'exposition *Matisse arabesque*, E. Coen (éd.), Rome, Scuderie del Quirinale, 2015.

Des strates de sens contradictoires s'entrelacent en elle : la mise au jour de grands rythmes structurants, de symétries essentielles, sous-tendant la variété chaotique des apparences visibles, sur un mode néoplatonicien ; mais aussi – et à l'opposé – l'insistance vitaliste sur le libre élan du geste créateur, monté des profondeurs du corps qui, en dessinant, en jouant de la musique, en dansant, n'en finit pas d'avancer dans l'inconnu et de signifier sa puissance primordiale de création, par rapport à un monde extérieur qu'il déstabilise comme à plaisir. Ce frottement entre deux plans irréductiblement opposés – celui de l'objectivité, manifesté par des formes idéales, purifiées, décantées, et celui de la subjectivité, incarné par le geste en mouvement, échevelé, désordonné – est constitutif des pratiques et des pensées de l'« arabesque ». Parfois, il aboutit au triomphe d'un plan sur l'autre. Plus souvent, il se maintient dans l'ambiguïté et confère aux champs qu'il investit une sorte d'inquiétante étrangeté. Il nourrit alors la défiance et les dénonciations, alimente le procès à l'encontre d'une forme prétendument inessentielle qui, errant aux marges de la vérité ontologique, ne saurait que brouiller la clarté majeure de l'être par sa prolifération coupable.

Ce faisant, l'arabesque, loin de n'être qu'une figure locale et excentrique, messagère d'une insituable « Arabie », paraît recueillir en elle les tensions internes à la pensée occidentale de l'ornement, dans leur état le plus natif. Sa gratuité formelle, hors figuration, et l'élan indéfiniment continué de sa ligne laissent affleurer mieux qu'aucune autre configuration la pulsion ornementale originairement montée de la main même, s'émerveillant de ses propres pouvoirs. Or, cette pulsion mine *a priori*, dans la conscience esthétique, le projet décoratif, lequel s'attache inlassablement – mais toujours incomplètement – à arrimer cette pure intensité à une intention signifiante dans le règne de l'objectivité, à enrégimenter cet indomptable affairement, cette sorte d'effervescence primordiale, dans des discours idéologiques, prismes d'ordonnancement de la réalité sociale, politique ou religieuse. Entre pulsion ornementale et projet décoratif, l'écart n'est jamais plus sensible que lorsque l'arabesque déploie librement ses méandres et manifeste ainsi l'irréductibilité de la *praxis* subjective – disons : de la jouissance auto-expressive de la main – à quelque fonctionnalité que ce soit. Nulle part le phénomène de la prolifération ornementale n'est plus éclatant que dans l'arabesque, nulle part il n'emblématise davantage cette destinée expansive, cette singulière puissance colonisatrice qui tend toujours à déborder là où elle ne devrait pas, en y manifestant que l'action créatrice n'est dirigée vers rien d'autre qu'elle-même.

Est-ce pour cette raison qu'une culture passionnément attachée à la célébration de l'objectivité, telle que l'Occident moderne l'a construite à partir de la Renaissance, a noué avec l'ornement en général et avec l'arabesque en particulier un rapport complexe d'attraction et de répulsion, y dénonçant, selon l'expression de Danièle Cohn, une « insuffisance ontologique » [2], tout en créditant d'un fascinant pouvoir de séduction cette beauté dont Kant, on le sait, a reconnu la nature avant tout « vagabonde », à défaut

■ 2. D. Cohn, « L'ornement, un outil théorique ? La ceinture d'Aphrodite », dans *Histoires d'ornements*, P. Ceccarini, J- L. Charvet, F. Cousinié et C. Leribault (éd.), Paris, Klincksieck, Rome, Académie de France, 2000, p. 12.

d'être « adhérente » » à de l'essentiel [3] ? Toujours est-il qu'à la dépréciation théorique de l'ornement en général, assigné au domaine de l'accidentel et donc du mineur, fait écho la relégation de l'arabesque – à travers sa dénomination même – dans des lointains exotiques. Cette extranéité a justifié sa minorisation; elle a facilité son cantonnement à un niveau périphérique de la création. Mais, inévitablement, elle a aussi rehaussé l'attrait de cette pure forme ornementale, en la baignant dans la lumière de « l'Orient ». De là découle une vaste entreprise d'appropriation, au cours de laquelle la nature étrangère de l'arabesque a d'abord été dissoute dans le cadre unique d'une vision scientifique, supraculturelle, de la forme, où pouvait lui être assignée une place à la fois inférieure et logiquement articulée à celle des images majeures. Puis, obstinément, obscurément, l'altérité fondamentale du *travail* de l'arabesque a récupéré sa puissance de sape à l'égard de la réalité objectivée; et le sentiment de cette puissance inassignable, aussi refoulé fût-il, s'est frayé des voies d'expression par l'ouverture de failles incessantes : non plus étrangères mais étranges, réceptacles des fantasmes et de l'incoercible fantaisie de l'esprit. De l'étranger à l'étrange, dans l'évolution des usages et des pensées de l'arabesque, se déplie ainsi une histoire du rapport paradoxal que l'Occident moderne noue avec la forme ornementale en tant que telle, histoire dans les méandres de laquelle il convient maintenant de pénétrer.

Au commencement, l'idée d'« arabesque » s'introduit discrètement dans la culture visuelle occidentale. En Italie d'abord, puis en France et en Europe du Nord au XVIe siècle, elle passe par la porte de service : elle est destinée aux artisans du textile (en particulier aux femmes qui assuraient souvent cette production domestique) et elle s'applique à des motifs imités plus ou moins fidèlement de l'Égypte mamelouke et de l'Asie mineure ottomane [4], qu'on propose de transposer en broderie. Pas de discours élaborés pour expliquer ces formes, pour en définir l'esthétique, mais plutôt des modes d'emploi en images : le terme même d'« arabesque » (ou de « mauresque », comme on dit aussi) signale une origine étrangère mais ne véhicule pas pour autant un discours nettement articulé sur l'altérité [5]. Ces formes venues des rives orientale et méridionale de la Méditerranée – et dont Venise, plus qu'aucune autre cité, assure la diffusion [6] – sont des formes muettes; c'est même pour cette raison qu'on les aime et qu'on les utilise – pour leur discrétion sémantique, en quelque sorte [7], pour leur capacité à se fondre avec élégance dans un

---

3. C'est la distinction entre la *pulchritudo vaga* et *la pulchritudo adhaerens* dans le § 16 de la *Critique de la faculté de juger* (voir ci-dessous, n. 25).

4. Voir W. B. Denny, « Carpets, Textiles and Trade in the Early Modern Islamic World », *A Companion to Islamic Art and Architecture*, F. B. Flood, Necipoğlu (eds.), Hoboken-Oxford, Wiley Blackwell, 2017, vol. 2, p. 972-995.

5. Voir A. Contadini, « Threads of ornament in the style world of the fifteenth and the sixteenth centuries », in *Histories of Ornament. From Global to Local*, G. Necipoğlu et A. Payne (eds.), Princeton, Princeton University Press, 2016, p. 290-305, notamment sur « l'absence surprenante de commentaires quant à la nature "étrangère" des objets moyen-orientaux et de la prétendue arabesque » [« *surprising lack of commentary on the "foreign" nature of both Middle Eastern objects and the so-called arabesque* » (p. 304)].

6. Voir *Venice and the Islamic World, 829-1797*, S. Carboni (ed.), New York, Metropolitan Museum of Art, New Haven-London, Yale University Press, 2007.

7. Voir G. Necipoğlu, « Early modern floral : the agency of ornament in Ottoman and Safavid visual cultures », *Histories of Ornament, op. cit.*, p. 132-155, sur « l'esthétique transculturelle d'abstraction mimétique » [« *transcultural aesthetic of mimetic abstraction* » (p. 142)] définie au début du XVIe siècle à la cour ottomane de Soliman le Magnifique, par opposition à la « plus grande spécificité iconographique » [« *greater iconographic specificity* » (p. 151)] de l'esthétique safavide contemporaine. Voir également, de la même auteure, *The*

Ill. 1. F. Pelegrin [Francesco di Pellegrino], *La Fleur de la science de pourtraicture et patrons de broderie. Façon arabicque et ytalique*, Paris, Jacques Nyverd, août 1530. Pl. X, Bibliothèque nationale de France, département Arsenal.
Source : gallica.bnf.fr.
Photo © BnF.

nouveau contexte culturel sans en modifier substantiellement l'équilibre symbolique. Grâce au développement de l'imprimerie et de la gravure, ce vocabulaire formel « arabesque » (le mot est longtemps demeuré un adjectif, avant de se substantiver progressivement au cours du XVIIIe siècle) se répand largement dans ces publications sans texte, ou presque, que sont les recueils de modèles d'ornementation : parmi eux figure notamment *La Fleur de la science de pourtraicture et patrons de broderie. Façon arabicque et ytalique*, publié en 1530 à Paris par le Florentin Francesco Pellegrino, qui est arrivé en France en 1528 afin d'aider Rosso Fiorentino sur le chantier du château de Fontainebleau et a obtenu un privilège du roi François Ier pour vendre « un livre de feuillages, entrelacs et ouvrages moresques et damasquins » [8] [ill. 1]. En l'occurrence, la double qualification de « façon arabique et italique » ne désigne pas deux modes divergents de composition (ou de « portraiture », comme dit Pellegrino), faisant signe en direction d'horizons distincts, mais exprime au contraire l'unité gagnée par un style ornemental emprunté à l'Islam et acclimaté, par le biais de l'Italie, à toute la culture visuelle européenne : sous l'emblème royal français de la fleur de lys, qui orne la première planche, le livre frappe avant tout par sa cohérence visuelle, fondée sur la continuité, de page en page, entre les motifs végétaux non naturalistes, assemblés en compositions symétriques à forte structure géométrique. En dépit du titre de l'ouvrage, les modèles n'y sont pas cantonnés au domaine du textile : aucun mode particulier de fabrication, aucun matériau ne leur est spécifiquement attaché. Ces formes dépouillées de charge symbolique peuvent s'adapter à tous les types d'objets – reliures en cuir, plats et flambeaux en métal incrusté, revêtements muraux, etc. –, à tous les contextes d'usage, et glisser sans heurts de Damas à Florence, de Florence à Paris en se nommant indifféremment « arabiques » ou « italiques ».

Pour autant, elles ne sont pas privées de tout fondement : si elles ne renvoient pas précisément à tel ou tel aspect – politique, religieux, pratique – d'une culture locale, elles reflètent en revanche une conception générale du monde. Le fait même que, sur les planches gravées des recueils, les « arabesques »

Topkapi Scroll – Geometry and Ornament in Islamic Architecture. Topkapi Palace Museum Library MS H. 1956, Santa Monica, The Getty Center for the History of Art and the Humanities, 1995.
■ 8. F. Pellegrin [Francesco Pellegrino], *La Fleur de la science de pourtraicture. Patrons de broderie, façon arabicque et ytalique*, éd. G. Migeon, Paris, Jean Schemit, 1908 [éd. orig. Paris, Jacques Nyverd, 1530]. Voir également, la même année, le recueil du graveur et mathématicien G. A. Tagliente, à destination des femmes : *Opera nuova che insegna alle donne a cusire, a racammare & a disegnar a ciascuno* (Venise, 1530).

apparaissent comme des formes non-référentielles implique en effet, en soi, une prise de position ontologique. En elles, l'ornement détaché du sujet, de la matière et des techniques se fait porteur d'une philosophie de l'être qui affirme l'invisible harmonie conceptuelle des essences et l'oppose à la vaine confusion des apparences matérielles. C'est ce fondement ontologique invisible et parfait que les décorations en « arabesques » font remonter à la surface du monde visible : sans paroles, par leur seul déploiement formel, elles garantissent, en quelque sorte, un ordre de l'être dont l'élégance est gage de vérité ; le beau et le vrai y marchent main dans la main.

Ce formalisme néoplatonicien, affleurant intuitivement dans le dessin, est partagé par les cultures de la Renaissance européenne et de l'Islam [9]. Non sans écarts, cependant. D'emblée, l'appropriation du vocabulaire ornemental islamique dans le champ visuel européen implique des variations, des distorsions par rapport à l'origine, qui font de l'« arabesque », telle que l'Europe la déploie, une forme spécifiquement occidentale. Le sens donné implicitement, dans l'Europe du XVIe siècle, aux compositions « arabesques » n'est déjà plus tout à fait celui des ornements islamiques contemporains. Oleg Grabar a montré que, dans ces derniers (et plus particulièrement dans les rinceaux végétaux infinis que l'Occident a nommés « arabesques »), s'exprimaient non seulement une célébration de la géométrie, en tant que socle universel de la réalité, mais aussi – suivant une structure explicitement conceptualisée de double postulation – une insistance sur l'impermanence, le caractère fragile, éphémère et même chaotique de toute

Ill. 2. Tapis à médaillons en mandorle sur champ pointillé (Fin du XVIe siècle), Paris, musée du Louvre
Photo © Musée du Louvre, Dist. RMN-Grand Palais / Etienne Revault.

réalité [10]. C'est ce que signifie, notamment, la fréquente interruption des motifs (médaillons, lignes des rinceaux, etc.) par les bordures des surfaces décorées (tapis [ill. 2], mur ou papier), comme s'ils ne faisaient que passer, fugaces, sur le plan du visible ; et c'est en revanche ce que l'« arabesque » occidentale de la Renaissance a cherché à ignorer, donnant sa préférence à de fortes compositions centripètes organisées autour d'un motif central et faisant ainsi porter l'accent sur l'enracinement de l'être dans des structures intangibles plutôt que sur son impermanence.

■ 9. H. Belting, *Florence et Bagdad. Une histoire du regard entre Orient et Occident*, Paris, Gallimard, 2012 [éd. orig. 2008].
■ 10. O. Grabar, *La Formation de l'art islamique*, Paris, Flammarion, 1987 [éd. orig., 1973], p. 287 (« L'absence d'ordre dans le monde, la non-réalité du visible sont nécessaires car elles témoignent de la permanence divine. »).

Puis vient un second écart : tandis que les compositions ornementales mameloukes ou ottomanes investissent l'ensemble du champ visuel et apparaissent ainsi, en tant que telles, comme les messagères *majeures*, centrales, d'une vision du monde, l'« arabesque » européenne tend à s'articuler – ou plutôt à se soumettre – à une image mimétique, c'est-à-dire à un tout autre régime visuel, celui de la représentation figurée telle que l'a inventée la Renaissance. En terres d'Islam, l'ornement se présente légitimement en grand ordonnateur du champ artistique, détenteur d'un *imperium* qui conditionne d'innombrables variations secondaires de formes et de sens, dans le temps et dans l'espace. Dans l'Occident moderne, au contraire, voici les « arabesques » *minorées*, mises au service d'une image figurative *princeps* et par là même visuellement et intellectuellement centrale. Cette secondarisation de principe explique que, même lorsqu'elles sont autonomes, elles ne laissent généralement pas le regard errer en tous sens, comme sur un tapis, puis glisser en dehors de la surface décorée pour rejoindre le monde, mais tendent à épouser esthétiquement la structure centripète de l'image mimétique, comme si elles se préparaient par avance à célébrer, en leur centre, quelque chose d'autre qu'elles-mêmes – portrait, paysage ou scène narrative. Et le plus souvent, les voici qui se contentent de circuler dans les marges de la grande image, cadres faits pour l'accroître et la magnifier en son splendide isolement. Étrange inféodation, du reste, si l'on songe combien leur absence de naturalisme de même que leur tendance à l'expansion infinie et multidirectionnelle contredisent frontalement les règles fondatrices de la représentation mimétique.

Ill. 3. G. A. Vavassore, *Opera Nova Universali intitulata Corona di racammi*, Venise, 1524-1530, p. 19, pl. folio Axii verso. Gravure sur bois, 22,5x17,5 cm. New York, Metropolitan Museum of Art / CC0 1.0.

Sauf que cette belle hiérarchie a été brouillée par des phénomènes récurrents de contamination entre ces deux régimes opposés de la forme – l'image figurative et l'ornement « arabesque » – dont l'hétérogénéité fondamentale rendait la coexistence – et, *a fortiori*, l'articulation – fatalement conflictuelles, donc instables. D'un côté, l'« arabesque » occidentale a été affectée par des éléments naturalistes qui ont contribué à décomposer le pur ordre harmonique des courbes et contre-courbes de ses rinceaux : nombre de planches du XVIe siècle sont ainsi légèrement discordantes, intégrant ici des effets de modelé par où s'immisce un niveau circonstanciel du réel, là des compartiments où s'esquissent des figures, voire des scènes narratives [11]. Parfois,

▨ 11. Voir C. Lapraik Guest, *The Understanding of Ornament in the Italian Renaissance*, Leyde-Boston, Brill, 2016, p. 510 *sq.*

il arrive que cette discordance parvienne à la conscience de soi, lorsque se trouvent juxtaposés des modèles fidèlement copiés du monde islamique (par exemple des décors tirés de céramiques d'Iznik) et leur interprétation naturaliste à l'occidentale [ill. 3]. Inversement, l'« arabesque » ainsi abâtardie n'a pas seulement offert un cadre glorieux à l'image mimétique ; en proliférant à ses alentours, elle a pu aussi la menacer, comme une sorte de *sub-plot* où les éléments constitutifs de la mimésis se trouvaient plus ou moins violemment fragmentés, mis sens dessus dessous, rendus confus et illisibles, soudain entraînés dans un tourbillon désordonné.

Ces phénomènes d'hybridation, intrinsèquement liés au destin général de l'ornement dans l'Occident moderne, ont trouvé leur incarnation la plus spectaculaire dans les compositions « grotesques » (comme on les a d'abord appelées) inspirées des peintures murales et des stucs polychromes romains du premier siècle après Jésus-Christ. On connaît l'immense fortune de ces panneaux décoratifs à partir des années 1480, après la découverte de décors authentiques dans les restes enterrés de la *domus aurea* de Néron à Rome [12]. Ces compositions mêlant

Ill. 4. « Piliers décorés de grotesques », *Recueil d'arabesques contenant les loges du Vatican, gravées d'après Raphael d'Urbin ...*, Paris, Joubert, 1802, pl. VI (grav. D. S. M.)
© Bibliothèque numérique de l'INHA – Bibliothèque de l'Institut National d'Histoire de l'Art, collections Jacques Doucet.

architectures imaginaires, motifs végétaux et figures animées de fantaisie, aussitôt devenues sources d'inspiration pour des artistes majeurs comme Pinturrichio, Perugino, Signorelli et surtout, à partir de 1516, Raphael et son élève Jean d'Udine au Vatican [ill. 4], se sont multipliées dans les décorations intérieures et sur les objets de luxe des demeures aristocratiques italiennes puis ont colonisé l'Europe [13]. On sait aussi que ces « peintures fantasques, n'ayant grâce qu'en la variété et étrangeté, [...] n'ayant ordre, suite, ni proportion que

■ 12. N. Dacos, *La Découverte de la Domus Aurea et la formation des grotesques à la Renaissance*, London, The Warburg Institute, Leyde, E. J. Brill, 1969.
■ 12. C. Lapraik Guest, *The Understanding of Ornament in the Italian Renaissance*, op. cit., chap. 11 et 12, p. 494-591 ; A. Zamperini, *Le Grottesche. Il Sogno della pittura nella decorazione parietale*, Verona, Arsenale, 2007 ; P. Morel, *Les grotesques. Les figures de l'imaginaire dans la peinture italienne de la fin de la Renaissance*, Paris, Flammarion, 1997 ; A. Chastel, *Grotesques*, Paris, L'Aventurine, 1996 [*La Grotesque*, Paris, Gallimard, 1991] ; W. Kayser, *Das Groteske. Seine Gestaltung in Malerei und Dichtung*, Oldenburg et Hamburg, Stalling, 1957.

Ill. 5. T. de Bry [?], *Le Capitaine de Follie* [*sic*], *Trumpeter*, gravure, avant 1598, *in* C. Jamnitzer, *Neuw Grottessken Buch* [*Nouveau Livre de grotesques*], Nuremberg, 1610.
Museum of Fine Arts, Boston, USA
Don de Mr. & Mrs. Benjamin A. Trustman.
Photo © 2021 Museum of Fine Arts, Boston.

fortuite », comme les décrivait Michel de Montaigne à Bordeaux en 1580 [14], ont suscité autant de méfiance que d'admiration.

Certains de leurs détracteurs – par exemple le cardinal Paleotti à Bologne, dans les mêmes années – ont d'ailleurs voulu les opposer aux « arabesques » comme les « fantasmes » s'opposent à la « raison » [15], continuant ainsi à se faire implicitement l'écho d'une conception néoplatonicienne de l'arabesque, en accord partiel avec son origine dans la pensée ornementale mathématique de l'Islam. Cela dit, par le seul fait de vouloir souligner leur différence, on signalait *a contrario* que la confusion se propageait déjà, en cette fin du XVIe siècle, entre « arabesque » et « grotesque », en dépit de l'hétérogénéité flagrante de leurs origines respectives – ici monde islamique, là Rome antique – manifestée par leurs dénominations mêmes. Le brouillage précoce de cette origine étrangère des « arabesques » a ainsi facilité, d'abord, l'intégration des rinceaux ornementaux de l'Islam à la mimésis humaniste, puis leur affiliation rêveuse aux souterrains de Rome et, par là, leur contamination par des figurations que le transfert dans le royaume de l'ornement rendaient irrépressiblement proliférantes et débridées [ill. 5]. Des lointains orientaux, l'arabesque basculait dans les profondeurs autochtones de l'Occident ; de l'étranger – refoulé en tant que tel – ne subsistait qu'une inassignable valeur d'étrangeté, et ce basculement était aussi celui qui permettait le renversement de la raison en fantasme [16].

■ 14. M. de Montaigne, *Essais*, Bordeaux, 1580, Livre I, chap. XXVII, *De l'amitié*.

■ 15. « Sous ce nom de grotesques, nous n'entendons pas […] ces inventions des artisans, qui sont ordinairement représentées avec grâce sur les frises, les tables, dans les œuvres appelées arabesques, les broderies et autres ornements *proportionnés selon la raison*. […] Mais nous comprenons seulement sous ce terme ces formes d'humains, d'animaux ou d'autres choses qui n'ont jamais existé ni ne peuvent exister conformément à la manière dont elles se trouvent représentées, et qui sont de purs caprices de peintres, vains fantasmes de leurs imaginations hors de raison. » [« *Sotto questo nome di grottesche non intendiamo* […] *quelle invenzioni degli artefici, che nei fregi, nei tavolati, nelle opere dette arabesche, nei recami e altri ornamenti proporzionati alla ragione* soglione con *vaghezza rappresentarsi* […]. *Ma solo comprendiamo sotto questa voce quelle forme d'uomini o d'animali o d'altre cose, che mai non sono state, né possono essere in quella maniera che vengono rappresentate, e sono capricci puri e pittori e fantasmi vani e loro irragionevoli immaginazioni.* »] (G. Paleotti, *Discorso intorno alle immagini sacre e profane*, Bologne, 1582, chap. XXXVII, *Delle pitture dette grottesche; e se anticamente si usavano nei luoghi solamente sotterranei, overo ancora negli edificii sopra terra;* nous soulignons). Voir C. Hecht, *Katholische Bildertheologie der frühen Neuzeit : Studien zu Traktaten von Johannes Molanus, Gabriele Paleotti, und anderen Autoren*, Berlin, Gebr. Mann, 2012 ; O. Bonfait, « De Paleotti à G.B. Agucchi : théorie et pratique de la peinture dans les milieux ecclésiastiques à Rome du Caravage à Poussin », in *Roma 1630. Il trionfo del pennello*, O. Bonfait (ed.), Rome, Académie de France, Milan, Electa, 1994, p. 83-96.

■ 16. Sur le rôle des grotesques comme vecteurs d'immixtion de la notion aristotélicienne d'*energeia* dans la vision « cosmique » néoplatonicienne de l'ornement impliquée par l'abstraction de l'arabesque, et sur l'évolution de cette tension vers une dévaluation des grotesques et de l'ornement en général comme structure irréelle ou « fabuleuse », puis comme simple « cosmétique » décorative, vers la fin du XVIIe siècle, voir

Cette confusion n'a cessé de progresser jusqu'à ce qu'au début du XVIIIᵉ siècle, les termes « grotesque » et « arabesque » ou « moresque » deviennent à peu près synonymes [ill. 6], à la faveur d'évolutions qui, de fait, ont conduit à l'imbrication entre des régimes formels *a priori* antithétiques : d'une part, les « grotesques » ont été soumis à des cadres formels stricts, en utilisant de manière privilégiée, pour ce faire, le principe des réseaux de rinceaux végétaux ; et d'autre part, les « arabesques » ont été poussées du côté de l'imaginaire et des fantasmes, par l'introduction de figures fantomatiques et fluides dans les libres circonvolutions du style « rocaille », dont Claude Audran le Jeune a défini la pratique à la fin du XVIIᵉ siècle [17]. Parallèlement, on a achevé de détacher l'« arabesque » de son ancrage islamique, en lui donnant pour seul point d'origine les « grottes » romaines, sous-sol à la fois réel et métaphorique de la conscience

Ill. 6. J. Chaudière, page de titre de *Grotesques et moresques pour panneaux de lambris inventés par le sieur Chaudière, orfèvre*, Paris, s. d. [1655-1703], gravure. Photo : Bibliothèque numérique de l'INHA-Bibliothèque de l'Institut National d'Histoire de l'Art, collections Jacques Doucet.

européenne et de ses dilemmes intérieurs. C'est ce qui apparaît par exemple en 1762 dans l'article « Grotesques » de l'*Encyclopédie*, où le théoricien de l'art Claude-Henri Watelet les nomme aussi « arabesques », tout en les référant uniquement aux modèles archéologiques trouvés à Rome. Surtout, il y entend désormais résonner la voix de la folie. Telle qu'il la décrit, l'arabesque-grotesque a totalement quitté les rivages idéaux de la raison pour rejoindre ceux de l'arbitraire des songes :

> Ce genre de sujets de peinture, que nous nommons aussi ornement et arabesque, a été appelé grotesque, parce qu'il est une imitation de certaines peintures anciennes qui ont été découvertes dans des grottes souterraines. [...] On ne peut disconvenir que ces sortes d'inventions ne portent le caractère des songes d'un malade. [...] On ne saurait faire honneur à la raison austère de l'invention de ce genre de peinture, dont cependant on ne peut pas, sans se montrer trop sévère, blâmer l'usage circonspect et modéré. Comme la sagesse n'exclut point une espèce de déraison aimable qui lui sert d'ornement

C. Lapraik Guest, *The Understanding of Ornament in the Italian Renaissance, op. cit.*, notamment p. 534 : « The liveliness of the grotesques can be read as the penetration of the notion of energeia into the abstraction of pattern, rendering the arabesque as a configuration of metamorphic forms. [...] The grotttesche [...] thematise the ever-present tensions held in pattern between form and formlessness, order and chaos, but render these profound oppositions in fabulous terms. »

■ 17. Voir D. Pullins, « Images as objects : the problem of figural ornament in eighteenth-century France », in *Histories of Ornament, op. cit.*, p. 216-227.

lorsqu'elle est placée, les Arts faits pour être sages et réservés ont le droit aussi de déroger quelquefois à l'austérité des grands principes [18].

> **L'arabesque relève fondamentalement des désordres de l'inconscient**

Selon cet esprit néoclassique, guidé par le modèle raphaélesque des Loges du Vatican [19], une conciliation est certes possible entre raison et imaginaire mais il n'en reste pas moins que l'« arabesque » relève fondamentalement des désordres de l'inconscient, aux antipodes de la rigoureuse rationalité formelle par laquelle elle était caractérisée à l'origine. Autant dire que l'arabesque-grotesque du XVIIIe siècle a incarné un point de basculement, dans la relation clivée entretenue par l'Occident moderne avec l'ornement, entre un principe d'ordre – par la géométrie, la symétrie des compositions, l'épuration des formes végétales – et un principe de désordre – par les associations hybrides, la prolifération de formes montées de l'inconscient, érotiques ou macabres, les rapprochements inattendus, analogues à ceux du rêve.

Un singulier renversement a eu lieu : dans l'« arabesque » de la Renaissance, le néoplatonisme de la raison ornementale était frappé au sceau de l'altérité – message lumineux venu des lointains islamiques ; aussitôt, cependant, sa souveraineté intellectuelle de messagère de l'Intelligence divine a été remise en cause ; réduite au silence, elle s'est trouvée reléguée dans les marges de la création et inféodée graphiquement aux stratégies complexes de l'image figurative ; et finalement, dans l'« arabesque » rococo – cet étrange ornement-image où, parmi les lignes et les rinceaux, dérivent des fragments désarticulés de la mimésis –, l'hybridité a été perçue comme enracinée dans un substrat intrinsèquement occidental, zone obscure de fantasmes émergeant des abîmes de son passé antique. À l'origine, la pure raison ornementale s'annonçait conçue en terre étrangère ; s'acclimatant ici, elle s'est convertie en étrangeté. À l'altérité culturelle que disait au départ le mot d'« arabesque » s'est substituée l'étrangeté intérieure de l'arabesque-grotesque, oublieuse de ses origines, passée des rivages de l'« Orient » aux sous-sols de Rome et de la parfaite clarté des formes rationnelles à l'obscure séduction des songes. Qu'on ait exalté ce processus, en désirant que se propage toujours plus l'ivresse dont il était la promesse, ou qu'on ait cherché à le domestiquer, en l'enserrant dans des cadres académiquement contrôlés, ou encore qu'on l'ait purement et simplement condamné, l'« arabesque », parvenue au terme de sa digestion par l'esthétique occidentale moderne, est apparue comme un réservoir d'insondable désordre, véhicule de la folie, ouvrant sur des gouffres.

■ 18. C.-H. Watelet, « Grotesques », dans *Encyclopédie ou Dictionnaire raisonné des sciences, des arts et des métiers*, D. Diderot et J. d'Alembert (éd.), Paris, 1762.

■ 19. Voir A. Lebeurre, « Les Loges de Raphaël, "école moderne de l'arabesque" : sur quelques étapes de la réception d'un modèle », dans *L'Art et les normes sociales au XVIIIe siècle*, T. W. Gaehtgens (éd.), Paris, Éditions de la Maison des sciences de l'Homme, 2001, p. 425-441 ; et A. Lebeurre « Le "genre arabesque". Nature et diffusion des modèles dans le décor intérieur à Paris 1760-1790 », *Histoire de l'art*, n° 42-43, Paris, 1998, p. 83-98.

C'est dans ce contexte qu'est intervenu, en Allemagne, entre 1790 et 1800, un intense débat sur sa légitimité ontologique, d'abord dans la réflexion néoclassique menée au sein de l'Académie des beaux-arts berlinoise, puis dans la pensée romantique [20]. La force de ce moment de la pensée européenne, c'est d'avoir complètement détaché la réflexion sur l'« arabesque » de la question des origines, qu'elles soient orientales ou antiques, et de l'avoir située sur un plan strictement conceptuel, entre philosophie de l'intériorité et panthéisme naturaliste : ce qui hante avant tout ces réflexions, en effet, c'est l'intuition que le moi et le monde, dans cette idée de la forme, tentent de se nouer l'un à l'autre et révèlent en fait leur radicale, énigmatique, vertigineuse hétérogénéité.

Le point de départ a été la condamnation violente du statut trompeur de l'« arabesque », dans un pamphlet de 1787-1788, *Sur l'arabesque*, où Andreas Riem la décrit comme une « fantaisie sauvage, débridée, dissolue qui, chez le peintre, s'emballe sans causes ni intentions » [21] : le rationalisme intransigeant de l'académicien, appuyé sur des références à Vitruve et à Winckelmann, ne pouvait pas s'accommoder de l'idée que l'accès à la représentation des choses mêmes fût conditionné par des médiations ornementales, comme si la rationalité du réel avait dépendu d'un plaisir infondé pour se dévoiler aux regards. Cependant, presque aussitôt, l'hypothèse que l'« arabesque » fût au contraire porteuse de vérité a été réaffirmée avec insistance par des contradicteurs. On a espéré y voir la révélatrice d'un ordre cosmique et, pour lui assurer ce pouvoir, pour conjurer son altération toujours menaçante en un jeu d'illusions, on a voulu la marquer au sceau de la « mesure », de la « dignité » ou du « bon goût », selon les termes employés, en s'appuyant sur un modèle antique qui relevait désormais davantage de la théorie esthétique que de l'enquête archéologique.

C'est dans cet esprit fidèle aux principes du classicisme que Goethe, après avoir admiré les décors de Pompéi et d'Herculanum en 1787, a répondu à Riem, en 1789, dans *De l'arabesque* : tout en admettant qu'il s'agit d'un « art subordonné » [22], il y soutient que le plaisir procuré par l'ornement, loin de n'être que trompeur, peut vivifier l'accès à la vérité de la chose ornée. Et surtout, à sa suite, c'est l'esthéticien Karl Philipp Moritz qui s'est affirmé comme le représentant le plus systématique d'une pensée à la fois séduite et circonspecte à l'égard de la vertu d'élucidation ontologique propre à l'« arabesque », dans ses *Concepts préliminaires en vue d'une théorie des ornements*, petit livre publié l'année de sa mort, en 1793, où il défend l'idée que le décor doit être « significatif » et « indiquer où se trouve l'essence de la chose » [23]. Or l'« arabesque », précisément, rend sensibles les fondements

■ 20. *Verwandlung der Welt. Die romantische Arabeske*, W. Busch, P. Maisak (Hrsg.), S. Weisheit (Hrsg.), Frankfurt, Frankfurter Goethe-Museum, Hamburg, Hamburger Kunsthalle, Petersberg, Michael Imhof Verlag, 2013.
■ 21. A. Riem, « Über die Arabeske », in *Monatschrift der Akademie der Künste und mechanischen Wissenschaften zu Berlin*, A. Riem, K. P. Moritz (Hrsg.), Berlin, 1788, vol. 2, p. 121 [« *Je zügelloser, ausschweifender ohne Ursache und Absicht die wilde Fantasie des Malers schwärmt*, […] »].
■ 22. W. von Goethe, *Von Arabesken*, 1789, cité dans A. Muzelle, *L'Arabesque. La théorie romantique de Friedrich Schlegel à l'époque de l'Athenäum*, Paris, Presses de l'université Paris-Sorbonne, 2006, p. 45 [« *subordinierte Kunst* »].
■ 23. K. P. Moritz, *Concepts préliminaires en vue d'une théorie des ornements* [éd. orig. 1793], dans *Sur l'ornement*, éd. C. Pacquet, Paris, Presses de l'École normale supérieure/Musée du quai Branly, 2008, p. 33.

de la création, dans la mesure où s'y composent harmonieusement les deux grands principes de l'ordre naturel – la variété et la totalité : si, en elle, « l'œil se perd » dans une infinie diversité de formes et de figures apparemment extravagantes comme dans « un beau labyrinthe »[24], c'est une impression qui, au fond, renvoie l'esprit à la vertigineuse surabondance du cosmos. Plus encore, pour lui, l'« arabesque » révèle au regard l'essence du « beau authentique », ne désignant rien d'autre que lui-même : par sa complétude formelle, en effet, par son absence de signification allégorique, cette ligne tournoyant indéfiniment sur elle-même exprime l'idée pure du beau, défini comme l'état où « une chose se signifie simplement elle-même, se désigne elle-même, se circonscrit elle-même, est un tout achevé en soi »[25].

Même si Moritz a commencé à formuler cette conception de l'autonomie du beau un peu avant Kant, des liens étroits relient son approche au célèbre paragraphe 16 de la *Critique de la faculté de juger*, où Kant choisit d'abord des exemples d'ornements – « les dessins *à la grecque*, les rinceaux pour des encadrements ou sur des papiers peints, etc. » – et les associe, entre autres, à « toute la musique sans texte », pour illustrer la notion de « beauté libre » (*pulchritudo vaga*, par opposition à la *pulchritudo adhaerens* déjà évoquée), parce qu'ils « ne signifient rien pour eux-mêmes, […] ne représentent rien, aucun objet sous un concept déterminé »[26]. Sabine Forero Mendoza et Pierre Montebello ont récemment rappelé que l'approche kantienne ne pouvait être ni historiquement ni conceptuellement rattachée à une généalogie formaliste de l'art « moderne »[27]; elle témoignerait plutôt, chez « Kant philosophe du papier peint plus que des beaux-arts »[28], d'une volonté de rapprocher l'art décoratif et le beau naturel, pour en faire le ciment *objectif* d'une cohésion sociale et morale entre les individus. Ce faisant, l'ornement n'en est pas moins toujours abordé dans la lumière du visible, dans la brillance intrinsèque du plan de l'extériorité. Le « *parergon* » dont l'arabesque fait proliférer les méandres au pourtour de l'œuvre, on décide ou, disons, on s'efforce de décider – on rêve ? – qu'il pose plutôt qu'il ne menace, qu'il porte plutôt qu'il ne déporte, qu'il complète plutôt qu'il ne mine l'objet central auquel il s'accole et dont il figure à l'infini l'auto-assurance ontologique[29].

Ainsi, aux moments fondateurs de l'esthétique en tant que genre du discours philosophique, et à son croisement avec la métaphysique, se parachevait en Europe la formulation conceptuelle de la souveraineté de l'« arabesque » considérée comme expression de la beauté de l'être, face à un sujet qui l'observe du dehors, *interdit* devant la splendeur s'offrant à son regard sur le mode *spectaculaire* de la plus parfaite clôture, donc de la distance infinie, à

24. *Ibid.*, p. 37.
25. *Verwandlung der Welt. Die romantische Arabeske*, W. Busch, P. Maisak (Hrsg.), S. Weisheit, *op. cit.*, p. 42.
26. E. Kant, *Critique de la faculté de juger* [1790], dans *Œuvres philosophiques*, éd. F. Alquié, Paris, Gallimard, vol. 2, 1985, p. 991.
27. S. Forero Mendoza et P. Montebello, *Kant, son esthétique – entre mythes et récits*, Dijon, Les Presses du réel, 2013.
28. *Ibid.*, p. 208.
29. À l'inverse, comme on sait, Jacques Derrida a exploré, à partir de l'analyse du § 16 de la *Critique de la faculté de juger*, la puissance de déstabilisation effectuée par le *parergon* à l'égard du centre *contre* lequel il s'établit (J. Derrida, « Parergon », dans *La Vérité en peinture* [1978], Paris, Champs-Flammarion, 1996, p. 19-168).

l'égard de sa propre intériorité. Dans tous les cas, que l'ornement fût considéré en tant qu'objet « achevé en soi », détaché de toute finalité extérieure, ou plutôt dans son rapport de médiation avec l'essence d'une chose ornée, le sens de l'« arabesque » – accomplissement de l'ornementalité en tant que « paradigme symbolique de l'autonomie de l'art »[30] – résidait *in fine* dans l'objet créé plutôt que dans le sujet créateur.

Un tout autre plan, cependant, à l'opposé de cette approche objectiviste, apparaît aussi dans la pensée de Karl Philipp Moritz, lorsqu'il se montre sensible au fait que, dans l'« arabesque », se manifeste – et mieux que dans aucune autre forme – le geste qui l'a tracée. Vue sous cet angle, elle n'exprime rien qu'on puisse identifier comme objectif ; elle montre en revanche le processus de sa propre et libre production, c'est-à-dire l'engagement d'un corps vivant – celui du dessinateur – qui, par l'acte du tracé, éprouve et admire à la fois sa puissance productive, inconditionnée par rapport au monde qui l'entoure et indéfiniment expansive. À vrai dire, cette conception de l'« arabesque » à partir du geste créateur et non de l'objet créé affleurait déjà, mais en négatif, dans les dénonciations presque affolées d'Andreas Riem à l'encontre de ces incontrôlables échappées. Chez Moritz, cependant, le jugement critique a cédé la place au seul diagnostic intellectuel : sa réflexion le conduit à distinguer, sur un plan anthropologique, une « pulsion d'imitation » (*Nachahmungstrieb*), enchaînée au monde, et une « pulsion de création » (*Bildungstrieb*), besoin premier et inextinguible de l'individu, dont il s'agit certes de « canaliser les envolées »[31], mais non sans l'avoir d'abord identifié comme fondateur. « L'esprit humain », écrit-il, « crée et forme *à partir de lui-même* », ce qui explique que « l'art puisse continuer à se multiplier sans interruption », à l'instar de ces arabesques-grotesques, « ouvrage d'un caprice où tout simplement aucune interprétation n'est possible mais où les jeux espiègles de la fantaisie ne font que tourner sur eux-mêmes »[32].

Ill. 7. P. O. Runge, *Der Abend [Le Soir]*, 1807, grav. J. G. Seyfert. Gravure sur cuivre, 2e état, 71 x 47,5 cm. New York, Metropolitan Museum of Art / CC0 1.0.

Quelques années plus tard, dans la vaste constellation des spéculations romantiques sur l'« arabesque », Friedrich Schlegel

■ 30. S. M. Schneider, « Zwischen Klassizismus und Autonomieästhetik der Moderne : die Ornamentdebatte um 1800 und die Autonomisierung des Ornaments », *Zeitschrift für Kunstgeschichte*, Berlin, vol. 63, 2000, p. 344 [« *vorbildliches Paradigma autonomer Kunst* »].
■ 31. K. P. Moritz, *Concepts préliminaires en vue d'une théorie des ornements*, op. cit., p. 81.
■ 32. *Ibid.*, p. 29 et p. 37. Nous soulignons.

Ill. 8. P. O. Runge, *Die Lehrstunde der Nachtigall*
[*La Leçon du rossignol*], 1804-1805, huile sur toile,
Hamburg, Hamburger Kunsthalle.
Photo © BPK, Berlin,
Dist. RMN-Grand Palais / Elke Walford.

a perçu à son tour à quel point cette forme rendait sensible l'hétérogénéité entre le moi et le monde, en se présentant à l'esprit comme l'antique expression, la trace fossile, en quelque sorte, de leur unité perdue. Au croisement des arts visuels, de la poésie et de la musique, il a fait de l'« arabesque » la « forme la plus ancienne et originelle de la fantaisie humaine », mystérieux point de contact entre l'intériorité et l'extériorité, qui évoque donc « quelque chose de premier, d'originel et d'inimitable, quelque chose qui est tout simplement indissoluble et qui laisse encore miroiter, à travers toutes les transformations, la nature et la force anciennes » [33]. « La belle confusion de la fantaisie », autrement dit, terreau naturel de l'« arabesque » (que Schlegel identifie à la poésie même), adhère à ses yeux au « chaos originel de la nature humaine » [34] lorsque celle-ci ne se distinguait pas encore de la nature considérée comme un tout. Mais cette confusion jaillissante n'est pas seulement l'expression parfaite d'un « panthéisme de la fantaisie » [35], comme Schlegel l'écrit encore en 1808 en se réclamant de Fichte et de Spinoza. À cela s'ajoute que l'unité que l'« arabesque » rend sensible ne se manifeste en elle que sur le mode de la perte. Par son errance fondamentale, par ses brusques détours, par le sentiment d'incomplétude, d'inachèvement, de fragmentation que donnent nécessairement les limites qui l'interrompent, par la douleur, en un mot, que ne peut pas ne pas faire naître en nous l'impression de l'arbitraire, elle formule la perte irrémédiable de ce qu'elle laisse entrevoir. Elle nous met, au regard de l'unité originelle « mythique » entre le moi et le monde, dans la position d'Orphée à l'égard d'Eurydice – celle-ci

■ 33. F. Schlegel, *Gespräch über die Poesie* (*Rede über die Mythologie*), Berlin, Athenaeum, 1800, cité dans A. Waenerberg, *Urpflanze und Ornament. Pflanzenmorphologische Anregungen in der Kunsttheorie und Kunst von Goethe bis zum Jugendstil*, Helsinki, Societas Scientiarum Fennica, 1992, p. 41 [« *Gewiss ist die Arabeske die älteste und ursprüngliche Form der menschlichen Fantasie. Weder dieser Witz noch eine Mythologie können bestehen ohne ein erstes Ursprüngliches und Unnachahmliches, was schlechthin unauflöslich ist, was nach allen Umbildungen noch die alte Natur und Kraft durchschimmern lässt.* »].

■ 34. *Ibid.* [« *Denn das ist der Anfang aller Poesie* [...] *uns wieder in die schöne Verwirrung der Fantasie, in das ursprüngliche Chaos der menschlichen Natur zu versetzen.* »].

■ 35. F. Schlegel, *Fichte's neueste Schriften*, Berlin, 1808, cité dans G. Oesterle, « Von der Peripherie ins Zentrum : der Aufstieg der Arabeske zur prosaischen, poetischen und intermedialen Reflexionsfigur um 1800 », in *Verwandlung der Welt. Die romantische Arabeske*, op. cit., p. 34.

n'apparaissant que le temps d'un éclair pour signifier sa propre disparition [36].

C'est ce qu'en toute conscience de la complexité de ces implications conceptuelles, le peintre Philipp Otto Runge a voulu exprimer visuellement, dans les dernières années de sa vie, entre 1802 et 1810, à Hambourg, lorsqu'il s'est découvert « une inclination particulière pour l'arabesque » [37] et a précisé, dans une lettre à son frère : « Il n'y a rien de plus facile et rien de plus risqué que de s'abîmer et de se perdre dans ces idées et ces fantaisies, *sans jamais en voir la fin*, mais c'est là justement que résident la grandeur et la beauté. [...] Mais, à partir de cet infini, une œuvre d'art doit précisément se constituer comme quelque chose de séparé et de circonscrit en soi » [38]. [ill. 7-8]. Et c'est encore ce qui apparaît, de manière plus sommaire

Ill. 9. E. N. Neureuther, décoration marginale pour *Totentanz*, in J. W. von Goethe, *Balladen und Romanzen*, München-Stuttgart-Tübingen, J. G. Cotta, 1829, lithographie, 43,5 x 29,5 cm.

mais aussi plus directe, dans le décor que l'illustrateur Eugen Napoleon Neureuther – s'inspirant des célèbres dessins marginaux de Dürer pour le livre de prières de l'empereur Maximilien Ier au début du XVIe siècle – donne au poème *Totentanz* [*Danse macabre*] de Goethe, en 1829, en y juxtaposant l'image brutalement réaliste d'un squelette abandonné sur une lande et le jaillissement d'une ligne abstraite qui s'échappe mais se replie en même temps sur soi, puis prend fin sans raison [ill. 9]. En somme, de la peinture

---

■ 36. *A contrario*, au temps de l'*Athenäum*, Schlegel suggère aussi la puissance formatrice de l'arabesque, reliée à la notion d'hiéroglyphe et donc assimilée à une écriture cryptée de l'être, sur un plan métaphysique : « Construire Dieu n'est peut-être qu'une arabesque et tout à fait moderne. Ce pourrait être utile pour la magie ; c'est l'esprit le plus élevé du christianisme. Au sommet, peut-être, l'hiéroglyphe. » [« *Gott zu konstruieren ist vielleicht nur arabesk, und ganz modern. Zur Magie könnte es brauchbar sein; ist höchster Geist des Christentums. Hieroglyphe vielleicht für das Höchste.* »] [1799] (F. Schlegel, *Kritische Friedrich Schlegel-Ausgabe*, eds. E. Behler, J.-J. Anstett, H. Eichner, vol. 18, *Philosophische Lehrjahre 1796-1806 nebst philosophischen Manuskripten aus den Jahren 1796-1828*. 1er Teil, Paderborn-München-Wien, F. Schöningh, Zurich, Thomas-Verlag, 1963, p. 390 (840)]. Voir A. Muzelle, *L'Arabesque. La théorie romantique de Friedrich Schlegel à l'époque de l'Athenäum*, op. cit. ; M. Elsässer, *Friedrich Schlegels Kritik am Ding*, Hambourg, Felix Meiner, 1994, p. 87. Je remercie Julie Ramos d'avoir attiré mon attention sur ces aspects.
■ 37. P. O. Runge, lettre à Friedrich Perthes, 6 septembre 1802, *in* P. O. Runge, *Hinterlassene Schriften*, ed. D. Runge, Hambourg, Friedrich Perthes, vol. 2, 1841, p. 152 [« *Noch habe ich die Entdeckung an mir gemacht, daß ich einen besondern Hang zur Arabeske habe* »].
■ 38. P. O. Runge, lettre à son frère Daniel Runge, 13 février 1803, *ibid.*, vol. 1, 1840, p. 34 [« *Es ist nichts leichter und nichts gefährlicher, als sich in diesen Ideen und Phantasien so zu vertiefen und so zu verlieren, daß sie gar nie zu Ende kommen, aber grade da sitzt das Große und Schöne davon. [...] Aber ein Kunstwerk soll ja aus diesem Unendlichen etwas für sich Herausgenommenes und Gegründetes seyn* »].

à la poésie, à la philosophie et, aussi bien, à la musique [39], en ce moment critique entre tous de la métaphysique occidentale, une pensée survoltée de l'« arabesque », détachée de toute considération stylistique, géographique ou historique, a conduit tout droit à la question de la compatibilité entre philosophie de l'être et philosophie de la vie, entre ontologie et phénoménologie ou, si l'on préfère, entre objectivité et subjectivité.

Ill. 10. A. de Beaumont et E. Collinot, « Moitié d'un panneau de marbre formant la rampe de la chaire du sultan Barkouk », *Encyclopédie des arts décoratifs de l'Orient. Ornements arabes*, Paris, 1883, chromolithographie, pl. 5, 63 × 45 cm. Institut français d'archéologie orientale. Source : gallica.bnf.fr. Photo © BnF.

Cette tension – ou plutôt cette aporie – n'a pas pris fin avec le Romantisme. Dans la seconde moitié du XIXe siècle, l'intense réflexion théorique menée, en Europe, sur les réformes nécessaires de l'ornement à l'âge de l'industrie a systématiquement mis en valeur, à nouveau, la dimension néoplatonicienne de l'« arabesque », tout en réactualisant avec force ses origines islamiques. Les dessinateurs d'ornements ont cherché à se libérer de leur inféodation traditionnelle à des modèles picturaux ou sculpturaux, devenus inapplicables dans un contexte de production mécanisée à grande échelle. Parallèlement, l'essor de la connaissance des arts de l'Islam, dû à l'expansion coloniale, a suscité des analyses admiratives sur la structure rigoureusement géométrique de ces décors, loin des rêveries d'« Orient » qui se déployaient volontiers, en revanche, dans les beaux-arts et la littérature. L'« arabesque » islamique est devenue le parangon d'une esthétique scientifique, unissant efficacement savoir géométrique et intuition sensible, et un modèle à suivre pour réduire l'écart

■ 39. Pour une application explicite et une théorisation du concept d'arabesque en musique, il faut attendre l'*Arabesque* de Schumann, en 1839, et surtout l'essai d'Eduard Hanslick, en 1854, sur le « beau dans la musique » : « La manière dont la musique peut nous offrir de belles formes sans avoir pour sujet un sentiment déterminé, trouve une analogie lointaine et une démonstration dans une branche de la culture d'ornement : l'arabesque » (E. Hanslick, *Du beau dans la musique. Essai de réforme de l'esthétique musicale*, Paris, Christian Bourgois, 1986 [éd. orig. *Vom musikalisch Schönen*, 1854], p. 94). Voir *L'Arabesque*, *Musurgia. Analyse et pratique musicales*, M.-N. Masson (éd.), 2010, vol. 17, n° 2; et L. Schmidt, « Arabeske. Zu einigen Voraussetzungen und Konsequenzen von Eduard Hanslicks musikalischem Formbegriff », *Archiv für Musikwissenschaft*, Wiesbaden, Steiner, 1989, vol. 46, p. 91-120. Toutefois, les rapprochements entre musique et arabesque sont constants dans les textes fondateurs du Romantisme allemand, sous l'emblème de l'aphorisme de Novalis : « De la musique proprement visible, ce sont les arabesques, motifs, ornements, etc. » (Novalis, *Fragment n° 27*, 1799, dans *Œuvres complètes*, éd. A. Guerne, Paris, Gallimard, 1975, p. 374). Voir J. Ramos, *Nostalgie de l'unité. Paysage et musique dans la peinture de P. O. Runge et C. D. Friedrich*, Rennes, Presses universitaires de Rennes, 2008, notamment p. 168-171.

entre art et science dans le champ de pratiques ornementales émancipées de la tutelle des arts dits majeurs [40] [ill. 10].

En regard, dans le domaine en pleine expansion de l'orientalisme savant, on a fait de l'« arabesque » une catégorie atemporelle, un vecteur d'essentialisation de l'« Islam » en tant que système visuel et culturel unitaire, traversant les lieux et les époques [41] – et d'autant plus brillant formellement qu'on le jugeait pauvre symboliquement. C'est dans cet esprit que la plus grande exposition jamais organisée sur les arts de l'Islam, à Munich en 1910, s'est explicitement placée sous le signe de l'« arabesque », idée par laquelle se conclut l'introduction de son catalogue de visite destiné au grand public : « Il faut voir dans l'arabesque l'ornement le plus spécifique de l'Islam ; elle continue, en l'affinant, et métamorphose, en la spiritualisant, la bordure végétale de l'Antiquité. Sous ses deux formes les plus accomplies, en Perse et au Maghreb, elle incarne la plus haute expression d'un sentiment abstrait de la beauté » [42]. Une vingtaine d'années plus tôt, au début des années 1890 à Vienne, les études pionnières de l'historien d'art et conservateur Alois Riegl sur les tapis [43] et sur l'ornement [44] avaient ouvert cette voie en définissant « l'arabesque sarrasine » comme l'ultime accomplissement formel, en Islam, d'une évolution multiséculaire du rinceau végétal antique. L'archéologue Ernst Herzfeld, en 1913 [45], l'historien d'art Ernst Kühnel, en 1949 [46], sont allés dans le même sens dans leurs textes de synthèse sur l'« arabesque » en « Islam ». Ainsi se sont rejointes, plus ou moins inconsciemment, une vision ontologique de l'« arabesque » comme structure fondatrice, forme princeps à la racine des apparences, et une conception anhistorique de la culture visuelle « islamique », globalement associée, à travers les temps et les lieux, aux idées d'aniconisme non-mimétique et de forme « purement » décorative.

Rien d'étonnant, dans ce contexte, si des concepts comme ceux de « décoratif » ou d'« arabesque » ont pénétré avec force le champ des beaux-arts lorsqu'au tournant du XIXe et du XXe siècle, on y a remis en cause la légitimité *a priori* de l'image mimétique [47]. Parmi d'autres, en France dans les années 1890, Gustave Moreau a affirmé dans ses enseignements à l'École des Beaux-Arts son « amour de l'arabesque » en tant que « conception imaginative presque purement plastique » [48] ; dans le groupe des Nabis,

40. Voir R. Labrusse, *Face au chaos. Pensées de l'ornement à l'âge de l'industrie*, Dijon, Les Presses du réel, 2018.
41. Voir F. B. Flood et G. Necipoğlu, « Frameworks of Islamic art and architectural history : concepts, approaches and historiographies », in *A Companion to Islamic Art and Architecture, op. cit.*, vol. 1, p. 25-26.
42. Anonyme, « Muhammedanische Kunst », in *Ausstellung von Meisterwerken muhammedanischer Kunst. Amtlicher Katalog*, München, Rudolf Mosse, 1910, 2e éd., p. 53 [« *Als das spezifisch muhammedanische Ornament betrachten wir besonders die Arabeske, die als eine verfeinerte Fortbildung und geistvolle Auflösung der antiken Blattranke angesehen werden muss. Sie ist in ihren beiden vollendeten Formen, der persischen und der maurischen, der höchste Ausdruck eines abstrakten Schönheitsempfindens geworden.* »].
43. A. Riegl, *Altorientalische Teppiche*, Leipzig, T. O. Weigel Nachfolger, 1891.
44. A. Riegl, *Stilfragen. Grundlegungen zu einer Geschichte der Ornamentik*, Berlin, Georg Siemens, 1893.
45. E. Herzfeld, « Arabesque », in *The Encyclopedia of Islam*, vol. 1, Leiden, Brill, 1913, p. 363-367.
46. E. Kühnel, *Die Arabeske : Sinn und Wandlung eines Ornaments*, Wiesbaden, Dietrich'sche Verlagsbuchhandlung, 1949.
47. Voir R. Benjamin, « The Decorative Landscape, Fauvism, and the Arabesque of Observation », *The Art Bulletin*, juin 1993, vol. 75, n° 2, p. 296-316 ; Markus Brüderlin, « L'Art abstrait du XXe siècle, autour de l'arabesque », *Perspective. La revue de l'INHA* 1, 2010–2011, , p. 171–176.
48. G. Moreau, *Écrits sur l'art, sur ses œuvres et sur lui-même*, éd. P. Cooke, Fontfroide-Paris, Fata Morgana, 2002, vol. 2, p. 249.

« ARABESQUES »

Ill. 11. H. Matisse, *Nature morte de Séville II*,
1910-1911. Huile sur toile, 89 x 116 cm,
Saint-Pétersbourg, musée de l'Ermitage
© Succession H. Matisse
Photo : Vladimir Terebenin / The State Hermitage Museum.

le jeune Maurice Denis, quant à lui, a situé « l'arabesque pure, aussi peu trompe-l'œil que possible » « à l'origine » de l'art [49]; et Paul Signac, chez les néo-impressionnistes, a donné pour premier devoir au peintre « devant sa toile blanche », avant toute application à un sujet extérieur, de « décider quelles courbes et quelles arabesques vont en découper la surface » [50].

À leur suite, Matisse a repris le terme au vocabulaire esthétique de son temps – il parle du « caractère surtout décoratif » de ses œuvres fauves parce qu'elles « s'établissent par combinaisons de taches etd'arabesques » [51] – mais il l'a articulé plus intensément qu'aucun de ses contemporains à une inclination spécifique pour les arts de l'Islam. Au croisement de ces deux lignées – les avant-gardes et les arts de l'Islam –, on pourrait penser que l'« arabesque » lui a logiquement servi à désigner la quête d'une essence harmonique de l'être, en amont des apparences, comme lorsqu'il remarque, à la fin de sa vie, que « l'arabesque s'organise comme une musique » [52] – en écho (sans forcément le savoir) au célèbre fragment déjà cité de Novalis : « De la musique proprement

■ 49. M. Denis, « Définition du néo-traditionnisme » [*Art et critique*, Paris, n° 65 et 66, 20 et 30 août 1890], dans *Théories 1890-1910. Du Symbolisme et de Gauguin vers un nouvel ordre classique*, Paris, Rouart et Watelin, 1920, p. 7.
■ 50. P. Signac, *D'Eugène Delacroix au néo-impressionnisme* [*La Revue blanche*, Paris, 1899], éd. F. Cachin, Paris, Hermann, 1987, p. 103.
■ 51. H. Matisse, « Notice biographique », janvier 1930, dans *Écrits et propos sur l'art*, éd. D. Fourcade, Paris, Hermann, 1972, p. 77-78.
■ 52. H. Matisse, propos recueillis par A. Verdet, 1952, dans *Écrits et propos sur l'art, op. cit.*., p. 160.

visible, ce sont les arabesques, motifs, ornements, etc. » [53]. Ce n'est pas le cas : loin d'avoir considéré cette « musique » visible à travers le prisme pythagoricien de la musique des sphères, comme dans nombre de théories contemporaines de l'abstraction, Matisse y a logé l'idée bergsonienne de transmission d'une énergie vitale – ce que relève, parmi d'autres, son ami bergsonien Matthew Stewart Prichard au terme d'une conversation avec l'artiste en 1913 : « Il a aussi accepté l'idée selon laquelle [...] sa propre peinture [...] n'était pas là pour exprimer un sujet mais pour nous inciter à créer suivant telle ou telle direction (image exécutoire, pas exécutée). » [54] [ill. 11].

Intuitivement, Matisse rejoignait par là la démarche phénoménologique qu'au même moment, ou presque, Edmund Husserl était en train de définir et pour laquelle le philosophe a recouru lui aussi, avec prédilection, à l'exemple de l'« arabesque ». À deux reprises, en effet, dans ses *Études psychologiques pour la logique élémentaire*, en 1894, puis dans sa *Cinquième Recherche logique*, en 1901, Husserl se réfère à l'« arabesque » pour désigner les « actes psychiques » comme seul et unique contenu de la conscience, dans laquelle en revanche rien ne se trouve à titre d'objet. Cette « figure » ou forme emblématique incarne à ses yeux l'exemple « le plus approprié » pour illustrer l'ambivalence de supports sensibles qui, sans changer de forme, peuvent exercer sur la conscience une action « purement esthétique » ou se donner au contraire en tant que représentations signifiantes (ou « symboles ») d'objets absents : « Imaginons que certaines figures ou arabesques aient tout d'abord exercé une action purement esthétique sur nous, et que tout à coup nous ayons la révélation qu'il doit s'agir de symboles ou de signes verbaux. En quoi consiste ici la différence ? [...] Dans ces cas, et dans d'innombrables cas semblables, la modification réside dans les caractères d'acte. Toutes les différences logiques et surtout toutes les différences de forme catégoriales se constituent dans les actes logiques, au sens d'intentions. » [55] En d'autres termes, l'« arabesque », dans la mesure où sa nature signifiante (son contenu intentionnel) demeure toujours problématique, permet au phénoménologue, mieux qu'aucune autre forme de la perception, d'aborder le vécu psychique en termes d'actes et non de contenus ou, comme il l'écrit aussi, de formuler des « réserves à l'égard de l'hypothèse que les actes [psychiques] forment une classe de vécus fondée descriptivement » [56]. Au fond, rien en eux n'est accessible à partir du monde descriptible des objets puisque ces derniers – l'« arabesque » en apporte la

---

■ 53. Voir ci-dessus, note 38.
■ 54. Transcription d'une conversation de M. S. Prichard avec H. Matisse, 30 juin 1913, dans un carnet de notes de W. King (3 mai 1913-7 février 1914), Boston, Archives of the Isabella Stewart Gardner Museum [« *He accepted also the position that* [...] *his own painting* [...] *did not express a subject but incited us to create in a given direction (executory, not executed).* »]. Remerciements à Shana McKenna pour la transmission de ce document.
■ 55. E. Husserl, *Recherches logiques*, trad. fr. H. Elie, A. L. Kelkel, R. Schérer, t. 2, *Recherches pour la phénoménologie de la connaissance*, 2ᵉ partie, *Recherches III, IV et V*, Paris, P.U.F., 1972, *Recherche V* [*Fünfte logische Untersuchung*, 1901], § 14, p. 187 [« *Denken wir Z. B., es hätten gewisse Figuren oder Arabesken zunächst rein ästhetisch auf uns gewirkt, und nun leuchte plötzlich das Verständnis auf, dass es sich hier um Symbole oder Wortzeichen handeln dürfte. Worin liegt da der Unterschied?* [...] *In diesen und unzähligen ähnlichen Fällen liegt die Modifikation in den Aktcharakteren. Alle logischen Unterschiede und zumal alle kategoriale Form liegt in den logischen Akten im Sinne von Intentionen* »].
■ 56. E. Husserl, *Recherches logiques*, op. cit., p. 182.

preuve – sont susceptibles de se modifier intégralement en fonction de l'acte psychique qui les vise.

Or, chez Matisse, précisément, deux types de visée intentionnelle (et donc de rapport au monde) se juxtaposent dans ce qu'il nomme le « désir de la ligne »[57] et que l'idée d'« arabesque » a incarné si fortement à ses propres yeux : le premier consiste à fixer le noyau de la forme architectonique – il est alors une « représentation » au sens husserlien – tandis que le second est mû par le désir de dissoudre cette même essence en opérant un retour à l'« intuition » ou à l'« aperception » première de la vie en acte, de sorte qu'au moment où le regard du spectateur est emporté par l'énergie ornementale en amont de l'image, dans des profondeurs affectives qui échappent au visible, il est cependant aussi ramené vers la surface de ce qui demeure tout de même une figuration. Instable, fondamentalement écartelée entre la coagulation du visible dans les contours d'une représentation et son déchirement par le geste de l'arabesque, l'image matissienne se donne donc finalement non seulement en tant qu'espace affectif de transmission d'une énergie vitale, suivant un principe esthétique que l'artiste nomme le « décoratif », mais aussi en tant que lieu mental d'une interrogation sans réponse, spécifiquement occidentale, sur la nature et la fonction des images. Au cœur de cette esthétique simultanément décorative et critique, autrement dit, l'épreuve de l'« arabesque » ébranle les fondations mêmes de l'objectivisme occidental moderne et réactive sans cesse l'expérience d'un abîme entre la puissance créatrice du sujet et les évidences visibles.

Rémi Labrusse
Université Paris Nanterre
La publication de cet article a bénéficié du concours de l'unité de recherche « Histoire des arts et des représentations » (Université Paris Nanterre)

■ 57. « Il faut toujours rechercher le désir de la ligne, le point où elle veut entrer ou mourir », d'après les notes de Sarah Stein, 1908, repris dans H. Matisse, *Écrits et propos sur l'art, op. cit.*, p. 66.

DOSSIER

L'ornement

« *JUST LIKE PEARLS* »
L'ORNEMENT DE LA MASSE
DE SIEGFRIED KRACAUER À
BUSBY BERKELEY

Aurélie Ledoux

Dès son article de 1927 sur « l'ornement de la masse », Siegfried Kracauer relevait l'homologie existant entre l'organisation tayloriste du travail et ces vastes compositions ornementales de danseuses dont le cinéma de Busby Berkeley devait quelques années plus tard fournir le modèle. Par leur dimension excessive aussi bien que réflexive, les numéros cinématographiques de Berkeley constituent un prolongement et un commentaire de la thèse de Kracauer. Mais, plus encore, en soulevant la question d'un « impensé fasciste » à l'œuvre dans ce motif esthétique, ils appellent à éclairer l'usage critique qu'en fait *De Caligari à Hitler* et à ressaisir l'ambivalence originelle de la pensée de Kracauer.

Si la carrière cinématographique de Busby Berkeley se prolonge bien au-delà de la Seconde Guerre mondiale, son cœur stylistique réside dans les numéros dansés des années 1930, où il dispose méthodiquement d'innombrables *chorus girls* pour former de grandes compositions géométriques et cinématiques (ill. 1). Ces trouvailles visuelles, qui valent au cinéma de Berkeley d'être qualifié de « kaléidoscopique », sont caractéristiques des comédies musicales qu'il met alors en scène pour Warner Bros [1], et définissent une époque qui est aussi celle de la fin du noir et blanc : dix ans plus tard, elles disparaîtront des écrans, comme un effet à la fois démodé et émoussé par la propagation du

---

1. On compte ainsi une douzaine de films, dont les plus célèbres sont *42nd Street* (L. Bacon, 1933), *Gold Diggers of 1933* (M. LeRoy, 1933), *Footlight Parade* (L. Bacon, 1933), *Dames* (R. Enright/B. Berkeley, 1934), *Gold Diggers of 1935* (B. Berkeley, 1935).

Technicolor [2]. Les numéros mis en scène par Busby Berkeley pendant cette décennie constituent ainsi comme un cas d'espèce, dont l'interprétation suscite des élans contradictoires : si l'invention, la beauté plastique et la démesure de ces compositions ne peuvent que séduire, la finalité voyeuriste de ces séquences ainsi que l'instrumentalisation des *girls*, dont les jambes et les bras sont réduits à n'être plus que les lignes d'une figure abstraite, paraissent aussi en faire les manifestations exemplaires d'une industrie culturelle exploitant et déshumanisant le corps féminin. À l'encontre d'interprétations qui s'en tiennent à la valeur plastique de ces numéros et placent ainsi Berkeley du côté des avant-gardes artistiques [3], une approche historique précise tend au contraire à prouver qu'il fut moins l'inventeur de formes cinématographiques nouvelles que le passeur à l'écran d'une tradition scénique de divertissement populaire, qu'il a absorbée durant sa carrière à Broadway à la fin des années 1920 et renouvelée dans le contexte du film musical naissant [4]. Sans en nier la puissance visuelle, cette origine spectaculaire oblige à situer les compositions magistrales de Berkeley dans l'héritage de la revue burlesque, dont la signification historique et politique fut d'abord donnée par Siegfried Kracauer dans son article sur « l'ornement de la masse » [5].

Des *Tiller Girls* aux *girls* de Berkeley

S'interrogeant sur le succès international des *Tiller Girls* [6] (ill. 2) et plus largement sur l'engouement dans la culture de masse pour les figures formées par de vastes ensembles de danseuses, Kracauer remarquait que la nouveauté de ces représentations résidait dans leur valeur strictement ornementale, la disposition formelle des *chorus girls* étant à elle-même sa propre fin. Ces compositions massives se distinguaient donc aussi bien de la parade militaire – dont la régularité et la précision géométrique expriment une unité morale et visent à susciter des sentiments patriotiques – que des ornements traditionnels du ballet :

---

2. Bien qu'on en trouve encore des exemples dans *The Gang's All Here* (B. Berkeley, 1943), réalisé en Technicolor pour la Twentieth Century Fox.

3. Voir par exemple J. Delamater, « Busby Berkeley : An American Surrealist », *Wide Angle* 1, 1979, p. 30-37, ou encore J. Mitry, *Histoire du cinéma*, t. 4 « Les années 30 », Paris, J. P. Delarge, 1980, p. 186 : « Plaçant la caméra dans les cintres et filmant à la verticale, [Busby Berkeley] fit mouvoir des girls autour d'un axe coïncidant avec celui de l'objectif et composa, avec les mouvements de leur corps, des figures aussi abstraites que n'importe quelle image abstraite des films de Ruttmann ou de Fischinger […]. »

4. Sur ce point, voir l'étude approfondie de M. Rubin (*Showstoppers : Busby Berkeley and the Tradition of Spectacle*, New York, Columbia University Press, 1993) qui montre que, si les avant-gardes font certes partie du « *background esthétique* » de Berkeley, celui-ci se situe résolument du côté de l'art populaire et de ce que Rubin nomme « la Tradition du Spectacle », qui cherche à provoquer l'étonnement et un vertigineux sentiment de profusion chez le spectateur. Dans une perspective plus « déconstructionniste », Jane Feuer rappelle également qu'avant de ranger Berkeley du côté de « l'expressionnisme abstrait », on devrait se souvenir que ses numéros devaient d'abord leur succès à la nudité de ses *chorus girls* et aux allusions à une sexualité normalement proscrite des écrans. Voir J. Feuer, *The Hollywood Musical*, Bloomington, Indianapolis, Indiana University Press, 1993, p. 42.

5. S. Kracauer, « Das Ornament der Masse », *Frankfurter Zeitung*, 9-10 juin 1927. Voir S. Kracauer, *L'Ornement de la masse*, Paris, La Découverte, 2008, p. 60-71.

6. Formation de danseuses, créées et dirigées par John Tiller en Angleterre à la fin du XIXe siècle. Extrêmement populaires en Europe comme aux États-Unis, elles doivent leur succès et leur réputation à la précision synchrone de leurs mouvements. Les *Rockettes* (« The Radio City Musical Hall Rockettes ») sont considérées comme leur épigone américain.

Le ballet, autrefois, fournissait aussi des ornements qui se mouvaient comme dans un kaléidoscope. Mais, après avoir dépouillé leur signification rituelle, ceux-ci demeuraient toujours une expression artistique de la vie érotique qui les engendrait à partir d'elle-même et déterminait leurs traits. Le mouvement de masse des *girls*, en

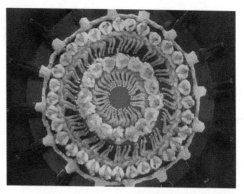

Ill. 1. *42ⁿᵈ Street* (L. Bacon, 1933).

revanche, est suspendu dans le vide : un système de lignes qui ne veut rien exprimer d'érotique, mais tout au plus désigne le lieu de l'érotique [7].

Tandis que les ornements du ballet ne défont pas l'unité expressive du corps de chaque danseuse ni n'abolissent la portée érotique de ses mouvements, les compositions formées par des *chorus girls* répondent au contraire à un principe d'ordonnancement qui leur est extérieur et qui dessaisit la danseuse du sens de son geste. Paradoxalement, alors qu'ils s'inscrivent pourtant dans la tradition voyeuriste de la revue de *music-hall*, ces usages ornementaux de *girls* conduisent ainsi à une suspension de l'érotisme :

Cela a commencé avec les *Tiller girls*. Ces produits des usines de distraction américaines ne sont plus des jeunes filles particulières, mais des groupes indissolubles de jeunes filles dont les mouvements sont des démonstrations mathématiques. [...] Un simple regard sur l'écran montre que les ornements se composent de milliers de corps, des corps en maillot de bain, *asexués* [8].

Ill. 2. Les *Tillers Girls* en 1967, Sunday Night at The London Palladium. Crédits photo : voir https://tillergirls.com.

Le corps de la danseuse demeure objectivé et soumis au regard du spectateur, mais en tant que fragment d'une figure qui n'apparaît qu'à lui seul. C'est pourquoi aussi ces ornements sont nécessairement ceux d'une *masse* : la perfection visée n'est plus celle de corps féminins en tant qu'éléments individuels, mais celle d'une forme dont l'exécution comme la contemplation supposent de faire abstraction de l'individu en tant que tel. La danseuse, comme l'ouvrier,

■ 7. S. Kracauer, *L'Ornement de la masse, op. cit.*, p. 61.
■ 8. *Ibid.*, p. 60. Nous soulignons.

« JUST LIKE PEARLS »

> **L'ornement de la masse serait donc le reflet esthétique du mode de production capitaliste**

exerce ici une fonction partielle et prête son corps à l'exécution d'une tâche qui ne prend sens qu'au niveau de l'organisation de l'ensemble [9]. Kracauer relève ainsi l'homologie entre cette nouvelle expression de la culture et l'organisation tayloriste du travail dans la société moderne : « aux jambes *des Tiller girls* correspondent les mains dans l'usine » [10]. L'ornement de la masse serait donc le reflet esthétique du mode de production capitaliste, où les organismes naturels – corps, communauté et personnalité – doivent s'effacer devant l'exigence de calculabilité.

Lorsque paraît « L'ornement de la masse » en 1927, Busby Berkeley n'a pas encore commencé sa carrière à Hollywood. Pourtant – et bien que Siegfried Kracauer n'en fasse pas davantage mention dans ses textes ultérieurs –, son analyse ne peut qu'appeler le rapprochement avec Berkeley, qui éleva les constructions ornementales à leur point d'achèvement et les immortalisa dans des prises de vues verticales restées célèbres. Par leur dimension excessive aussi bien que réflexive, ses numéros constituent à la fois un prolongement et un commentaire de la thèse de Kracauer. Un prolongement tout d'abord, en ce que la transposition de la scène à l'écran de ces ornements accentue ce que l'on pourrait nommer la « déqualification » de l'emploi de *chorus girls* et développe encore l'homologie identifiée par Kracauer. Une des caractéristiques des numéros de Berkeley tient en effet à ce qu'il ne semble pas toujours nécessaire d'y savoir danser : « Busby Berkeley – il le dit lui-même […] – n'est pas un "chorégraphe" : on ne danse pas dans ses films, on y évolue, on s'y déplace, on y fait cercle, le cercle se serre ou se relâche, éclate et se reforme encore. » [11] L'effet produit résulte moins du talent de chaque danseuse que de la précision de ses déplacements : le mouvement qui compte est celui de l'ensemble, combiné à celui de la caméra. À l'exception de quelques routines de base, les numéros de Berkeley n'exigent donc généralement pas de grandes compétences chorégraphiques de la part de ses *girls*, et celui-ci était le premier à le revendiquer :

> Je ne me suis jamais soucié de savoir si une fille distinguait son pied droit de son pied gauche du moment qu'elle était belle. Je l'aurais fait bouger ou danser, ou faire quelque chose. Toutes les filles étaient belles et certaines pouvaient danser un peu, d'autres non [12].

Alors que le développement de la comédie musicale portait d'un côté l'attention de la caméra et du spectateur sur des individualités exceptionnelles et virtuoses

9. John Tiller lui-même était issu d'une famille ayant fait fortune dans l'industrie du coton à Manchester, et on peut penser qu'il s'était ainsi familiarisé très tôt avec les modes de production capitalistes, la mécanisation du travail et son organisation tayloriste.

10. S. Kracauer, *L'Ornement de la masse, op. cit.*, p. 63.

11. J.-L. Comolli, « Kaléidoscopie de Busby Berkeley », *Cahiers du cinéma* 174, janv. 1966, p. 24.

12. « I never cared whether a girl knew her right foot from her left so long as she was beautiful. I'd get her to move or dance, or do something. All my girls were beautiful and some of them could dance a little, some of them couldn't. » Citation rapportée par B. Pike et D. Martin, *The Genius of Busby Berkeley*, Reseda, Creative Film Society Books, 1973, p. 51-53. Nous traduisons.

comme Fred Astaire ou Ginger Rogers, de l'autre côté du spectre, les mises en scène de Berkeley achevaient donc – à l'instar de la spécialisation de l'ouvrier qui travaille à la chaîne – la déqualification de la fonction de *chorus girl* [13], dont l'emploi cinématographique était le plus souvent réduit à ces séquences sans rapport avec l'intrigue.

Le commentaire, quant à lui, est porté par la réflexivité et la discursivité propres au cadre hollywoodien, celui-ci ne déterminant pas simplement le produit culturel mais aussi l'appareil promotionnel qui l'accompagne. Il arrive même que ces deux aspects fusionnent dans des formes d'autocélébration où la comédie musicale excelle, notamment à travers la forme du *backstage musical* [14] et ses mises en abyme. Berkeley n'hésitait pas à en jouer et le numéro « Dames » dans le film du même nom se présente ainsi comme un hommage aux *chorus girls*, dont il nous est dit qu'elles sont la véritable raison d'être des comédies musicales, leur beauté faisant le succès d'une comédie musicale plus que ne saurait le faire l'histoire ou la musique elles-mêmes. Mais « Dames » est un hommage paradoxal et la mise en scène de Berkeley dit tout autre chose que les paroles de la chanson : le numéro ne cesse en effet de jouer de la ressemblance et de l'interchangeabilité des *chorus girls*, d'abord en les disposant en miroir les unes les autres (ill. 3), puis en les ordonnant dans de grandes compositions géométriques qui achèvent de faire disparaître l'individualité de leurs corps (ill. 4) [15]. En faisant se confondre les motifs du gynécée et de

Ill. 3. *Dames* (R. Enright/B. Berkeley, 1934).

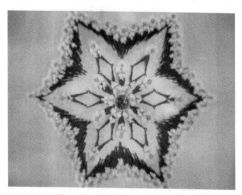

Ill. 4. *Dames* (R. Enright/B. Berkeley, 1934.)

■ 13. Sur cette liaison entre organisation ornementale et spécialisation/déqualification de la *chorus girl*, voir aussi L. Fischer, « The Image of Woman as Image : The Optical Politics of *Dames* », *Film Quaterly* 30, automne 1976, p. 2-11, réédité in *Shot/Countershot : Film Tradition and Women's Cinema*, Princeton, Princeton University Press, 1989.

■ 14. Sous-genre de la comédie musicale : il s'agit de *musicals* dont l'action tourne autour de la préparation d'un spectacle et dont l'histoire montre ainsi les coulisses (« *backstage* »). Ce sous-genre permet de justifier narrativement l'insertion de numéros chantés et dansés, ainsi que la qualité de leur exécution. Les numéros de Busby Berkeley cités dans cet article pour leurs compositions ornementales prennent tous place dans des *backstage musicals*.

■ 15. Sur ce point, voir encore Lucy Fischer qui, indépendamment de l'analyse de Kracauer qu'elle ne cite pas, commente abondamment ce numéro et insiste sur l'effet dépersonnalisant de la disposition ornementale : « Dans la plupart des numéros de Berkeley (et dans « Dames » qui en livre la quintessence), les femmes subissent une

l'usine, dont les *girls* semblent à la fois la main-d'œuvre (interchangeable) et le produit (standardisé), « Dames » met en scène ce qui semble au principe de ces compositions ornementales : cette prolifération des figures féminines est une abondance conditionnée par – et donc condamnée à – la standardisation. Une anecdote rapportée par Berkeley résume cette logique à l'œuvre dans l'ornemental : à l'issue d'auditions qui lui avaient fait passer en revue 1723 jeunes femmes pour n'en retenir finalement que trois, Berkeley plaça ses nouvelles recrues à côté des anciennes et constata avec plaisir que ses *girls* étaient assorties « comme des perles » [16]. Dès l'origine, les routines minutieuses des *Tiller Girls* supposaient ainsi l'uniformité des corps (sans laquelle l'exactitude synchrone des mouvements ne pouvait être pleinement perçue) tout en ayant pour finalité de la mettre en valeur (en faisant percevoir l'identique dans le mouvement). La condition formelle se confond ici avec l'effet recherché parce que la forme est à elle-même sa propre fin.

Ambivalence de l'ornement de la masse

« L'ornement de la masse » occupe une place essentielle dans l'œuvre de son auteur. Par son objet et par l'explicitation de sa démarche, cet article est tout d'abord exemplaire du travail que mène Kracauer jusqu'en 1933 dans ses chroniques culturelles [17] et qui consiste à analyser ces « manifestations discrètes de surface » [18] qu'il estime plus pertinentes pour connaître une époque que les jugements conscients que celle-ci peut porter sur elle-même. Mais l'importance de ce texte est également liée à la résurgence de cette question de l'ornement, deux décennies plus tard, dans *De Caligari à Hitler* [19], l'ouvrage de Kracauer sur le cinéma allemand de l'entre-deux-guerres. Les ornements de la masse, identifiés à la fois dans les films de Fritz Lang et dans *Le Triomphe de la volonté* de Leni Riefenstahl, y sont alors interprétés comme le symptôme social d'un désir d'ordre autoritaire et l'expression cinématographique d'une société prête à basculer dans le nazisme. Ce retour de la question ornementale dans la pensée de Kracauer en accroît l'importance théorique en même temps qu'il semble opérer un déplacement de sens en la reliant désormais à l'idéologie nazie et en faisant une forme esthétique totalitaire : il semble ainsi contribuer à une réévaluation de sa signification politique et en altérer l'interprétation en la chargeant rétrospectivement d'un poids historique embarrassant pour les œuvres extérieures au corpus allemand analysé par Kracauer.

perte d'individuation plus profonde que celle qui résulte de la ressemblance physique. Leur identité propre est complètement absorbée dans la création d'un motif abstrait et global. » L. Fischer, *Shot/Countershot, op. cit.*, p. 138. (« What happens in most Berkeley numbers (and quintessentially in "Dames") is that the women lose their individuation in a more profound sense than through the similarity of their physical appearance. Their identities are completely consumed in the creation of an overall abstract design. » Nous traduisons.).

■ 16. « Just like pearls ». Anecdote citée par B. Pike and D. Martin, *The Genius of Busby Berkeley op. cit.*, p. 64.
■ 17. Au point de donner plus tard son titre à l'édition d'une sélection de celles-ci : *Das Ornament der Masse*, Frankfurt, Suhrkamp, 1963. Pour l'édition française, *cf.* S. Kracauer, *L'Ornement de la masse, op. cit.*
■ 18. *Ibid.*, p. 60.
■ 19. S. Kracauer, *De Caligari à Hitler. Une histoire psychologique du cinéma allemand*, Lausanne, trad. fr. C. B. Levenson, Lausanne, L'Âge d'Homme, 2009 [1947].

Dans le cas de Busby Berkeley, cette difficulté est redoublée par la publication en 1975 du célèbre article de Susan Sontag sur Leni Riefenstahl [20] : voulant mettre fin au mythe du génie riefenstahlien qui participait à la réhabilitation de la cinéaste d'Hitler, l'essayiste américaine y range Berkeley parmi les exemples d'une « esthétique fasciste » dont les manifestations ne se limitent pas aux productions des seuls États totalitaires ou fascistes [21]. Le passage demeure rapide et peu explicite – Sontag n'y cite pas Kracauer, comme elle le fait quelques paragraphes plus haut au sujet de la dimension proto-nazie des films de montagne de Fanck [22] –, mais il suffit à établir la persistance d'un problème en situant Berkeley à la conjonction d'analyses qui ont cherché à saisir le sens politique des formes filmiques dans le contexte de l'Allemagne des années 1930.

Cependant, quelque chose aussi résiste et il peut sembler y avoir, dans ce rapprochement entre les films de Berkeley et les rassemblements de Nuremberg, un verdict contre-intuitif, voire un geste forcé. En un mot : un excès interprétatif qui, plutôt que d'indiquer un impensé fasciste des numéros de Berkeley, serait à mettre sur le compte d'un réductionnisme à l'œuvre dans *De Caligari à Hitler* ou, du moins, d'un appauvrissement théorique engendré par un parti pris méthodologique abondamment critiqué depuis [23]. La confrontation de la pensée de Kracauer aux mises en scène ornementales de Berkeley suscite donc une interrogation susceptible d'opérer dans les deux sens, obligeant à ressaisir la complexité de ce qui est en jeu dans l'ornement de la masse et dans l'usage critique qu'en fait *De Caligari à Hitler*.

L'essai de Kracauer repose en effet sur une approche socio-psychologique qui exclut non seulement des considérations esthétiques mais, plus profondément encore, aura tendance à négliger les caractéristiques propres d'un film au profit de ses ressemblances avec d'autres pour mettre en valeur les tendances qui dessinent un sens historique clair. Cette approche explique le sort – si remarqué et si critiqué – réservé à l'œuvre de Fritz Lang, réduite par Kracauer à ses significations proto-nazies. D'après Leonardo Quaresima [24], l'évolution théorique de l'ornement de la masse – motif utilisé par Kracauer pour analyser à la fois *Les Nibelungen* (1924) et *Métropolis* (1927) de Lang – serait ainsi l'une des manifestations les plus exemplaires de la « fermeture du sens » à l'œuvre dans *De Caligari à Hitler*. Y disparaît en effet l'ambivalence exposée deux décennies plus tôt dans les trois premiers textes de Kracauer sur ce sujet (« Culte de la distraction » (1926), « L'Ornement de la masse » (1927),

20. S. Sontag, « Fascinating Fascism », *The New York Review of Books*, February 6, 1975. Trad. fr. « Fascinant fascisme (Leni Riefenstahl) », dans *Sous le signe de Saturne*, Paris, Seuil, 1985, p. 91-130.

21. « Un tel art ne se limite nullement à des œuvres portant l'étiquette fasciste, ou produites sous les gouvernements fascistes. (Pour en rester aux films, *Fantasia* de Walt Disney, *The Gang's all Here* de Busby Berkeley ou *2001* de Kubrick peuvent être aussi considérés comme illustrant certaines structures formelles ou certains thèmes de l'art fasciste.) » S. Sontag, « Fascinating Fascism », *op. cit.*, p. 113

22. Leni Riefenstahl s'était d'abord fait connaître en tant qu'actrice dans les « films de montagne » (*Bergfilme*) d'Arnold Fanck, avant d'en réaliser un elle-même en tournant *La Lumière bleue* (*Das Blaue Licht*) en 1932.

23. Sur les nombreuses critiques que l'ouvrage de Kracauer a reçues et notamment l'accusation d'un biais téléologique qui appauvrirait l'analyse des films, voir A. Kleinberger, « Siegfried Kracauer, *De Caligari à Hitler* (1947) : illustration et défense d'une histoire (du cinéma) controversée », *Cahiers philosophiques* 143, 2015/4, p. 9-32, et L. Quaresima, « Relire *From Caligari to Hitler* de Siegfried Kracauer », trad. fr. de C. Bloch, *1895 Revue d'histoire du cinéma* 57, 2009, p. 31-73.

24. L. Quaresima, « Relire... », *op. cit.*

« Les *Girls* et la Crise » (1931) [25]) lorsque, tout en soulignant la négation de l'individualité dans les ornements de la masse, Kracauer n'en valorisait pas moins le plaisir esthétique qu'ils suscitaient et dénonçait à l'inverse le mépris dont ces manifestations culturelles pouvaient être l'objet de la part des intellectuels :

> Contrairement à ce qu'ils pensent, le plaisir *esthétique* que l'on prend à ces mouvements ornementaux de masse est *légitime*. Ils font partie en réalité de ces réalisations isolées propres à notre époque, qui prêtent forme à un matériau préexistant. La masse qui est disposée en elle est tirée des bureaux et des usines ; le principe formel d'après lequel elle est modelée est celui qui la détermine aussi dans la réalité. Quand de grands contenus de réalité sont soustraits à la visibilité de notre monde, l'art doit s'accommoder des éléments qui lui restent, car une représentation esthétique est d'autant plus réelle qu'elle est moins privée de réalité à l'extérieur de la sphère esthétique. Si faible que soit la valeur qu'on attribue à l'ornement de masse, il se situe, d'après son degré de réalité, au-dessus de ces productions artistiques qui continuent à cultiver dans des formes du passé de grands sentiments périmés [26].

Le jugement de Kracauer implique de sortir des approches auteuristes et de se placer dans la perspective d'une critique de l'idéologie : si les ornements de la masse sont considérés comme supérieurs esthétiquement aux formes élitistes d'une culture classique, c'est parce que, contrairement à ces dernières qui reposent sur des notions fragilisées par les transformations sociales (« personnalité », « intériorité », « tragique », etc.) et sont à ce titre désormais porteuses d'illusion, les compositions ornementales sont produites selon les mêmes logiques que celles qui sont à l'œuvre dans la société et en modèlent les formes d'existence. La valeur de l'ornement de la masse repose donc sur cette correspondance avec la réalité qu'il contribue à dévoiler et peut du même coup appeler à changer :

> Ici, dans l'extériorité pure, [le public] se trouve lui-même, la succession, éclatée en morceaux, des splendides impressions sensorielles met à jour sa propre réalité. Si elle lui était cachée, il ne pourrait pas la saisir et la modifier ; qu'elle se manifeste dans le divertissement a une signification *morale*. [...] Dans les rues de Berlin, il n'est pas rare que l'on soit assailli quelques instants par la pensée qu'un jour, sans crier gare, tout va éclater. Les plaisirs vers lesquels se presse le public devraient eux aussi avoir cet effet-là [27].

Dans *De Caligari à Hitler*, l'ornement de la masse ne recèle plus la même puissance pour le spectateur : loin que ce motif permette à la foule de se ressaisir dans la réalité de son temps, il semble au contraire participer sans retour au mensonge totalitaire. La disparition de cette ambivalence rendrait ainsi raison des « excès interprétatifs » – qu'il s'agisse de l'analyse effective de Fritz Lang par Kracauer ou de celle, extrapolée à partir de son œuvre,

---

■ 25. « Culte de la distraction » (« Kult der Zerstreuung ») est inclus dans le recueil *L'Ornement de la masse*. « Girls und Krise » figure dans les *Schriften*, vol. 5, *op. cit.*, t. 2.
■ 26. « L'ornement de la masse », *L'Ornement de la masse, op. cit.*, p. 63-64.
■ 27. « Le Culte de la distraction », *L'Ornement de la masse, op. cit.*, p. 289-290.

des numéros de Berkeley – qui seraient alors à considérer comme les effets d'un appauvrissement conceptuel.

Pour autant, cette réduction apparente du sens est-elle vraiment une évolution de la pensée de Kracauer ? En effet, l'ambivalence des ornements résulte elle-même de l'ambiguïté fondamentale de ce dont ils sont le reflet esthétique, à savoir la rationalité abstraite du système capitaliste [28]. Cette rationalité est ambiguë parce qu'elle se situe elle-même dans un processus historique de « *démythologisation* » inachevé, marqué par le conflit entre la raison et une pensée magique de la nature. Si donc la *ratio* capitaliste constitue bien un progrès de la rationalité dans l'histoire [29], elle demeure encore une raison troublée et incomplète, parce qu'elle est réduite à son usage opérationnel et calculatoire. Elle se résume à plier la réalité au règne du commensurable, en niant les différences ou les particularités concrètes qui sont indifférentes à son calcul [30]. Cependant Kracauer met aussi en garde contre une critique trop hâtive de cette rationalité abstraite :

> Les représentants de cette conception-là font au capitalisme le reproche que son rationalisme violente l'humain, et ils souhaitent à nouveau l'avènement d'une communauté qui, mieux que la société capitaliste, préserve ce qui est censé être l'humain. Outre l'effet retardateur de telles figures régressives, elles passent à côté de ce qui constitue le noyau même de la faiblesse du capitalisme. Il ne rationalise pas trop, mais *trop peu* [31].

Cette dernière considération est décisive en ce qu'elle met en garde contre le fantasme d'un retour en arrière et envisage la possibilité d'une impasse historique. La violence et l'injustice d'une organisation économique incapable de penser « l'humain » ne résultent pas de la rationalité en tant que telle mais de l'incomplétude de celle-ci, à qui il reste d'achever le processus de démythologisation pour se saisir également de la dimension concrète de l'existence. La réponse aux maux du capitalisme doit donc être recherchée dans le développement complet de la raison, conduisant ainsi au dépassement du capitalisme et entraînant du même coup la disparition des ornements de la masse en tant que manifestation esthétique de ce moment abstrait de la rationalité. Mais, réciproquement, le danger guette d'une régression qui, au nom du concret et de la nostalgie des formes organiques passées (la communauté, la religion et la féodalité), revitaliserait le rejet de la raison et un rapport mythologique à la nature. Ce retour en arrière ne pourrait alors être autre chose qu'une chute, une retombée dans le mythe qui, en tant que réactivation impossible d'un état passé, signerait le naufrage de la pensée dans une fausse

---

■ 28. « L'ornement de la masse est de la même ambiguïté que l'abstraction. » « L'ornement de la masse », *L'Ornement de la masse, op. cit.*, p. 67.

■ 29. « *L'époque capitaliste* est une étape sur la voie de cette démystification. La pensée en corrélation avec le présent système économique a permis une maîtrise et une exploitation de la nature close sur elle-même comme aucune période n'avait su le faire. Mais le décisif, ce n'est pas que cette pensée rende capable d'exploiter la nature [...], le décisif est que cette pensée rend de plus en plus indépendant par rapport aux conditions naturelles, créant ainsi un espace pour l'intervention de la raison. » « L'ornement de la masse », *L'Ornement de la masse, op. cit.*, p. 65.

■ 30. « À partir d'un certain point, elle abandonne la vérité, de laquelle elle participe. *Elle n'inclut pas l'humain.* » « L'ornement de la masse », *L'Ornement de la masse, op. cit.*, p. 65.

■ 31. *Ibid.*, p. 66.

« JUST LIKE PEARLS »

■

concrétude [32]. Par conséquent, l'ambivalence des ornements de la masse ne relève pas d'une équivocité atemporelle mais d'une valeur fondamentalement liée à un mouvement historique inachevé et donc encore vouée à une forme d'indécision. Ce que pointe dès l'origine l'analyse de Kracauer est la menace d'un basculement du côté de l'irrationnel en réaction à l'abstraction du capitalisme [33]. L'écart entre *De Caligari à Hitler* et les premiers textes de Kracauer sur l'ornement de la masse procède donc moins d'une réévaluation critique de ce motif que d'une ambiguïté qui sera balayée par l'Histoire : en 1927, les compositions ornementales avaient la même ambivalence que la rationalité capitaliste, pouvant aussi bien pencher du côté du développement complet de la raison (les masses percevant son inachèvement à travers l'abstraction des ornements) que de celui de son rejet (la logique dépersonnalisante des ornements venant alors soutenir la mythologie totalitaire) ; en 1947, l'Histoire a tranché. Si fermeture du sens il y a, elle est donc d'abord celle du mouvement historique lui-même.

De *Caligari* à Berkeley

Les analyses menées par Kracauer dans *De Caligari à Hitler* montrent ainsi que le motif de l'ornement de la masse n'est pas tant utilisé de manière univoque qu'il ne voit son sens déterminé et vidé de son ambiguïté par ses manifestations cinématographiques concrètes : loin d'une réduction dogmatique à une forme esthétique totalitaire, c'est le contexte filmique qui donne sa valeur aux compositions ornementales en les liant à l'aspiration à un ordre autoritaire. Cette articulation est particulièrement évidente dans *Les Nibelungen*, qui visent à faire revivre la légende de Siegfried et à fournir le modèle d'un passé fantasmé. Les ornements de la masse y sont associés à une mythologie nationaliste et à la figuration du pouvoir comme autorité absolue dans des mises en scène qui préfigurent les manifestations nazies de Nuremberg :

> Certains ornements spécifiquement humains dans le film dénotent également l'omnipotence de la dictature. Ces ornements sont composés par des vassaux ou des esclaves. Les hommes de Gunther portent la plate-forme sur laquelle Brunhild met pied-à-terre; debout dans l'eau jusqu'à la taille, ils sont des piliers vivants d'une précision mathématique. […] L'autorité absolue s'affirme elle-même en arrangeant les gens sous sa domination en dessins plaisants. Cela est également valable pour le régime nazi, qui manifeste un fort penchant ornemental dans l'organisation des masses. Quand Hitler haranguait le peuple, davantage que des centaines de milliers d'auditeurs il considérait l'énorme ornement composé de centaines de milliers de particules. *Le triomphe de la volonté*, le film nazi officiel pour le congrès du parti de 1934 à Nuremberg, prouve qu'en établissant leurs ornements de masses, les décorateurs nazis puisèrent leurs inspirations dans *Les Nibelungen*. Les trompettes théâtrales

32. « Un retour à cela reviendrait à abandonner la capacité d'abstraction atteinte, non à surmonter l'abstrait. » *L'Ornement de la masse, op. cit.*, p. 66.
33. « Simple conséquence de l'extension effrénée du système économique capitaliste : la nature obscure revendique de manière de plus en plus menaçante, et empêche l'avènement de l'humain qui relève de la raison. » *Ibid.*, p. 67.

de Siegfried, les marches prétentieuses et les modèles humains autoritaires réapparaissent, extrêmement grossis, dans cette moderne réalisation de Nuremberg [34].

Mais c'est l'analyse de *Métropolis* – plus complexe et située en deux endroits distincts de l'essai de Kracauer [35] – qui permet de comprendre, en raison même de sa moindre évidence, que la réduction de l'ornement de la masse à sa seule valeur négative résulte de la place que ce motif occupe dans l'économie globale du film. En effet,

Ill. 5. Séquence d'ouverture de *Métropolis* (F. Lang, 1927).

la signification des compositions ornementales ne réside plus ici dans leur lien explicite avec la figure nostalgique d'un ordre autoritaire, mais est produite implicitement par l'incohérence qui résulte de leur emploi récurrent [36]. Ainsi, dans la séquence d'ouverture de *Métropolis* (ill. 5), les grands ensembles ornementaux formés par les ouvriers qui se relaient à la salle des machines semblent tout d'abord refléter l'ordre abstrait et déshumanisant de la rationalité capitaliste : cette représentation aurait à ce titre l'ambivalence susceptible de donner lieu au plaisir esthétique « légitime », analysé et défendu autrefois par Kracauer. Mais cette première signification est contredite par la suite : les ouvriers et plus largement le peuple de Métropolis demeurent disposés de manière ornementale aussi bien pendant leur temps libre, lorsqu'ils écoutent le discours de Maria, que dans la panique, lorsqu'ils tentent d'échapper à l'inondation de la ville. L'ornement de la masse excède donc – jusqu'à l'absurde du point de vue psychologique [37] – la figuration de la condition ouvrière et de l'aliénation capitaliste. Plus encore, Lang reconduira ce motif lors du dénouement (ill. 6). Or :

Artiste comme il l'était, Lang ne pouvait guère ignorer l'antagonisme entre la flambée des émotions humaines et ses schémas ornementaux. Pourtant,

■ 34. *De Caligari à Hitler, op. cit.*, p. 102.
■ 35. *De Caligari à Hitler, op. cit.*, chap. 12 et 13.
■ 36. « Dans *Les Nibelungen*, son style décoratif était riche de signification ; dans *Métropolis*, la décoration n'apparaît pas seulement comme une fin en soi, mais dément même certains points de l'intrigue. » *De Caligari à Hitler, op. cit.*, p. 166.
■ 37. « Cela a un sens si, sur le chemin de l'aller et du retour de la salle des machines, les ouvriers forment des groupes ornementaux ; mais cela n'en a pas de les regrouper de la même manière tandis qu'ils écoutent un discours réconfortant de Maria pendant leur temps de loisir. Dans son souci exclusif de l'ornementation, Lang va si loin qu'il compose des modèles décoratifs avec les masses qui tentent désespérément d'échapper à l'inondation de la ville inférieure. Réalisation incomparable du point de vue cinématographique, cette séquence de l'inondation est sur le plan humain une erreur choquante. » *Ibid.*, p. 166.

il maintient ces schémas jusqu'à la fin même : les ouvriers avancent en une procession cunéiforme strictement symétrique, pointée vers l'industriel debout sur le parvis de la cathédrale [38].

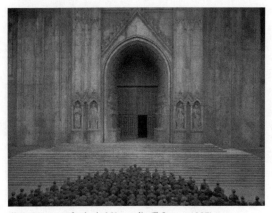

Ill. 6. Séquence finale de Métropolis (F. Lang, 1927).

La difficulté de cet argument réside cependant en ce qu'il paraît entrer en contradiction avec la méthodologie à l'œuvre dans *De Caligari à Hitler.* L'approche socio-psychologique adoptée par Kracauer devrait en effet exclure toute considération auctoriale, et la remarque faite ici au sujet de Fritz Lang (« artiste comme il l'était… ») semble induire une interprétation fondée sur des intentions d'auteur peu compatibles avec la recherche dans la culture des « manifestations discrètes de surface ». Mais cette remarque doit être comprise à l'inverse comme la preuve *a fortiori* de la signification de l'ornement de la masse en ce qu'il se fait ici *contre* la maîtrise artistique de Lang. Le schéma ornemental de la fin peut être considéré comme un acte manqué de la conscience artistique : en maintenant ce motif tout au long du film, Lang contredirait visuellement mais inconsciemment la logique du récit et, précisément parce que cela ne peut être mis sur le compte de l'inexpérience ou de l'incompétence du réalisateur, en révèlerait le sens véritable dans une sorte de lapsus de la mise en scène.

L'emploi systématique de l'ornement réduit ainsi la figure du peuple à celle de la masse au moment même où celui-ci prétend pourtant se libérer de ses chaînes et accéder à l'émancipation politique. La contestation de l'ordre ancien donne ainsi lieu à l'alternative du chaos (l'inondation de la ville) ou d'un nouvel ordre autoritaire guidé par l'émotion (« le cœur »), conformément à la morale issue du roman, puis du scénario, de Thea von Harbou [39] : « L'intermédiaire entre le cerveau et les mains doit être le cœur » (« *Mittler zwischen Hirn und Händen muss das Herz sein.* »). Sous la continuité apparente du motif ornemental, la fin de *Métropolis* substitue, à la discipline mécanique de la rationalité capitaliste figurée au début du film, la discipline totalitaire d'un enthousiasme dirigé. Le sens strictement négatif des ornements de *Métropolis* ne réside donc pas dans leur simple ressemblance plastique avec leur usage dans *Le Triomphe de la volonté* – où Riefenstahl rendait ainsi compte de

---

38. *Ibid.*, p. 181.

39. Dont Kracauer vante ironiquement la capacité à exprimer l'inconscient de l'époque en raison d'un esprit confus et perméable aux idées qui viennent du dehors. La « morale » de *Métropolis* se rapprocherait ainsi des vues de Goebbels sur la propagande. Voir *De Caligari à Hitler, op. cit.*, p. 179-180.

la soumission de la foule à l'ordre nazi lors du congrès de Nuremberg de 1934 –, mais résulte plus profondément d'un emploi incohérent, qui – au lieu de maintenir l'individualité de ses membres – trahit l'impossibilité de penser le peuple autrement que sous la figure de la masse et fait ainsi du retour à un ordre autoritaire et misologue (le « cœur » plutôt la raison), la seule solution politique possible.

Si les *Tiller Girls* et les revues de *music-hall* constituaient ainsi les formes « ouvertes » des ornements de la masse, les analyses menées dans *De Caligari à Hitler* n'en exposent plus que les formes « fermées ». Mais, dans la mesure où le basculement dans « cette fausse concrétude mythologique qui voit son aboutissement dans l'organisme et dans la forme »[40] n'était d'abord envisagé par Kracauer que comme un possible historique, l'essai de 1947 peut aussi être lu comme le prolongement de « L'ornement de la masse » : plutôt qu'une réduction de sens, *De Caligari à Hitler* constituerait comme un *addendum*, une sorte de complément – et en ce sens d'enrichissement – aux articles en exposant les manifestations esthétiques d'un rejet de la rationalité qui n'était encore envisagé qu'à titre d'hypothèse et de crainte en 1927.

Réciproquement, pendant ces mêmes années, les mises en scène de Berkeley prolongent quant à elles l'ambivalence du motif ornemental en le transposant dans le champ hollywoodien et en semblant même incliner vers l'autre branche de l'alternative historique posée par Kracauer : loin de la nostalgie d'un ordre autoritaire et mythologique, les numéros de Busby Berkeley se nourrissent résolument de l'imaginaire de la modernité technologique[41]. Par ailleurs, le sous-genre du *backstage musical* situe les motifs ornementaux au cœur d'une tension entre le scénario et la mise en scène, le personnage de la chorus girl en tant que figure féminine émancipée venant contredire la dépersonnalisation de la *chorus girl* en tant qu'exécutante des numéros musicaux[42]. Cette contradiction entre le dispositif ornemental et le récit encadrant les numéros accomplit ainsi la mise en vitrine de l'idéologie capitaliste et fonde la valeur dialectique de ces ornements

Ill. 7. « Lullaby of Broadway », *Gold Diggers of 1935* (B. Berkeley, 1935).

■ 40. « L'ornement de la masse », *op. cit.*, p. 66.
■ 41. Sur ce point fréquemment relevé, voir notamment J. Dinerstein, *Swinging the Machine, : Modernity, Technology, and African American Culture between the World Wars*, Amherst, University of Massachusetts Press, 2003, chap. 5 : « The Standardized White Girl in the Pleasure Machine : The Ziegfeld Follies and Busby Berkeley's 1930 Musical ».
■ 42. Voir S. Glenn, *Female Spectacle : The Theatrical Roots of Modern Feminism*, Cambridge, Harvard University Press, 2000, chap. 7 : « "Like All the Rest of Womankind Only More So" : the Chorus Girl Problem and American Culture ».

berkeleyens de la masse. Plus encore, le numéro « Lullaby of Broadway », qui apparaît à la fin de *Gold Diggers of 1935*, semble réflexivement jouer de la part inquiétante et potentiellement totalitaire du motif ornemental. Ce numéro occupe en effet une place à part en raison de l'étrangeté de son récit et d'un style qui s'écarte des productions habituelles de Berkeley pour renvoyer davantage aux codes de l'expressionisme allemand. Les compositions ornementales de « Lullaby of Broadway » s'appuient à plusieurs reprises sur des mouvements de bras qui semblent autant de variations sur le salut nazi (ill. 7), et l'ornement de la masse y devient le moteur d'un récit dramatique : à la fin du numéro, le personnage de Wini Shaw, après avoir lancé par jeu un « *come and get me* » à l'ensemble des danseurs et des danseuses, est poursuivie jusque sur un balcon d'où elle basculera pour tomber dans le vide, poussée par la force aveugle de cette foule déshumanisée. Le Code Hays, entré en vigueur en 1934, interdisait toute allusion trop directe au contexte international et aucune déclaration connue de Berkeley ou de son équipe n'a jamais permis d'établir un lien explicite entre cette séquence et ce qui se passait alors en Allemagne. Cependant, les images des rassemblements de Nuremberg étaient déjà bien connues aux États-Unis, et surtout personne à la Warner ne pouvait ignorer ce qui s'y jouait : en avril 1933, Phil Kaufman, le directeur des studios Warner à Berlin, fut attaqué, roué de coups et vit sa maison saccagée par les nazis. Cet événement, combiné au refus des Allemands d'acheter *42ᵉ Rue* – jugé « *too leggy* » –, fut à l'origine de la rupture commerciale du studio avec l'Allemagne [43]. La tonalité inhabituelle et particulièrement inquiétante de « Lullaby of Broadway » suffirait à prouver que Berkeley était lui-même conscient de l'ambivalence politique des ornements de la masse, et il n'est pas non plus impossible qu'à la manière de Chaplin, qui quelques années plus tard jouera dans *Le Dictateur* de la ressemblance entre la moustache de Hitler et celle de Charlot, il ait voulu ici s'approcher au plus près du dévoiement des formes esthétiques dont il usait pour s'en distinguer.

Aurélie Ledoux
Université Paris Nanterre

■ 43. Ajoutons à cela que le dernier mot du film *Golddiggers of 1935* est une allusion à Max Reinhardt qui, chassé d'Allemagne parce que juif, signait en 1935 son contrat avec la Warner pour entamer le tournage de *Songe d'une nuit d'été*.

LES INTROUVABLES
DES CAHIERS

ERNST GOMBRICH :
EXPLIQUER L'ORNEMENT

Laure Bordonaba

Pourquoi l'humanité manifeste-t-elle « le besoin universel de
[...] couvrir les choses de points et de volutes, de damiers et de
motifs floraux » ? Ernst Gombrich place la somme qu'il consacre à
l'ornement (*The Sense of Order*, 1979, inédit en français) sous le
signe de cette question. Le souci de remonter au fondement du
geste ornemental l'amène ainsi, conformément à l'esprit général
de son entreprise intellectuelle, à enraciner son histoire des
arts décoratifs dans la psychologie, et au-delà encore, dans la
biologie. Après une présentation qui situe l'ambition explicative
de Gombrich, nous donnons ici la traduction de l'introduction
de cet ouvrage majeur sur l'ornement.

À Vienne, le musée d'Histoire naturelle et le musée d'Histoire de l'art
se font face, de part et d'autre de la Maria-Theresien-Platz : séparés, mais
suffisamment proches pour que la visite de l'un soit l'occasion de la visite
de l'autre. Ernst Gombrich a souvent décrit cet élément du décor de son
enfance [1], pour raconter à la fois comment son propre intérêt pour l'art avait
pu se développer à partir d'un goût premier pour les sciences, et comment
l'éducation qu'il a reçue, marquée par l'idéal de la *Bildung*, a encouragé la culture
conjointe de ces deux appétits, en repoussant le moment de la spécialisation.
Cela éclaire également l'entreprise intellectuelle qui fut ensuite la sienne :
non seulement sa manière d'envisager l'histoire de l'art comme une science,
mais de regarder les sciences de la nature comme une ressource absolument
nécessaire à l'analyse de l'art. Ces deux exigences sont elles-mêmes intimement
liées dans la visée explicitement explicative du travail de Gombrich : l'historien
de l'art doit chercher, comme tout scientifique, à expliquer, et les explications
qu'il élabore ne peuvent ignorer les connaissances acquises par les autres

---

1. Voir par exemple : E. Gombrich, « Mirror and Map : Theories of Pictorial Representation », *Philosophical Transactions of the Royal Society of London. Series B, Biological Sciences*, vol. 270, n° 903 (Mar. 13, 1975), p. 119-149 ; ainsi que E. Gombrich et D. Eribon, *Ce que l'image nous dit* (1991), Paris, Arléa, 2010, p. 23.

sciences. Ainsi, *Le Sens de l'ordre* [2], la somme qu'il consacre à l'ornement, et qu'il publie en 1979 après plus quinze ans de recherches, témoigne de ce souci dès son titre, qui nomme, non l'objet étudié – l'« art décoratif » n'apparaît que dans le sous-titre –, mais l'explication qui en est déployée.

À cet égard, l'introduction du *Sens de l'ordre* dont nous donnons ici la traduction est essentielle, car elle explicite, avant la profusion d'exemples et d'analyses qui caractérise le corps d'un ouvrage particulièrement touffu, et que Gombrich jugeait *a posteriori* trop long, trop riche, trop « polyphonique » [3], son ambition théorique fondamentale et synthétique : proposer une explication d'ensemble du phénomène ornemental, avec la montée en généralité que cela implique, et qui puisse elle-même à son tour éclairer des questions encore plus générales : « J'étais un peu agacé de lire tant de choses sur des détails et rien sur les problèmes généraux. Je pense toujours que nous manquons d'idées générales dans nos disciplines. Bien sûr, cette insistance sur les idées générales me vient [...] de l'histoire de l'art allemande et autrichienne » [4].

Gombrich a ainsi tâché de se frayer une voie entre deux écueils qu'il identifiait comme symétriques, et qui peuvent être associés aux deux atmosphères théoriques dans lesquelles son histoire personnelle, celle d'un Viennois que 1933 pousse à s'exiler à Londres, l'a amené à travailler. Sa réticence face à « une recherche très pointilliste, sans arrière-plan philosophique » [5], qu'il associe au « positivisme » anglais, pourrait être qualifiée de germanique. Mais, inversement, il se montre également critique face à l'excès interprétatif auquel cède la tradition dans laquelle il a été formé, quand elle demeure prisonnière de son héritage hégélien et que, postulant ce qu'elle devrait justifier, elle n'élabore en réalité que des « simulacres d'explication » [6]. Par exemple, le concept de *Kunstwollen* (« vouloir artistique », « volonté d'art », ou encore « intention artistique ») qu'Aloïs Riegl [7] place à la source des évolutions historiques du style, s'il a la vertu d'écarter les explications purement techniques de la genèse des motifs ornementaux, n'est, dans son contenu positif, guère plus pour Gombrich qu'une version moderne des qualités occultes : solution verbale et circulaire qui solidifie un mythe – en l'occurrence celui du *Zeitgeist* ou du *Volksgeist*, puisque la grammaire de la volonté exige le support d'un sujet. Panofsky [8] est, aux yeux de Gombrich, l'héritier de cette version hégélienne de la croyance aux essences [9], puisque toute sa « méthode » repose sur le présupposé d'une parenté cachée entre des manifestations historiques apparemment hétérogènes. Or, sous couvert de dévoiler ces correspondances et leur racine commune, Panofksy mettrait

---

■ 2. E. Gombrich, *The Sense of Order. A Study in the Psychology of Decorative Art*, Oxford, Phaidon Press Limited, 1979, 2ᵉ édition, 1984.
■ 3. E. Gombrich et D. Eribon, *Ce que l'image nous dit, op. cit.*, p. 148.
■ 4. *Ibid.*, p. 200.
■ 5. *Ibid.*, p. 201.
■ 6. E. Gombrich, « Art and Scholarship », *College Art Journal* 4, vol. 17, été 1958, p. 352, nous traduisons.
■ 7. A. Riegl, *L'industrie d'art romaine tardive* (1901), trad. fr. M. Weber et S. Yersin Legrand, Paris, Macula, 2014. Dans les *Questions de style*, (1893), trad. fr. H.-A. Baatsch et F. Rolland, Paris, Hazan, 2002, Riegl emploie l'expression plus hégélienne encore de *Kunstgeist*.
■ 8. Voir par exemple E. Gombrich, *The Sense of Order, op. cit.*, p. 199.
■ 9. Comme Popper dans *Misère de l'historicisme* (1944), trad. fr. H. Rousseau, Paris, Plon, 1956, Gombrich associe l'essentialisme aristotélicien et l'historicisme hégélien.

plutôt son intelligence et son érudition au service de constructions artificielles, qui forcent les indices, et manquerait donc de probité dans l'administration de la preuve. En d'autres termes, plus proche de l'avocat qui plaide que du scientifique qui démontre, ou au moins se soucie de prouver, Panofsky n'aurait pas retenu ce qui constitue pour Gombrich la leçon sceptique essentielle de Warburg, celle de la nécessaire « suspension volontaire de la croyance » [10] qui devrait présider à toute recherche historique – même si on peut, comme Roland Recht, juger que « Gombrich a, sur beaucoup de points, déformé l'héritage intellectuel de Warburg qu'il a interprété avec les lunettes des historiens de l'"école de Vienne", parmi lesquels il peut être rangé. » [11] Plus que tout, Gombrich déplore que le succès et la notoriété de Panofsy aient engendré une foule d'imitateurs qui ont achevé de dévoyer l'iconologie en une surenchère extravagante et déréglée d'interprétations symboliques, et finalement entériné la réduction sémiologique de l'image au signe.

Appliqué à l'ornement, le projet gombrichien d'explication requiert, pour commencer, de remonter en-deçà de son inépuisable diversité, à l'unité de son objet. En dépit de tout ce qui sépare l'Alhambra de l'art des Maoris, ou le gothique flamboyant de la calligraphie chinoise, celle-ci n'est pas problématique pour Gombrich : elle saute pour ainsi dire aux yeux, et trouve d'ailleurs dans l'allemand *Ornament* le terme qui la désigne adéquatement. Cependant, comme il écrit en anglais, Gombrich se heurte à un obstacle linguistique qu'il expose dans sa préface au *Sens de l'ordre* [12]. Il regrette en effet qu'*ornament* évoque simplement pour la plupart des anglophones « des bibelots sur le manteau de la cheminée », ou éventuellement, pour les musiciens, « le terme technique pour désigner certaines fioritures » ; *design* a quant à lui une connotation trop technologique, et *decoration* semble renvoyer trop étroitement au simple *adornment*, c'est-à-dire à une sorte d'enjolivement. C'est pourquoi, sans écarter tous ces termes, il explique avoir privilégié celui de *pattern* (que nous avons rendu systématiquement dans notre traduction par « motif »), même s'il avoue qu'une certaine mauvaise conscience accompagne ce choix en raison des résonances étymologiques du terme – du latin *pater*, qui a donné « patron », il signifie d'abord le modèle ou la matrice, comme un moule ou un pochoir. Toutefois, ces considérations lexicales ne constituent pas des objections décisives contre l'unité de la multiplicité ornementale, dans la mesure où Gombrich n'a pas l'habitude de considérer les limites d'une langue autrement que comme les effets d'un jeu de conventions au-delà duquel il est toujours possible de porter le regard. On pourrait bien sûr remarquer que cet « au-delà » n'est disponible pour le regard que par la médiation d'une autre langue, en l'occurrence l'allemand, et donc considérer à l'inverse que l'évidence que Gombrich accorde à l'unité réelle et sémantique de l'ornement est surtout l'effet de l'allemand sur sa formation intellectuelle. On pourrait alors également se demander pourquoi, précisément, l'allemand conceptualise

■ 10. E. Gombrich, « Art and Scholarship », art. cit, p. 354, nous traduisons.
■ 11. R. Recht, « L'*Atlas Mnémosyne* d'Aby Warburg », préface à A. Warburg, *L'Atlas Mnémosyne*, trad. fr. S. Zilberfarb, Paris, L'écarquillé, 2012, p. 10.
■ 12. Pour toutes les citations qui suivent : *The Sense of Order*, op. cit., préface, p. x, nous traduisons.

aussi nettement ce que d'autres langues éparpillent à travers différents vocables. Mais ce qui peut retenir l'attention dans le choix que fait Gombrich de *pattern* au moment de passer d'une langue à l'autre, est que ce terme met justement l'accent sur le dessin et la structure, sur la forme réitérable, plutôt que sur la fonction esthétique couramment associée au décor ou à l'ornement, et qu'il manifeste donc d'emblée, lexicalement, la thèse développée dans l'ensemble de son ouvrage, à savoir le caractère essentiel et premier, dans l'ornement, de l'ordre perçu et créé. C'est la notion d'ordre qui fournit ainsi son unité à un objet proliférant et donc apparemment insaisissable, et qui permet également de rendre raison de cette prolifération même. De ce point de vue, il est intéressant de constater que dans les *Regulae*, Descartes (référence totalement étrangère à Gombrich) préconise, parmi les exercices susceptibles de cultiver la sagacité de l'esprit, d'« examiner […] tous les arts les moins importants et les plus simples, principalement ceux où l'ordre règne davantage : par exemple, ceux des artisans qui tissent des toiles et des tapisseries, ceux des femmes qui brodent à l'aiguille ou entremêlent les fils d'un tissu aux nuances infiniment variées » [13].

Plus en amont encore, le fait de se donner l'ornement pour objet à expliquer suppose un effort de décentrement du regard. En effet, l'ornement est d'abord, de fait et en droit, un « art non regardé » [14] [« *unregarded art* »] – expression que Gombrich avait d'ailleurs envisagé de prendre pour titre avant d'opter pour *Le Sens de l'ordre*. Cela signifie, premièrement, que la décoration est faite pour être vue, mais pas pour être scrutée ni contemplée en tant que telle : elle constitue à proprement parler un décor, c'est-à-dire un arrière-plan, un fond. Au contraire, « La peinture, comme la parole, exigent implicitement de l'attention, qu'elles la reçoivent ou non. La décoration ne peut avoir cette exigence. Ses effets reposent, normalement, sur l'attention flottante que nous sommes susceptibles de lui accorder quand nous passons en revue ce qui nous entoure. » [15] La décoration appelle une « vision floue » [16], sans mise au point [« *unfocused vision* »]. Or, s'il est par nature voué aux marges de la perception, l'ornement ne doit pas pour autant être considéré comme extérieur aux arts, auxquels il appartient de plein droit. Dans un premier temps, Gombrich peut donner l'impression qu'il ne se prononce pas sur cette question, puisqu'il a souvent rappelé à quel point l'appartenance au domaine de l'art était relative à des décisions lexicales et à des hiérarchies culturelles fluctuantes : « Est-ce que la haute couture est un art ou non ? C'est une affaire de convention. Il y a une quantité terrifiante de livres, que je ne lis même pas, sur Duchamp et sur toute cette histoire autour de l'urinoir qu'il a envoyé pour une exposition… On dit qu'il aurait "redéfini l'art". Quelle trivialité ! […] Ce qui existe, c'est la création d'images. Mais se demander si l'architecture est un art, ou la photographie, ou le tissage des tapis, c'est tout simplement perdre

13. R. Descartes, *Règles pour la direction de l'esprit*, règle X, trad. fr. J. Sirven, Paris, Vrin, 1994, p. 62.
14. E. Gombrich, *The Sense of Order*, op. cit., p. 116, nous traduisons.
15. *Ibid.*
16. E. Gombrich, « The Big Picture », entretien avec D. Carrier, *Artforum*, vol. 34, n° 6, février 1996, p. 109, nous traduisons.

son temps. [...] Chaque concept a une extension différente selon les pays » [17].

Gombrich évoque ainsi dans la préface du *Sens de l'ordre* le souvenir de son émerveillement devant les broderies paysannes slovaques collectionnées par sa mère, et de son étonnement qu'elles ne soient pas considérées comme de l'« art » au même titre que les tableaux exposés au musée [18]. Mais en réalité, un tel refus de l'idée d'une essence éternelle de l'art vise principalement la mystique qui l'accompagne, et dont la naissance, à partir de l'autonomisation de l'esthétique et de la transposition à l'art de caractéristiques de l'expérience et du discours religieux, peut être ironiquement pointée dans l'histoire. En effet, Gombrich mobilise malgré tout un concept d'art dans sa réflexion : « Ce que j'ai voulu dire, c'est que, d'une certaine manière, nous avons le droit de parler d'art quand certaines activités deviennent un but en soi. Mais ce phénomène peut se produire pour beaucoup de choses. En Chine, cela s'est produit pour la calligraphie. Qui n'est pas un art en Occident. [...] J'emploie le mot "art" quand la réalisation devient aussi importante, ou plus importante que la fonction » [19]. Par conséquent, l'art n'implique pas nécessairement la disparition de la fonction, et sa définition ne saurait alors exclure par principe les pratiques ornementales.

Que l'ornement admette, voire demande, une forme de distraction dans l'expérience qui en est faite, ne peut cependant justifier la négligence théorique à son égard, qui constitue la deuxième manière, illégitime cette fois, de ne pas le regarder, le fait que, non contents de ne pas y prêter attention, « nous nous demandions encore plus rarement de quoi il s'agit, et pourquoi l'humanité a ressenti le besoin universel de dépenser d'immenses quantités d'énergie pour couvrir les choses de points et de volutes, de damiers et de motifs floraux. » [20] L'exemple dont Gombrich se saisit à la fin de l'introduction du *Sens de l'ordre*, et qu'il reprend ensuite chapitre après chapitre, celui de l'imposant cadre doré de la célèbre *Vierge à la chaise* de Raphaël, constitue à ce titre le paradigme du déplacement de regard nécessaire. Même s'il n'est pas question de lui accorder la même valeur esthétique qu'au tableau de Raphaël, le *parergon* par excellence qu'est ce cadre, devient le centre de l'attention, et est donc traité, au moins à titre d'hypothèse scientifique, comme *ergon* [21]. Bien que Kant ne soit pas ici mentionné, il est difficile de ne pas également voir dans cet exemple un commentaire critique du § 14 de l'« Analytique du beau » dans la *Critique de la faculté de juger*, où le cadre est envisagé comme ornement admissible de la représentation s'il reste à sa place d'adjonction extérieure et subordonnée, pensée en fonction et mise au service de ce qu'elle enserre, tout comme les couleurs peuvent contribuer à rendre la forme du dessin plus présente à l'intuition. Mais justement, la lourdeur voyante de son décor, symbolisée par sa couleur dorée, ferait basculer le cadre de la *Vierge à la chaise*, dans les termes de l'analyse kantienne, du côté de la vulgaire

■ 17. E. Gombrich et D. Eribon, *Ce que l'image nous dit*, op. cit., p. 78.
■ 18. E. Gombrich, *The Sense of Order*, op. cit., préface, p. VII.
■ 19. E. Gombrich et D. Eribon, *Ce que l'image nous dit*, op. cit., p. 78-79.
■ 20. E. Gombrich, *The Sense of Order*, op. cit., préface, p. VII, nous traduisons.
■ 21. Voir notamment *The Sense of Order*, op. cit., p. 156 et 284.

parure, dont l'attrait divertit le regard au lieu de le guider, pervertit le goût au lieu de l'éduquer, et nuit à la beauté qu'il était censé servir.

Qu'il joue ou non avec la référence à Kant, ce déplacement est intentionnellement intempestif. Gombrich a en effet été le contemporain de la vogue fonctionnaliste qui, en ancrant dans les esprits une condamnation tant esthétique que morale de l'ornement, a non seulement modelé le goût de l'époque, mais également contribué à la disgrâce de l'ornement dans le monde académique, qui en a abandonné l'étude. Au-delà de l'influence de Loos, et non sans une certaine malice, Gombrich voit également dans le tabou ornemental l'effet d'une stratégie de distinction mise en œuvre par les tenants de l'art abstrait. Car, alors même qu'en un sens l'abstraction signifie l'accès tardif de la fabrication de motifs décoratifs au statut d'art, elle a besoin, pour construire sa propre légitimité artistique, de se démarquer de la catégorie du décoratif et d'affirmer son autonomie [22]. D'où le paradoxe qui veut qu'au moment où les ornements sont chassés des objets et bâtiments au profit de la forme nue et fonctionnelle, ils sont mis sur le piédestal de l'art dont ils avaient été auparavant exclus, et bénéficient finalement, à la faveur d'un changement d'appellation que Gombrich regarde comme purement verbal, de l'aura des œuvres authentiques qui a d'abord servi à les reléguer dans les marges de l'artisanat.

Toutefois, l'indépendance revendiquée de Gombrich à l'égard de la mode ne signifie ni que son programme de recherche soit purement réactif, ni qu'il se présente comme radicalement novateur.

En effet, au sein même de son œuvre, aborder l'ornement s'imposait, pour offrir un pendant, consacré cette fois à l'art non-mimétique, au travail accompli par *L'Art et l'illusion* [23] pour la représentation. La symétrie des sous-titres respectifs des deux œuvres (« une étude psychologique de la représentation picturale », « une étude psychologique de l'art décoratif ») l'indique d'ailleurs explicitement. Plus encore, ces deux études n'étaient à l'origine dans l'esprit de Gombrich que « des fragments » d'un ouvrage beaucoup plus ample qui n'aura jamais vu le jour, « une étude des fonctions fondamentales des arts visuels du point de vue de leurs implications psychologiques » [24] dont le titre provisoire était *The Realm and Range of the Image* [25] (« le domaine de l'image et son étendue »).

De plus, l'intérêt de Gombrich pour l'ornement renoue avec l'extrême attention que les savants autrichiens et allemands ont accordée au sujet à la charnière des XIXᵉ et XXᵉ siècles, et s'inscrit dans le sillon qu'ils ont tracé en donnant à l'enquête historique sur les origines de l'ornement un tour psychologique. Dans un article qui revient sur l'histoire de l'art pratiquée à Vienne quand il était étudiant, Gombrich cite ainsi son maître, Julius von Schlosser, qui affirmait qu'« en dernière analyse, l'ensemble de la question est davantage affaire de psychologie que d'histoire », et conclut que toute sa

■ 22. Voir E Gombrich et D. Eribon, *Ce que l'image nous dit, op. cit.*, p. 150-151 ; E. Gombrich, *The Sense of Order, op. cit.*, préface, p. VII, et p. 61-62.
■ 23. E. Gombrich, *L'Art et l'illusion. Psychologie de la représentation picturale* (1960), trad. fr. G. Durand, Paris, Gallimard, 1971.
■ 24. E. Gombrich, *The Sense of Order, op. cit.*, préface, p. IX, nous traduisons.
■ 25. E. Gombrich et D. Eribon, *Ce que l'image nous dit, op. cit.*, p. 116.

génération « a bu de la psychologie avec le lait de [son] Alma Mater viennoise »[26]. L'ensemble de l'œuvre de Gombrich a suivi cette piste psychologique, même s'il en a considérablement renouvelé la compréhension en remettant en cause les présupposés de ses maîtres : la psychologie de Gombrich n'est plus « la simple psychologie à laquelle se référaient, avec tant de confiance, Barry et Ruskin, Riegl et Loewy »[27], mais la psychologie expérimentale qui, en se scientificisant, est devenue à la fois plus complexe et plus circonspecte.

Quelle est donc l'explication avancée par Gombrich dans *Le Sens de l'ordre*? Comment rend-il raison de cet universel besoin de décorer? Tandis que pour analyser la perception de la représentation il lui fallait se centrer dans *L'Art et l'illusion* sur la perception de la signification, une psychologie de la décoration implique de se placer en amont de la signification pour examiner la perception (et le plaisir) de l'ordre en tant que tel, c'est-à-dire de l'« arrangement d'éléments d'après leurs ressemblances et différences »[28]. Déçu ou agacé de n'avoir pas été compris dans son intention directrice, Gombrich a ultérieurement synthétisé lui-même la thèse exposée dans son introduction de la manière suivante : « Pour résumer, je soutiens que les caractéristiques formelles de la plupart des produits humains, des outils aux bâtiments, et des vêtements aux ornements, peuvent être regardées comme des manifestations d'un sens de l'ordre, profondément enraciné dans l'héritage biologique humain »[29].

L'expression de « sens de l'ordre » est reprise du livre II des *Lois* (664 e-665a), cité par Gombrich dans sa préface, où Platon attribue aux hommes l'*aisthèsis táxeôn*, à partir de laquelle sont définis le rythme (comme « ordre du mouvement ») et l'harmonie (comme « ordre de la voix »). C'est pourquoi danse et musique, qui ordonnent le corps, qui l'humanisent en l'extrayant de la gesticulation et des cris animaux, ont des vertus éducatives et politiques. Ainsi, quoique désigné par le terme d'*aisthèsis*, le sens de l'ordre platonicien, comme aptitude sensible à saisir et à créer de l'ordre, demeure lié au *logos*. Gombrich convoque ensuite dans son introduction une deuxième référence canonique, à savoir l'esthétique transcendantale et la définition kantienne de l'espace comme forme *a priori* de la sensibilité. Dans les deux cas, il retient la nécessité d'examiner les conditions subjectives de la perception, mais il refuse, à la lumière de l'éthologie contemporaine, la coupure anthropocentrique qui réserve la subjectivité à l'humanité. De même que Kant aurait dû se demander comment l'écureuil pourrait sauter de branche en branche s'il n'avait également une « forme *a priori* de l'espace »[30], de même, Gombrich s'étonne que Platon semble ne jamais avoir écouté le chant

▓ 26. J. von Schlosser, « Randglosse zu einer Stelle Montaignes » (1903), in *Präludien, Vorträge und Aufsätze*, Berlin, 1927, cité par E. Gombrich *in* « Art History and Psychology in Vienna Fifty Years Ago », *Art Journal*, vol. 44, 1984, p. 162, nous traduisons.
▓ 27. E. Gombrich, *L'Art et l'Illusion, op. cit.*, p. 21.
▓ 28. E. Gombrich, *The Sense of Order, op. cit.*, préface, p. x, nous traduisons.
▓ 29. E. Gombrich, « In response to : "The Sense of Sense" » [réponse de Gombrich à la recension du *Sens de l'ordre* par H. Zerner dans le *New York Review of Books*], *New York Review of Books*, 27 septembre 1979, nous traduisons.
▓ 30. E. Gombrich, « What I learned from Karl Popper », entretien avec P. Levinson, *in* P. Levinson (eds.), *Pursuit of Truth. Essays on the Philosophy of Karl Popper on the Occasion of His 80th Birthday*, Atlantic Highlands NJ, Humanities Press, Brighton, Harvester Press, 1982, p. 203-220, nous traduisons.

des criquets, ni observé un chien remuer la queue en cadence [31]. L'enquête psychologique sur le sens de l'ordre requiert donc son propre élargissement biologique, à la fois comme remède à l'anthropocentrisme pré-darwinien, et perspective anthropologiquement éclairante.

Dès lors, la référence que Gombrich considère comme philosophiquement opératoire est celle qu'il fait dès l'exergue de l'introduction au « besoin de régularité » mis en évidence par Popper [32] : le vivant recherche, pour des motifs vitaux, de la régularité dans son environnement, et donc la présuppose. Or, dans la mesure où le « sens de l'ordre » est à la fois la capacité à situer et donc ordonner les objets extérieurs, et la disposition cognitive à repérer des régularités, il se trouve à l'articulation d'une théorie de la perception et d'une théorie de la connaissance. Articulation pensée par Popper lui-même, dans ce qu'il est convenu d'appeler son « épistémologie évolutionniste », quand il fait dériver la méthode scientifique d'une mise en forme rigoureuse de comportements et tendances biologiquement adaptés.

L'omniprésence de la référence à Popper, dans le *Sens de l'ordre* comme dans le reste de l'œuvre de Gombrich, est la marque d'un lien intellectuel et amical très fort né en 1936, date à laquelle Gombrich assiste à Londres à la conférence qui deviendra *Misère de l'historicisme* : « Popper a été beaucoup attaqué et certaines de ses idées importantes ont été adoptées par d'autres sans que son nom soit mentionné, ce qui, naturellement, l'a beaucoup blessé. J'ai donc décidé que j'insisterais sur ma dette à son égard à chaque fois que je le pourrais » [33]. De Popper, Gombrich reprend essentiellement le modèle épistémologique du test d'hypothèses, qu'il fait constamment jouer dans sa réflexion.

De manière interne, tout d'abord, puisqu'il insiste sur le rôle de l'hypothèse comme condition non seulement de la science mais, en-deçà, de la perception naturelle : seule l'hypothèse de l'ordre permet de donner au monde son relief en rendant les changements saillants et, par conséquent, de s'y orienter efficacement. De même, dans *L'Art et l'illusion*, la représentation elle-même est assimilée à une hypothèse, cette fois testée par le regard porté sur elle, ce qui permet de déplacer la question de la perception du monde vers celle de la perception des œuvres, et de formuler le modèle historique de l'avènement du réalisme.

Gombrich fait également des emprunts, pour penser le sens de l'ordre et « l'économie de la vision » [34], à la théorie de l'information, à laquelle il a été initié par son ami et collègue Colin Cherry [35]. Bien conscient que ce nouvel outil est en passe de devenir « un nouveau jouet » [36] théorique, il souligne les erreurs qu'une application stricte et naïve de la théorie de l'information au langage ordinaire, et plus encore à l'art, peut engendrer, et en fait d'abord

31. E. Gombrich, *The Sense of Order, op. cit.*, préface, p. x.

32. K. Popper, *La connaissance objective* (1972), trad. fr. J.-J. Rosat, Paris, Champs-Flammarion, 1991.

33. E. Gombrich et D. Eribon, *Ce que l'image nous dit, op. cit.*, p. 144.

34. Cette expression est le titre du chap. IV du *Sens de l'ordre*. Pour les remarques qui suivent, voir E. Gombrich, *The Sense of Order, op. cit.*, p. 103 sq.

35. C. Cherry est notamment l'auteur de *On Human Communication. A Review, a Survey, and a Criticism*, Cambridge, MIT Press, 1957. Voir E. Gombrich, *Tribute to Colin Cherry given at Imperial College*, janvier 1995.

36. E. Gombrich, *The Sense of Order, op. cit.*, p. 103, nous traduisons.

un usage négatif, contre une autre analogie, plus trompeuse encore, celle qui assimile l'œil à un appareil photographique capable d'une objectivité innocente. Mais les concepts corrélatifs de « redondance » et de « signal », centraux dans la théorie de l'information, retiennent aussi l'attention de Gombrich dans la mesure où il y voit des échos à la conception poppérienne de la perception, et un schéma commode pour exposer le caractère relatif de l'opposition entre ordre et désordre, comme les degrés d'attention qu'ils mobilisent. Ainsi, la redondance, définie par son caractère « attendu » (est redondant dans un message tout ce qui peut être anticipé par son récepteur), rejoint l'idée d'« horizon d'attente » perceptif sur lequel insiste Popper : pour Gombrich, il ne s'agit pas de voir dans la redondance la marque de l'esprit obtus des ingénieurs, aveugles à ce qui se joue dans la richesse et la variété des formulations, et prompts à supprimer, suivant un principe d'économie technique, tout ce qui semble superflu, mais d'en faire le cœur problématique de l'ordre, dont la monotonie est à la fois nécessaire et insuffisante pour maintenir l'attention. De même, il utilise la définition de la fonction essentielle du signal comme instrument de réduction du doute et d'élimination des possibles, non pas pour ramener platement l'œuvre d'art à la communication d'un message, mais, en l'associant à la réfutabilité poppérienne, pour décrire la surprise, plaisante ou stridente, des ruptures d'ordre (et leur possible intégration à un nouvel ordre de second degré).

Enfin, c'est encore en référence à Popper que Gombrich formule les conditions de scientificité de l'histoire de l'art auxquelles il tâche de se plier [37], et mène sa critique des conceptions totalisantes comme des constructions iconologiques, qui ont en commun de faire fi de « la logique de la situation » théorisée dans *Misère de l'historicisme*, et de se soustraire à l'épreuve des faits, c'est-à-dire des archives, des textes, des témoignages, des réseaux d'indices suffisamment serrés pour être considérés comme recevables. Ainsi, dans la préface à la deuxième édition du *Sens de l'ordre*, Gombrich présente la thèse avancée en introduction, l'existence d'un sens de l'ordre à la source du besoin ornemental, comme une hypothèse que l'ensemble des chapitres ont pour fonction de tester, de manière d'autant plus convaincante que les exemples seront empruntés à des aires culturelles éloignées et indépendantes [38]. Toutefois, en tant qu'elle est par essence incapable de prévoir quoi que ce soit, et donc de se soumettre véritablement au protocole expérimental, l'histoire de l'art comporte une limite indépassable, qui lui assigne une place inférieure sur l'échelle de la rationalité, mais constitue la contrepartie de la liberté humaine.

Car si l'on peut parler d'un naturalisme de Gombrich, il ne s'agit pas d'un réductionnisme qui dissoudrait l'histoire dans le jeu nécessaire des forces naturelles, et censurerait l'étude de la signification : comme il l'écrit nettement dans *L'Art et l'illusion*, « Je ne vais cependant pas jusqu'à penser que l'étude du comportement des mouettes devrait nous permettre un jour d'éclaircir le mystère des œuvres de Raphaël. Et je me range sans réserve aux côtés de ceux qui nous mettent en garde contre toute spéculation hasardeuse

---

37. Pour une mise au point méthodologique, voir par exemple : E. Gombrich, « Aims and Limits of Iconology », in *Symbolic Images. Studies in the Art of the Renaissance II*, Oxford, Phaidon Press, 1972.
38. E. Gombrich, *The Sense of Order, op. cit.*, préface à la 2ᵉ édition, p. XII.

sur le caractère inné et fatal du comportement de l'homme [...] La dignité de l'homme, comme nous l'indiquait Pic de la Mirandole, est inséparable de ses aptitudes protéennes pour le changement. »[39] Ainsi, ramener l'ornement à son ancrage et à sa signification biologiques manifeste essentiellement chez Gombrich la volonté d'inscrire ses recherches, en tant que scientifique, dans l'ère darwinienne, sans renoncer à l'héritage humaniste. Sa revendication de l'explication lui impose de remonter le plus loin possible, de tâcher, comme il le dit, de « prendre les choses à la racine »[40]. Cependant, si la difficulté théorique que présente l'intrication de la biologie et de l'histoire n'est pas de principe, puisque l'animalité de l'homme l'implique, elle ne saurait être tout à fait résorbée. Du point de vue de la méthode, et donc de l'écriture, la difficulté subsiste, car il faut parvenir à tisser ensemble des niveaux différents et des modalités argumentatives hétérogènes, ce qui explique aux yeux de Gombrich le caractère foisonnant et apparemment hétéroclite du *Sens de l'ordre*, ainsi que le fait qu'il ait peiné à trouver de véritables lecteurs, suffisamment patients et attentifs[41]. Il faut souligner que les questions épistémologiques se doublent ici d'un enjeu politique et moral : dans le passage que nous avons cité, le « mystère » de Raphaël, non seulement résiste de fait aux tentatives de réduction, mais semble devoir être tenu pour inexplicable biologiquement, en raison même de ce qui constitue « la dignité de l'homme ». Si Gombrich insiste sur son attachement à l'ancienne idée de « nature humaine », dans laquelle il voit un rempart contre le racisme, et dont il observe avec inquiétude l'effritement progressif au XXᵉ siècle sous l'effet de la combinaison de causes et de raisons extrêmement diverses, il a également une conscience très vive du danger inhérent à la biologisation de l'homme, que confirment à ses yeux les ambiguïtés d'une figure comme celle de Karl Lorenz[42].

Si l'homme a une nature, l'art a cependant une histoire, contingente et imprévisible. Parce « qu'à la vérité, "l'Art" n'a pas d'existence propre. Il n'y a que des artistes »[43], affirmait lapidairement l'*incipit* de *L'Histoire de l'art*. Pourquoi alors l'art a-t-il seulement une histoire ? Parce que les libertés individuelles qui le produisent ne s'exercent que dans le cadre, contraignant mais matériellement et logiquement indispensable, d'une tradition.

Fidèle à son rejet nominaliste de tout holisme, Gombrich ne donne évidemment pas d'existence *sui generis*, indépendante ou substantielle à la tradition, mais il en fait finalement, parce qu'elle constitue le fond nécessaire de tout changement, de toute innovation, et donc de toute création, la clé de voûte tant de son histoire que de sa philosophie de l'art[44]. Ainsi, *Le Sens de l'ordre* s'achève sur la mise en résonance du rôle biologique du sens de l'ordre et de la fonction de la tradition en art : de même que sans ordre

■ 39. E. Gombrich, *L'Art et l'Illusion, op. cit.*, p. 87.
■ 40. E. Gombrich et D. Eribon, *Ce que l'image nous dit, op. cit.*, p. 159.
■ 41. *Ibid.*, p. 160.
■ 42. *Ibid.*, p. 157-159.
■ 43. E. Gombrich, *Histoire de l'art* (1950), trad. fr. J. Combe, C. Lauriol et D. Collins, Phaidon, 16ᵉ édition, 2001, p. 15.
■ 44. Voir E. Gombrich, « The Necessity of Tradition. An Interpretation of the Poetics of I.A. Richards (1893-1979) », in *Tributes, Interpreters of our Cultural Tradition*, Oxford, Phaidon Press, 1983, p. 185-209.

perçu, le monde est un chaos dans lequel rien ne peut se démarquer et où il est impossible de s'orienter, de même, sans tradition, sans langage commun, il n'y a pas de surprise possible, mais seulement du « bruit ». Aux yeux de Gombrich, la tradition est la grande oubliée du mythe moderne de l'art qui a valorisé l'originalité en l'absolutisant, c'est-à-dire en la coupant de sa condition. Or, la « tradition du nouveau » décrite par Harold Rosenberg[45], parce qu'elle vide la tradition de sa substance, ne peut que s'épuiser elle-même. Dès lors, le regard que porte Gombrich dans les dernières lignes du *Sens de l'ordre* sur le présent de l'art occidental, marqué par l'accélération et la frénésie du renversement, est plus que dubitatif : « Peut-être aurions-nous plus de chances de trouver un nouveau langage formel si nous étions moins obnubilés par la nouveauté et le changement. Si nous surchargeons le système, nous ne pouvons plus prendre appui sur notre sens de l'ordre. »[46] Ce genre de déclaration lui a valu la réputation de penseur conservateur et rétif aux avant-gardes. Critique qui, sans être tout à fait fausse, demeure hâtive et superficielle. Car loin de réclamer ou même d'espérer le pieux maintien de conventions intouchées – ce qui serait somme toute étrange de la part d'un historien qui a consacré sa vie à en étudier les infinies transformations et à dénaturaliser les habitudes installées – Gombrich entend surtout souligner que le désordre se nourrit de l'ordre qu'il met en déroute, et qu'il n'est donc rien sans notre sens de l'ordre.

Laure Bordonaba

■ 45. H. Rosenberg, *La Tradition du nouveau* (1959), trad. fr. A. Marchand, Paris, Éditions de Minuit, 1962 (l'ouvrage est cité dans *The Sense of Order, op. cit.*, p. 213).
■ 46. E. Gombrich, *The Sense of Order, op. cit.*, p. 305.

LE SENS DE L'ORDRE
Une étude psychologique de l'art décoratif

Ernst Gombrich

Introduction :
Ordre et finalité dans la nature [1]

> « Ce fut d'abord chez les animaux et les enfants, mais plus tard également chez les adultes, que j'ai observé l'immense puissance du *besoin de régularité* – le besoin qui les fait rechercher des régularités [...]. »
>
> K. R. Popper, *La connaissance objective* [2]

1. Ordre et orientation

Ma croyance en un « sens de l'ordre » repose sur la même théorie de la perception que celle qui a inspiré mon analyse de la représentation [3]. Pour résumer, cette théorie refuse la conception de la perception comme processus passif, que Sir Karl Popper a appelée « la théorie de l'esprit-seau » [4]. Comme lui, je soutiens ce qu'il a si justement nommé « la théorie de l'esprit-projecteur », qui insiste sur la constante activité de l'organisme quand il explore et analyse son environnement. Les termes mêmes que je viens d'employer pour formuler cette théorie doivent indiquer au lecteur qu'elle est fondée sur une vision évolutionniste de l'esprit. Comme Popper, je crois que, depuis l'époque de Darwin, il est devenu impossible de se placer hors de cette perspective. Pourtant, la psychologie des manuels est encore largement marquée par une théorie qui remonte en fin de compte à l'empirisme de John Locke, soit pratiquement deux cents ans avant Darwin [5]. C'est Locke qui lança l'idée de « l'esprit-seau » en postulant que l'esprit du nouveau-né doit être regardé comme une *tabula rasa*, une tablette vierge, où rien ne peut s'inscrire, sinon

---

■ 1. Le texte que nous traduisons ici est l'introduction de l'ouvrage d'E. Gombrich, *The Sense of Order. A study in the Psychology of Decorative Art*, Oxford, Phaidon Press Limited, 1979, 2ᵉ édition, 1984, p. 1-16. Les notes de l'auteur contiennent essentiellement des indications bibliographiques, que nous avons parfois précisées. Quand elle existe, nous avons systématiquement donné l'édition et la traduction françaises. Sinon, c'est nous qui traduisons. [NDT]

■ 2. K. Popper, *La connaissance objective* (1972), trad. fr. J.-J. Rosat, Paris, Champs-Flammarion, 1991, p. 69. [NDA]

■ 3. Allusion à E. Gombrich, *L'Art et l'Illusion* (1960), trad. fr. G. Durand, Paris, Gallimard, 1971. [NDT]

■ 4. Voir K. Popper, « Le seau et le projecteur », conférence de 1948, trad. fr. et reprise dans *La connaissance objective, op. cit.* [NDA]

■ 5. On trouvera peut-être que j'exagère quand j'affirme que beaucoup de manuels de psychologie sont encore marqués par cette approche, héritée de Locke. Cela se justifie toutefois si l'on rattache à cette perspective les modèles de la perception comme traitement interne de l'information, comme le suggère U. Neisser dans *Cognition and Reality : Principles and Implications of Cognitive Psychology* (San Francisco, WH Freeman, 1976). Il fait une remarque similaire dans sa critique du stockage de l'information dans M. Piattelli-Palmarini, « L'entrepôt biologique et le démon comparateur », *Mémoires. Nouvelle revue de psychanalyse* 15, printemps 1977, Paris, Gallimard, p. 105-123. Dans leur introduction à la IIᵉ partie d'un recueil d'articles du *Scientific American, Recent Progress in Perception* (Reading, W.H. Freeman, 1976), R. Held et W. Richards soulignent le fait que les déterminants centraux de la perception « ont souvent été éjectés du champ de la science » car « ils ne cadrent pas avec l'approche explicative par analyse du stimulus. » [NDA]

par l'entremise des organes des sens. Seule l'association dans l'esprit de ces « impressions sensibles » permet d'élaborer une image du monde extérieur. Il n'y a pas d'« idées innées » ; l'homme n'a d'autre maître que l'expérience. Kant a été le premier à ébranler cet édifice théorique quand il a demandé comment l'esprit pourrait ordonner de telles impressions dans le temps et l'espace s'il devait d'abord tirer le temps et l'espace de l'expérience. Sans un cadre préexistant, un « système de classement », nous ne pourrions pas faire l'expérience du monde, et encore moins y survivre. Mais quelle qu'ait été l'importance des objections de Kant pour les philosophes, il se préoccupait tant de la « raison pure » qu'il ne s'est jamais demandé comment les autres organismes se repéraient dans ce monde. Ces derniers étaient encore généralement pensés comme des mécanismes conduits par des « instincts » ; or, quoi qu'on ait voulu dire avec ce terme vague, il aurait dû être d'emblée évident qu'un animal ne peut poursuivre son but, éviter les dangers, se procurer de la nourriture, un abri et des partenaires, que de manière complexe et flexible. Grâce aux recherches menées par les éthologues durant les dernières décennies, nous en savons plus que Darwin lui-même n'aurait pu conjecturer sur les réactions innées pour lesquelles les animaux sont manifestement « programmés ». Pour le dire schématiquement, un organisme doit, pour survivre, être équipé de manière à résoudre deux problèmes élémentaires. Il doit pouvoir répondre aux questions « quoi ? » et « où ? » En d'autres termes, il doit découvrir ce que les objets de son environnement signifient pour lui, s'ils doivent être classés comme sources de nourriture ou de danger, et dans les deux cas, il doit adopter le comportement approprié : repérer, et poursuivre ou fuir. Ces actions présupposent ce que l'on a appelé chez les animaux supérieurs et les hommes une « carte cognitive »[6], un système de coordonnées au sein duquel des objets intéressants peuvent être placés.

Il va sans dire qu'aux niveaux inférieurs de l'évolution, ces capacités ne peuvent pas dépendre de l'entité insaisissable que nous appelons conscience. Même chez l'homme, la corrélation n'est pas nécessaire. Une des manifestations les plus élémentaires de notre sens de l'ordre est notre sens de l'équilibre, qui nous indique ce qui est en haut et en bas par rapport à la gravitation et donc par rapport à notre environnement perçu[7]. Pourtant, nous ne prenons conscience de cette performance que quand elle échoue, et l'organe de ce sens, qui se trouve dans l'oreille interne, n'a été découvert et isolé que grâce au travail des scientifiques. Notre réponse à la signification n'est pas non plus toujours accompagnée d'une pleine conscience, comme l'illustre un exemple que j'ai analysé ailleurs, celui de notre réaction aux yeux[8]. Nous sommes très sensibles à toute configuration qui peut être interprétée comme des yeux, mais il faut s'être beaucoup entraîné à les observer attentivement pour prendre conscience de la forme et de l'emplacement exacts des yeux

■ 6. Voir U. Neisser, *Cognition and Reality, op. cit.*, p. 117 *sq.* [NDA] Le concept de « carte cognitive » est en général attribué au psychologue E. Tolman, « Cognitive maps in rats and men », *Psychological Review*, 55 (4), p. 189-208, 1948. Son sens a depuis été considérablement élargi, mais il renvoie, à l'origine, à la représentation de l'espace qu'élaborent les rats placés dans un labyrinthe. [NDT]
■ 7. Voir J. J. Gibson, *Senses Considered as Perceptual Systems*, Cornell University, 1966, chap. IV. [NDA]
■ 8. Voir mon essai « Illusion and Art », *in* R. Gregory et E. Gombrich (eds.), *Illusion in Nature and Art*, London, Duckworth, 1973. Les conclusions les plus radicales ont été tirées de ces observations par O. Koenig, Urmotiv Auge, Piper, 1975. [NDA] Voir également E. Gombrich, *L'Art et l'Illusion, op. cit.*, chap. III. [NDT]

et des orbites. La chose est perçue, mais pas sa forme. Il en va autrement de la position des yeux. Nous sommes bien équipés pour sentir dans quelle direction quelqu'un regarde, et n'avons pas de difficultés à regarder nos semblables dans les yeux. Notre orientation dans l'espace, dont dépendent nos mouvements, est tout aussi instinctive, mais elle fonctionne différemment. Elle suppose la perception de relations ordonnées, comme « plus près » et « plus loin », « plus haut » et « plus bas », « adjacent » et « séparé », ainsi que les catégories temporelles d'« avant » et « après ». Sans vouloir donner trop d'importance au choix des termes, je propose de distinguer entre la perception de la signification et la perception de l'ordre. Il apparaît que ces catégories élémentaires jouent chacune un rôle dans toute la gamme des arts visuels. Il va sans dire que la perception de la signification ne peut jamais être totalement mise en veille, mais pour comprendre la décoration, il faut d'abord nous intéresser à la perception de l'ordre. Là encore, c'est l'évolutionnisme moderne qui a modifié et enrichi le système abstrait dans lequel Kant a formulé le problème de l'espace et du temps.

Pour citer sur ce point Konrad Lorenz, le père de l'éthologie : « Même une réaction primitive, la réaction d'évitement de la paramécie qui, lorsqu'elle s'est heurtée à un obstacle, commence par reculer un peu pour repartir ensuite en avant – dans une autre direction déterminée par le hasard – "sait" quelque chose d'"objectif", au sens littéral du terme, du monde extérieur. *Objicere* signifie jeter contre : l'objet est ce qui fait obstacle à notre mouvement en avant, c'est l'élément impénétrable auquel nous nous heurtons. Tout ce que la paramécie "sait" de l'objet, c'est qu'il lui interdit de poursuivre son mouvement dans la direction qu'elle empruntait jusqu'alors. Cette "connaissance" résiste à la critique que nous sommes en mesure d'exercer à partir de l'image bien plus complexe et détaillée que nous nous faisons du monde. Certes, nous pourrions indiquer à la paramécie des directions bien meilleures que celle dans laquelle elle se lance au petit bonheur, mais ce qu'elle "sait" est absolument exact : il n'y a effectivement plus moyen de continuer tout droit ! »[9]

J'ai cité ce passage si vivant, non seulement parce qu'il met en évidence le besoin d'orientation à tous les degrés de la vie organique, mais également comme exemple de la circonspection dont il faut faire preuve sur ces questions. À strictement parler, comme Popper nous le rappellerait, et comme Lorenz le sait, les réactions de cet organisme ne reposent pas sur un savoir mais sur une hypothèse; elles supposent implicitement que l'objet qui a produit un choc va continuer de rester là où il est, sans quoi un changement de trajectoire pourrait amener l'animal à entrer de nouveau en collision avec le même obstacle. Bien entendu, le terme d'« hypothèse » est employé ici en un sens beaucoup moins spécifique que dans la recherche scientifique. Cet élargissement de l'usage est dû aux ressemblances, mises en évidence par des spécialistes de la perception, entre les progrès de la connaissance en science et l'acquisition de l'information le long de l'échelle de l'évolution. « Nous considérons la perception comme un processus actif d'utilisation des

9. K. Lorenz, *L'Envers du miroir. Une histoire naturelle de la connaissance* (1973), trad. fr. J. Etoré, Paris, Flammarion, 1975, p. 12. [NDA]

informations, de suggestions et de contrôle d'hypothèses » [10], écrit Richard Gregory dans *L'Œil et le cerveau*. C'est cette approche que le lecteur retrouvera dans ce livre, même si mes propres idées ont également été fécondées par d'autres courants psychologiques, et tout particulièrement par J. J. Gibson [11], qui a refusé cette terminologie, du moins pour rendre compte des processus normaux de la perception visuelle. J'ai la chance de pouvoir maintenant renvoyer le lecteur au récent livre d'Ulric Neisser, *Cognition and Reality* (1976), qui repose sur la conviction que « J. J. Gibson et les tenants du test d'hypothèses, disent aussi vrai les uns que les autres sur la perception. » [12]

Cependant, du fait que je prolonge l'analogie entre l'apprentissage biologique et la logique de la découverte scientifique, je m'appuie plus explicitement sur la méthodologie de Popper qu'aucun de ces auteurs. C'est pourquoi le lecteur constatera que je donne moins d'importance à la vérification des hypothèses qu'à leur « falsification » ou réfutation. Popper m'a convaincu qu'une théorie ne peut jamais être établie avec certitude, quel que soit le nombre d'éléments qui la confirment, mais qu'elle peut être éliminée par une seule observation qui la contredit. J'ose penser que ce que l'on pourrait appeler l'*asymétrie poppérienne* entre la confirmation et la réfutation n'a pas encore été tout à fait assimilée par la psychologie et la philosophie de la perception [13]. Il est facile d'illustrer cette asymétrie avec l'exemple déjà cité. Nous avons vu que l'organisme simple décrit par Lorenz apprend à travers des collisions, à travers des chocs. Nous pouvons les interpréter comme des réfutations de l'hypothèse selon laquelle il peut continuer sur son chemin. Par souci de clarté, je pourrais forcer le trait et identifier l'hypothèse intégrée au sens de l'ordre, et le choc, à la perception [14]. J'espère toutefois que le lecteur ne refermera pas ce livre, heurté par une telle formulation : elle sera considérablement modifiée.

Néanmoins, si nous voulions simuler les actions et réactions de notre organisme primitif à l'aide d'un robot automate, il serait certainement utile de le programmer à accomplir des mouvements ordonnés, de sorte qu'il avance normalement en ligne droite et ne change de trajectoire, temporairement ou définitivement, que quand il rencontre un autre objet. La tâche devient plus complexe, mais, comme nous le savons, réalisable, s'il faut programmer le robot pour d'autres fonctions organiques, c'est-à-dire pour poursuivre ou fuir, car alors l'hypothèse intégrée doit également inclure la supposition la plus efficace possible à propos du comportement de la cible mouvante [15]. Et de nouveau, il apparaît que le plus efficace est de postuler la simple continuité : si la proie ou la cible continue sa course en ligne droite, elle peut

■ 10. R. L. Gregory, *L'Œil et le cerveau. Psychologie de la vision* (1966), trad. fr. C. Vendrely, Paris, Hachette, 1966, p. 224. [NDA]
■ 11. J. J. Gibson, *Senses, op. cit.* [NDA]
■ 12. U. Neisser, *Cognition and Reality, op. cit.*, p. 53. [NDA]
■ 13. L'ouvrage de E. C. Carterette et M. P. Friedman, *Handbook of Perception I. Historical and Philosophical Roots of Perception*, Academic Press, 1974, n'est qu'un exemple, parmi tant d'autres, d'étude récente sur le sujet qui oublie de se référer à Popper. [NDA]
■ 14. J'ai été heureux de constater que le cybernéticien D. M. MacKay en est venu à souligner l'importance de la « rétroaction négative » ou des « signaux de disparité » dans ses analyses de la perception, que ce soit dans sa contribution à J.C. Eccles (ed.), *Brain and Conscious Experience* (Berlin, Heidelberg, New York, Springer Verlag, 1966), ou dans « Ways of Looking at Perception », *in* W. Wathen-Dunn (ed.), *Models for the Perception of Speech and Visual Form*, Cambridge, (Mass.), MIT Press, 1967. [NDA]
■ 15. Pour une explication détaillée, voir J. A. Deutsch, *The Structural Basis of Behaviour*, Chicago, University of Chicago Press, 1960, chap. X [NDA]

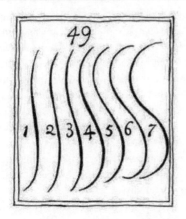

Ill. 1.** W. Hogarth, *Analyse de la beauté* (1753), fig. 49, chap. IX (« Des compositions avec la ligne ondoyante [*waving*] »).

NOTE SUR LES ILLUSTRATIONS :
Il ne nous a pas toujours été possible de retrouver ou reproduire les illustrations de l'édition anglaise. Nous avons alors parfois proposé une image différente de celle que Gombrich avait choisie, mais très similaire, ou équivalente du point de vue du texte qu'elle illustre. Ces écarts par rapport à l'édition originale sont indiqués par un *. Nous avons également parfois ajouté des reproductions d'œuvres auxquelles Gombrich se réfère. Ces ajouts sont signalés par **.

être interceptée en un point calculable dans l'espace. Pour la même raison, on échappe davantage à ses poursuivants si l'on dévie aléatoirement par rapport à la trajectoire prévisible. Les animaux traqués zigzaguent et reviennent sur leurs pas pour se débarrasser de leurs poursuivants, car cela rend leur trajectoire moins prévisible.

Rappelons que William Hogarth tenta d'expliquer notre supposée prédilection pour sa « ligne de beauté », la ligne sinueuse [ill. 1**], en la reliant au comportement animal : « Cet amour de la poursuite, de la poursuite pour elle-même, est implanté dans la nature de tous les êtres, et nous a été donné, certainement, pour quelque cause utile et nécessaire. » [16] Il pourrait bien avoir eu raison, même si je pense qu'il gâta son affaire en passant trop vite de la biologie à l'esthétique. Quoi qu'il en soit, à ce stade, je ne m'occupe pas de la question du plaisir, mais de celle de cet instinct « implanté dans la nature de tous les êtres, et [qui] nous a été donné [...] pour quelque cause utile et nécessaire. » Ce cadre de référence ordonné, qui seul peut permettre à l'organisme de poursuivre et d'éviter des objets, est logiquement antérieur aux stimuli individuels auxquels il réagit.

C'est là que la métaphore du « projecteur » devient utile, car elle nous rappelle l'activité qui est inséparable de la perception, si primitive soit-elle. L'organisme doit sonder son environnement et doit, en quelque sorte, situer le message qu'il reçoit par rapport à l'attente élémentaire de régularité qui sous-tend ce que j'appelle le sens de l'ordre. Les méthodes qui ont émergé au cours de l'évolution sont légion, mais elles ont toutes en commun de contribuer à étendre le pouvoir d'anticipation de l'animal en question. L'organisme primitif étudié par Lorenz doit attendre de se cogner contre quelque chose. Les sens spécialisés avertissent quand il faut fuir ou poursuivre. Les chauves-souris trouvent leur chemin dans l'obscurité, elles contournent les obstacles et atteignent les insectes dont elles se nourrissent grâce à une sorte de sonar. Elles émettent des ultrasons directionnels, qui rebondissent sur les solides et leur indiquent la localisation et le mouvement des choses qui se trouvent sur son chemin. « Les chauves-souris fer à cheval », lisons-nous, « émettent leurs

16. W. Hogarth, *Analyse de la beauté, destinée à fixer les idées vagues qu'on a du goût* (1753), Paris, Levrault, Schoell et Compagnie, 1805, p. 89, trad. modifiée. [NDA]

cris par le nez et forment un étroit faisceau de fréquence constante, qui peut balayer d'un côté à l'autre comme un projecteur l'itinéraire suivi par l'animal. Ce dernier déplace en même temps ses oreilles d'avant en arrière et vice versa, au rythme de 60 battements par seconde, afin d'assurer sa direction.» [17] La découverte de méthodes de tâtonnement, chez certains poissons électriques qui utilisent une sorte de radar, est encore plus saisissante : le *Gymnarchus niloticus* « se sert de son champ électrique comme d'un instrument d'une extraordinaire sensibilité pour détecter les obstacles qui se trouvent sur son chemin [...] ainsi que pour se diriger dans les crevasses aussi bien en marche arrière qu'en marche avant. C'est également par ce moyen qu'il parvient à localiser ses proies, à identifier ses ennemis et à reconnaître ses congénères, particulièrement pour l'accouplement.» [18]

Pourtant, l'exemple de cette étonnante créature ne confirme pas simplement ce que nous savons déjà de la chauve-souris. Il nous permet d'approfondir la compréhension du lien entre perception et ordre que je désire mettre en évidence. « Bien que l'on dise couramment que le *Gymnarchus* se dirige au radar, ce dispositif n'offre que peu de rapport avec l'usage que cet animal tire de son champ électrique [...]. Il utilise, en fait, un sens [...] capable de transformer en informations les déformations subies par un champ électrique» [19]. Cet instrument aussi curieux qu'exceptionnel me semble offrir une parfaite illustration de l'asymétrie poppérienne, c'est-à-dire du rôle que joue, en matière de survie, notre sens de l'ordre : il permet à l'organisme de découvrir ce qui s'écarte de l'ordre, ce qui dévie par rapport à la norme qui est, d'une manière ou d'une autre, encodée dans le système nerveux. Nous sommes à peine en train de commencer à comprendre à quel point notre orientation visuelle dans l'espace dépend également d'une norme de ce type. On peut l'appeler la norme des aspects changeants. Il revient essentiellement à J. J. Gibson d'avoir attiré l'attention sur cet ordre caché, implicitement compris dans les transformations dont nous faisons l'expérience quand nous nous déplaçons dans notre environnement [20]. Si je m'assois à ma table, ou si je tourne un livre entre mes mains, le flux d'informations visuelles que je reçois sera suffisant pour que je perçoive la forme « invariante » de la table ou du livre dans la mélodie du changement. Mais si cette transformation régulière ne se produisait pas, si la table se mouvait d'elle-même, ou si le livre rétrécissait dans mes mains, je recevrais un choc. Nous discuterons le moment venu de l'incidence de cette dimension de notre sens de l'ordre sur la théorie des arts décoratifs.

■ 17. M. Burton, trad. fr. C. Frégnac (modifiée), *Le Sixième Sens des animaux* (1973), Paris, Buchet-Chastel, 1975, p. 94. [NDA]
■ 18. *Ibid.*, p. 109. [NDA]
■ 19. *Ibid.*, p. 109-110. [NDA]
■ 20. J. J. Gibson, *Senses, op. cit.* [NDA] L'apport essentiel de Gibson est d'avoir montré que l'acte de voir est inséparable du mouvement dans l'espace, et que nous avons donc besoin de nous déplacer pour voir. Au cours de ce mouvement, l'image change constamment, mais c'est justement par ou comme « à travers » ce changement que nous « voyons » implicitement la forme des choses. Par exemple, même sans accéder à aucune vue zénithale sur une table, le rectangle de son plateau est « vu » à travers la série de formes rhomboïdales. [NDT]

2. La théorie de la Gestalt

La théorie de la Gestalt a été la première théorie de la perception à s'opposer systématiquement à la « théorie du seau » et à l'idée d'un enregistrement passif des stimuli. Elle réfutait la possibilité d'un « œil innocent »[21], que je me suis moi-même vivement efforcé de combattre dans *L'Art et l'Illusion*. Nous ne pouvons voir aucune configuration de manière pure, car la tablette sur laquelle les sens écrivent leurs messages comporte un certain nombre de propriétés intégrées. Bien loin de laisser intacts les stimuli qui se présentent, elle les insère dans des compartiments pré-arrangés. Notre perception manifeste un penchant observable pour les configurations simples, les lignes droites, les cercles, et d'autres ordres simples, et nous avons tendance à voir de telles régularités, plutôt que des formes quelconques, quand nous entrons en contact avec le monde chaotique qui nous entoure. De même que de la limaille de fer soumise à un champ magnétique s'ordonne pour former un certain motif, de même les impulsions nerveuses qui atteignent le cortex visuel sont soumises à des forces d'attraction et de répulsion.

J'ai proposé, dans *L'Art et l'Illusion*[22], une hypothèse différente, qui rejoignait, comme je l'ai indiqué alors, une explication proposée par Julian Hochberg[23]. Elle s'appuie sur notre usage de l'ordre dans l'identification des déviations. Soit un homme qui essaye, dans l'obscurité, d'obtenir des informations sur son environnement invisible. Il ne se mettra pas à tâtonner et à se démener au hasard, mais il utilisera chacune de ses découvertes pour forger une hypothèse sur la signification de ce qui l'entoure, une hypothèse que ses tâtonnements auront ensuite pour mission de confirmer ou réfuter.[24] La première hypothèse qu'il est susceptible d'adopter, presque automatiquement, dans ses opérations, est celle d'une relative stabilité des objets, autrement dit la même qui doit également guider les mouvements de l'organisme primitif (ou du robot primitif) que nous avons décrit ci-dessus. Dans une situation de cauchemar, où chaque élément de l'environnement changerait silencieusement et de manière imprévisible de forme et de lieu entre deux tâtonnements, il

21. L'expression est explicitement empruntée par Gombrich à Ruskin, qui faisait de la reconquête de ce regard naturel, par-delà les conventions qui le déforment, le devoir de l'artiste comme du public. But chimérique pour Gombrich, qui souligne au contraire la paradoxale naturalité de la structuration de la perception par des hypothèses. [NDT]

22. E. Gombrich, *L'Art et l'Illusion*, op. cit., chap. VIII, X et notes. [NDA]

23. « L'explication de l'organisation perceptive par la théorie de la Gestalt doit être considérée comme la première étape d'une formulation, toujours en cours d'évolution, aussi bien du problème que de sa solution – et non comme un problème réglé ou une théorie satisfaisante. » (J. Hochberg, *in* E. C. Carterette, op. cit., p. 204) Ce passage est la conclusion d'un examen détaillé de la théorie et de son évaluation actuelle. L'analyse de la perception visuelle la plus complète et la plus convaincante parmi celles qui sont fondées sur cette théorie est celle de W. Metzger, *Gesetze des Sehens*, Francfort, Kramer, 1975. L'application de cette théorie à l'art a été défendue dans ses écrits par R. Arnheim. [NDA]

24. Sur la recherche à tâtons de l'information : « La thèse selon laquelle la perception est un processus continu d'exploration et de collecte d'informations, qui peut sembler excessive à propos de la vue, est d'une vérité évidente pour le toucher. » (U. Neisser, *Cognition and Reality*, op. cit., p. 26.) Le même auteur se réfère (p 58) à un important article de M. Minsky, « A Framework for Representing Knowledge », *in* P. H. Winston (ed.), *The Psychology of Computer Vision*, New York, McGraw-Hill, 1975, pour souligner la nécessité de doter l'ordinateur qui va examiner une pièce d'hypothèses anticipatives. On trouve des postulats similaires dans beaucoup des projets informatiques abordés par A. K. Mackworth, « Model-driven interpretation in intelligent vision systems », *Perception*, 1976, vol. 5, p. 349-370. [NDA]

serait contraint d'abandonner. Mais si l'environnement présente quelque régularité qui puisse être découverte, la seule stratégie possible consiste à tester des ordres qu'il aura lui-même inventés, en allant progressivement, par corrections successives de ses essais, des configurations les plus simples aux plus complexes.

Un autre emprunt à la théorie poppérienne de la méthodologie de la recherche scientifique m'a permis de faire valoir qu'« en l'absence d'un système initial, d'une première hypothèse à laquelle nous tenons solidement jusqu'à ce qu'elle se trouve réfutée, nous ne pourrions pas donner un sens à ces myriades d'impressions ambiguës qui nous viennent de notre environnement. Pour apprendre, nous devons commencer par faire des erreurs, et la croyance qu'il existe des réalités plus simples que celles que nous sommes accoutumés à rencontrer dans ce monde déconcertant serait sans doute l'erreur la plus féconde que la nature ait pu implanter dans notre esprit. Quel que soit le sort réservé aux hypothèses de la "théorie de la Gestalt" dans le domaine de la neurologie, on pourra toujours prouver que, sur le plan de la logique, elle avait raison d'affirmer que l'hypothèse la plus simple ne s'apprend pas. C'est en vérité la seule et préalable condition à l'acquisition du savoir. » [25]

Dans *L'Art et l'Illusion*, je m'intéressais surtout à deux aspects du processus d'apprentissage. Nous avons tendance à sonder le monde réel, tout comme ses représentations, en faisant l'hypothèse de la régularité, que nous n'abandonnons que si elle est réfutée. La manière dont nous voyons le ciel, ce vide infini au-dessus de nos têtes, comme s'il était un dôme ou une voûte aplatis, est un exemple d'hypothèse non réfutée. Nous supposons que les étoiles, là-haut, sont sur un seul et même plan, perpendiculaire à la direction de notre regard, et rien ne vient détromper l'œil nu. Nous faisons la même supposition également pour un ciel représenté sur une image [26], ou encore pour toute silhouette qui se découpe à l'horizon. Mais si importants que soient ces symptômes des activités qui accompagnent la perception, le thème de *L'Art et l'Illusion* exigeait que je mette l'accent sur l'autre effet du principe de simplicité – son rôle dans la représentation. Il est bien connu que la variété du monde visible est réduite aux représentations schématiques que nous appelons généralement des « images conceptuelles ». J'ai interprété ces images comme des modèles minimaux des objets qu'elles sont censées représenter, et j'ai mis en évidence dans tout cet ouvrage le fait que « le faire précède la ressemblance » [27] ; le schéma minimal est d'abord construit, avant

▪ 25. E. Gombrich, *L'Art et l'Illusion*, *op. cit.*, p. 231-232, trad. légèrement modifiée. [NDT]
▪ 26. Voir mon article, « "The Sky is the Limit". The Vault of Perception and Pictorial Vision », *in* R. B. MacLeod et H. L. Pick (ed), *Perception. Essays in Honor of James J. Gibson*, Cornell University Press, 1974. [NDA]
▪ 27. *Making Comes before Matching* : nous modifions un peu la traduction de l'édition française de *L'Art et l'illusion* (« La créativité passe avant la ressemblance. », *op. cit.*, p. 99) pour davantage mettre l'accent sur la fabrication de l'image. En effet, avec cette formule, Gombrich fait se rencontrer ses thèses élaborées successivement : (1) d'une part, l'idée que la ressemblance de la représentation s'élabore progressivement à partir d'un schéma initial grossier, un « formulaire » puisé dans le répertoire iconographique, et non dans l'observation de la réalité. En ce sens, l'artiste fait (*making*), dessine, d'abord, avant d'éventuellement ajuster sa représentation pour la faire correspondre (*matching*) à ce qu'il voit. Par exemple : « [C]ette concordance entre le modèle et l'image s'obtient peu à peu, au terme d'un long processus, dont la durée et les difficultés dépendent du choix d'un schéma initial que l'artiste adapte aux détails caractéristiques de l'image réelle. Il ne partira pas d'une impression visuelle, mais d'une idée ou d'un concept [...]. Les indications visuelles précises, ces traits caractéristiques que nous avons mentionnés, sont pour ainsi dire incorporés à ce formulaire

d'être modifié ou corrigé par comparaison à la réalité. Si je devais résumer la théorie qui sous-tend l'ensemble du présent livre dans une formule similaire, je dirais qu'on tâtonne avant de saisir [*groping before grasping*], ou qu'on recherche avant de voir [*seeking before seeing*]. À la différence des théories « stimulus-réponse », je voudrais souligner qu'il faut regarder l'organisme comme un agent actif qui va à la rencontre de son environnement, non pas aveuglément et au hasard, mais guidé par son sens inné de l'ordre.

3. Les motifs dans la nature

Dans l'étude de la représentation, la tendance à produire des formes simples doit toujours être regardée comme l'arrière-plan de leurs modifications ultérieures. Les formes et motifs décoratifs qui constituent le thème de ce livre témoignent du plaisir que prend l'homme à exercer son sens de l'ordre dans la production et la contemplation de configurations simples, indépendamment de leur référence au monde naturel. Le monde que l'homme s'est fabriqué pour lui-même est, en règle générale, un monde de formes géométriques simples, qu'il s'agisse du livre que mon lecteur tient entre ses mains, ou de pratiquement n'importe quel élément de notre environnement artificiel. Ces objets n'ont pas tous été produits en vue de la beauté, mais tous se démarquent du plaisant fouillis que constitue notre environnement naturel.

Ill. 2.* Exemple de « cercle de fées » de *Clitocybe nebularis* (environs de Buchenberg, Allemagne). Photo : Josimda / CC BY-SA 3.0.

Notre tendance à regarder l'ordre comme la marque d'une intelligence ordonnatrice est si profondément enracinée en nous, que nous nous émerveillons instinctivement dès que nous percevons une régularité dans le monde naturel. Lors d'une marche en forêt, nos yeux sont parfois arrêtés par des champignons disposés suivant un cercle parfait. Le folklore les appelle « cercles de fées » [ill. 2*], car il semble inimaginable qu'une telle régularité soit le fruit du hasard. Ce n'est d'ailleurs pas le cas – bien que l'explication de ce phénomène soit loin d'être simple [28]. Mais, quoi qu'il en soit, pourquoi sommes-nous étonnés ? Le monde naturel n'offre-t-il pas une multitude d'exemples de régularités et de simplicité – du cours des étoiles aux vagues de la mer, des merveilles des cristaux aux formes si riches que l'on trouve plus haut sur l'échelle de la création, celles des fleurs, des coquillages et des plumages ?

La réponse brève à ce problème complexe est que l'ordre dans la nature se manifeste quand les lois de la physique peuvent agir dans des systèmes isolés qui ne se perturbent pas mutuellement. Nous ne sommes pas surpris

---

de base dont ils viennent combler les vides. » (*op. cit.*, p. 62-63). (2) La formule résume également, d'autre part, la thèse de l'antériorité de la fabrication de choses (*making*) sur la visée représentative (*matching*), autrement dit de la *poiesis* sur la *mimesis* : « Avant de chercher à reproduire des aspects du monde visible, l'artiste a voulu créer de véritables choses. » (*op. cit.*, p. 99) [NDT]

■■ 28. Les champignons se propagent uniformément, aux limites de l'espace qu'ils occupaient auparavant. [NDA]

de voir une ondulation circulaire s'élargir à la surface d'un étang quand nous y avons jeté une pierre. Nous savons que l'eau est homogène et que l'impulsion se transmettra de manière uniforme dans toutes les directions à moins qu'elle rencontre des obstacles ou subisse l'influence d'autres facteurs, comme un courant ou une brise, qui compliqueront progressivement l'ordre jusqu'à ce qu'il échappe non seulement à la perception mais même au calcul. Ce qui retient notre attention dans les cercles de fées, c'est précisément la présence inattendue d'ordre dans ce qui apparaît comme un environnement où interagissent d'innombrables forces : dans la nature, la terre est un mélange hasardeux d'eau qui goutte à travers la mousse, de racines tordues et de feuilles mortes. Seule une force magique, en concluons-nous, pourrait imposer un ordre à cette confusion sauvage.

En d'autres mots, c'est le contraste entre le désordre et l'ordre qui met notre perception en alerte. Beaucoup de preuves montrent que ce principe s'applique à l'ensemble du monde vivant. Car les formes distinctives que l'on trouve dans la flore et la faune suggèrent que l'émergence de certains motifs visibles doit présenter un avantage adaptatif pour l'organisme. Ils ont dû apparaître sous la pression de l'évolution, qui favorise les porteurs de certains types de marques. Deux tendances opposées coexistent, toutes deux bien connues et également pertinentes pour notre réflexion. D'un côté, les motifs de camouflage qui permettent de rendre l'animal invisible aux yeux de ses prédateurs ; de l'autre, les marques qui le rendent voyant.

Les motifs de camouflage imitent une distribution aléatoire des éléments les plus fréquents dans le milieu de l'espèce. Ils ressemblent à un amas quelconque, moyen, de pierres, de sable ou de brindilles, dû au hasard, sans contours ni bordures qui pourraient trahir l'animal quand il reste immobile dans son environnement habituel [29]. L'artiste qui dessine des camouflages imite ce processus en rassemblant les traits caractéristiques d'un environnement qu'il enchevêtre suivant leurs proportions d'origine. L'efficacité de ce dispositif dans la nature comme à la guerre suggère que, quand nous analysons le monde à la recherche d'un élément nouveau, nous apprenons vite à appliquer une loi des moyennes très similaire. Tant que la fréquence relative et la distribution des traits caractéristiques ne changent pas, nous ne repérons aucune nouveauté.

Cette observation vaut, au-delà du camouflage, pour tout motif qui utilise des éléments aléatoires – qu'il s'agisse d'une surface tachetée de points colorés ou d'un tweed mélangé. Aujourd'hui, le degré d'aléa peut être contrôlé par ordinateur, et les expériences menées avec des motifs aléatoires de ce type ont confirmé la sensibilité de l'esprit aux valeurs moyennes [30].

Le principe des marques voyantes nous fait comprendre autre chose [31]. Dans beaucoup de situations, la survie d'une espèce dépend de manière évidente de la capacité des individus à reconnaître leurs congénères, pour se nourrir,

■ 29. Pour une introduction concise sur ce thème du camouflage, voir A. Portmann, *Animal Camouflage*, University of Michigan, Ann Arbor Science Library, 1959. Voir également H. E. Hilton, « Natural Deception », *in* R. Gregory et E. Gombrich (eds.), *Illusion in Nature and Art, op. cit.* [NDA]
■ 30. Voir B. Julesz, « Experiments in the Visual Perception of Texture », *Scientific American*, avril 1975, repris *in* R. Held et W. Richards, *Scientific American, Recent Progress in Perception, op. cit.* [NDA]
■ 31. Sur ces marques voyantes, voir N. Tinbergen, *L'étude de l'instinct* (1951), trad. fr. B. de Zélicourt et F. Bourlière, Paris, Payot, 1953, p. 244. [NDA]

se reproduire, et former des groupes. Le motif doit alors ressortir clairement et visiblement sur le fond de l'environnement. Il doit être manifestement extrêmement improbable qu'il soit le fruit du hasard. Les couleurs lumineuses et les motifs réguliers des fleurs qui doivent signaler leur présence aux insectes pollinisateurs, le riche plumage que déploient les oiseaux, comme le paon quand il fait la roue, les marques distinctives sur les becs que reconnaissent les petits : toutes ces configurations ont été décrites comme hautement improbables, et sont de ce fait très riches en informations.

À la lumière de ces remarques, il est peut-être un peu moins surprenant qu'une sorte de fabrication de motifs puisse également être observée dans le monde animal. Le petit oiseau jardinier construit une scène ou une arène pour sa parade nuptiale. Il débarrasse un espace de ses feuilles mortes et débris divers, et le décore chaque jour de feuilles fraîches d'essences d'arbres choisies, qu'il coupe avec son bec, denté à cet effet. Les feuilles sont disposées face la plus claire en haut, et si elles se retournent, il les remet en place. En général, il ajoute des morceaux de coquilles d'escargot. De cette manière, son aire se détache du monde désordonné qu'est son habitat naturel et constitue un signal pour la femelle. Il crée une petite île d'ordre, qui correspond dans la réalité visible au chant structuré dont l'oiseau accompagne sa mise en scène [32].

Je me sers de cette comparaison en connaissance de cause, car il y a déjà un certain temps que les biologistes ont souligné que la régularité dans les cris animaux a non seulement la fonction évidente d'en faire un signal de reconnaissance identifiable pour l'espèce, mais permet aussi de surmonter le bruit aléatoire qui peut remplir l'espace sonore [33].

4. Les ordres artificiels

Il n'est jamais sans danger de faire des analogies entre la nature et la culture, mais je crois qu'ici, comme ailleurs, c'est un risque à prendre si l'on peut en espérer un progrès. La culture peut manifestement tirer de la création d'ordres des avantages analogues à ceux qui se manifestent dans le processus de l'évolution. Dans les deux cas, c'est la grande improbabilité d'un surgissement aléatoire de la régularité qui peut servir de base au signal.

Prenons une des applications de motifs les plus répandues, et peut-être une des plus anciennes – le marquage du corps par la scarification ornementale [34]. Il est d'emblée évident que ces incisions ordonnées sont différentes des blessures faites au combat. De telles blessures peuvent également être portées avec

■ 32. Cette description de l'oiseau jardinier est tirée de la légende de la figure 5 de l'introduction de J. Huxley à *Le comportement rituel chez l'homme et l'animal* (1966), trad. fr. P. Vieilhomme, Paris, Gallimard, 1971. Voir également K. von Frisch, *Architecture animale* (1974), trad. fr. P. Kessler, Paris, Albin Michel, 1975, p. 274-282 (la « tonnelle d'amour »). [NDA]

■ 33. Je voudrais suggérer que la préférence que manifestent diverses espèces pour certains motifs, mise en évidence par les expériences de B. Rensch (1958), rapportées par D. Morris (*Biologie de l'art. Étude de la création artistique des grands singes et de ses rapports avec l'art humain* (1961), trad. fr. G. Bernier, Paris, Stock, 1962, p. 170), peut être interprétée de manière similaire. Il y a peut-être un avantage pour la survie dans la facilité à distinguer des signaux potentiels du bruit aléatoire, sur le plan visuel ou auditif. Nous savons, d'après les recherches de von Frisch, que les abeilles sont programmées pour répondre aux motifs variés des fleurs. [NDA]

■ 34. Sur les peintures corporelles, voir J. C. Faris, *Nuba Personal Art*, London, Gerald Duckworth & Co., 1972, qui s'intéresse à leur dimension esthétique. [NDA]

fierté, comme elles l'étaient, ou le sont peut-être encore, par les étudiants des universités allemandes blessés en duel, qui les exhibaient comme les marques de leur statut. Cependant, même le plus ritualisé des duels au sabre ne saurait produire des cicatrices si régulières. La régularité est le signe de l'intention ; le fait qu'elles soient répétées montre qu'elles sont répétables, et qu'elles relèvent de la culture plutôt que de la nature. Des cicatrices de ce genre peuvent être mobilisées dans un système complexe de marques tribales et de signes sociaux qui indiquent, sans ambiguïté, le rang ou le statut [ill. 3*]. Elles peuvent aussi être utilisées pour décorer, sans autre mobile : pour manifester l'attention et le soin portés au corps qui a ainsi été marqué. Ces formations reflètent et stabilisent l'activité d'un esprit constructeur.

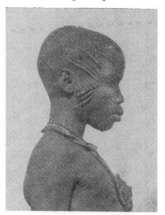

Ill. 3.* Jeune garçon Latuka (Soudan du Sud), photographie de J. Bramly, tirée de G. Buschan, *Die Sitten der Völker*, Stuttgart, Berlin, Leipzig, Union Deutsche Verlagsgesellschaft, 1914–1922, t. 3, ill. 103, p. 86.

Les premières études de l'ornement et des commencements de l'art se sont parfois demandé comment l'homme avait pu atteindre le degré d'abstraction qu'elles supposaient nécessaire à la construction d'une ligne droite. Même Franz Boas, grand spécialiste de l'art tribal, qui était si conscient des jouissances que la maîtrise procure à l'homme, se demandait pourquoi les éléments géométriques étaient si fréquents dans les ordres produits par les hommes, puisque, comme il le dit : « on n'en trouve que de rares exemples dans la nature, si rares même qu'ils n'ont guère pu laisser d'empreinte dans l'esprit humain. » [35]

Nous en sommes conduits à la conclusion que c'est parce que ces formes sont rares dans la nature que l'esprit humain a précisément choisi, parmi les manifestations de régularité, celles qui sont identifiables comme produits d'un esprit qui maîtrise ce qu'il fait, et qui tranchent dès lors sur le désordre naturel.

Cette démarcation est évidente. Ne sentons-nous pas chaque fois plus le contraste entre l'habitat moderne des hommes, avec ses rues en damier et ses bâtiments rectangulaires, et la campagne environnante ? Mais ce contraste a-t-il quoi que ce soit à voir avec le thème de ce livre, qui est la décoration ? La préférence pour les lignes droites et les formes régulières n'est-elle pas plutôt une question d'utilité que de créativité ? Certes, mais je crois également que l'opposition entre rationalité et créativité s'avère finalement peu pertinente. Nous verrons que c'est Ruskin qui nous a légué cette opposition entre l'exubérance indomptée de la vie et la perfection morte de l'ingénierie. Son hostilité à la machine l'a rendu sensible à un problème qu'aucune étude de l'ornement ne doit négliger, mais je crois qu'elle l'a également rendu aveugle

■ 35. F. Boas, *L'Art primitif* (1927), trad. fr. C. Fraixe et M. Benguigui, Paris, Adam Biro, 2003, p. 61. [NDA]

Ill. 4.** Planche 66 : *Chiroptera.*

Ill. 5.** Planche 26 : *Hexacoralla.*

Ill. 6.** Planche 93 : *Mycetozoa.*

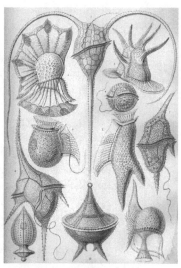

Ill. 7.** Planche 14 : *Peridinea.*

Lithographies tirées de Ernst Haeckel,
Kunstformen der Natur, Leipzig et Vienne,
Bibliographisches Institut, 1899-1904.

à la parenté entre les ordres rationnels et les ordres organiques [36]. Une fois compris quel profit l'homme rationnel peut tirer de l'application du principe de simplicité, de la préférence pour les lignes droites et les formes géométriques standardisées, nous serons peut-être mieux placés pour étudier l'émergence de comportements analogues tout au long de l'échelle de l'évolution. Nous n'avons plus peur, sur de tels sujets, de mobiliser des arguments téléologiques et de nous demander pourquoi notre constitution mentale favorise la simplicité, tant dans la perception que pour la fabrication. Si ces tendances n'avaient pas une grande valeur pour la survie, elles n'en seraient pas venues à faire partie de notre héritage biologique.

5. La géométrie de l'assemblage

Il est intuitivement évident que certains types de simplicité facilitent la réalisation d'assemblages [37]. Ce principe est aussi bien illustré par un mur de briques ordinaire que par le cristal que produit l'étroit empilement de molécules identiques. De même, dans le monde organique, nous trouvons des constituants standardisés dans l'assemblage cellulaire, ou dans les plus grandes unités qui forment un oursin, une grenade ou un épi de maïs. De plus, beaucoup de ces assemblages attestent des avantages que présente le principe de hiérarchisation – les unités étant regroupées pour former de plus grandes unités, qui à leur tour peuvent facilement se combiner entre elles dans des ensembles plus grands.

L'homme accède à tous les avantages que procure la standardisation dès qu'il devient capable de planifier ses activités étape par étape – d'abord donner forme aux briques, puis construire le mur, et enfin coiffer la maison d'une toiture. Une séquence planifiée de ce genre requiert un certain degré d'organisation. Les « murs cyclopéens », comme les appelaient les Grecs, étaient faits de blocs de pierre irréguliers, dont chacun devait être placé à l'endroit où il pourrait

Ill. 8.* G. H. Lebas, *Relevé de murs cyclopéens*, murs de Tyrinthe et de Lycosure, aquarelle tirée d'un recueil de 72 dessins, s. d. Photo : Bibliothèque numérique de l'INHA – Bibliothèque de l'Institut National d'Histoire de l'Art, collections Jacques Doucet.

■ 36. Gombrich fait notamment référence aux *Sept Lampes de l'architecture* (1849). Il analyse la position de Ruskin au chap. II du *Sens de l'ordre*. [NDT]
■ 37. La beauté des formes organiques a été souvent célébrée et illustrée depuis O. Jones, et particulière- ment par E. Haeckel, *Kunstformen der Natur* (1899-1904), dont les planches ont été rééditées par Dover Publications Inc., en 1974 (*Art Forms in Nature*) [voir Ill. 4-7**, NDT]. L'ouvrage classique en la matière est : D'Arcy Thompson, *Forme et croissance* (2e éd. 1942), trad. fr. D. Teyssié, Paris, Seuil, 1994. Voir également P. S. Stevens, *Les formes dans la nature* (1974), trad. fr. J. Matricon et D. Morello, Paris, Seuil, 1978, ainsi que R. Huyghe, *Formes et forces de l'atome à Rembrandt*, Paris, Flammarion, 1971. [NDA]

Ill. 9.* Exemple de pavage fou sur le mont Palatin, Rome. Photo : Vitold Muratov / CC BY-SA 3.0.

s'imbriquer [ill. 8*] [38], et ce que nous appelons un « pavage fou » [ill. 9*] est composé de dalles irrégulières qu'il faut sélectionner au fur et à mesure de l'avancement du travail. Elles ont peut-être plus de charme que les dalles régulières que l'on achète toutes faites dans le commerce, mais les avantages techniques que cette dernière méthode présente méritent d'être pris en considération.

Nos dalles standardisées et préformées sont interchangeables. Nous pouvons prendre n'importe laquelle dans la pile et commencer à paver, et un rapide calcul permet aussi de savoir de combien de dalles nous avons besoin pour couvrir un espace donné. En revanche, poser un pavage fou peut être plus amusant ; trouver la pièce qui convient et construire un réseau de joints aussi irrégulier que charmant est plus agréable que de réaliser un quadrillage de dalles régulier.

Pourquoi le défenseur de l'irrégularité reprocherait-il au pavage régulier son ennui ou sa monotonie ? N'est-ce pas parce qu'il peut être si facilement appréhendé qu'il laisse notre activité perceptive désœuvrée, alors que le pavage fou présente une telle variété qu'on ne peut jamais le saisir complètement – sans parler de le mémoriser ?

6. Monotonie et variété

Les Anciens ont résumé cette intuition dans le proverbe « *variatio delectat* », le changement en toute chose est agréable. Quand nous regardons le quadrillage, nous le saisissons d'un coup d'œil, aussi vite que sa règle implicite, qui veut que toutes les dalles soient identiques. Mais cette facilité de perception explique également l'ennui que produit une telle monotonie. Quand ce qui apparaît dans notre champ de vision coïncide avec ce que l'on attendait, nous cessons d'y prêter attention, et l'agencement en question passe sous le niveau de notre conscience.

De ce point de vue, la nouvelle discipline intellectuelle qu'est la théorie de l'information semble plus prometteuse pour la psychologie que les analyses précédemment produites par l'école de la Gestalt. En effet, la technique des ingénieurs en communication mesure l'information d'après son degré d'imprévisibilité, tandis que ce qui est prévu devient, dans leur terminologie, du « redondant ». Nous pouvons beaucoup apprendre de cette approche, mais je préfère laisser la discussion de ses difficultés techniques pour plus tard [39]. Pour le moment, il me suffit de dire qu'il faut nous méfier de l'identification

■ 38. Ma description des murs cyclopéens correspond à l'interprétation qu'en donne B. Fletcher, *History of Architecture*, London, Scribner, 1931, p. 72. D'autres considèrent que l'expression désigne des maçonneries polygonales. [NDA]

■ 39. Gombrich y revient dans les chap. IV (« L'économie de la vision ») et V (« Vers une analyse des effets ») du *Sens de l'ordre*, où il insiste sur la nécessaire circonspection dont doit faire preuve l'application de la théorie de l'information à l'analyse de la perception. [NDT]

du simple au probable et au redondant. Nous verrons que le pavage régulier n'est ni plus ni moins probable, en quelque sens mesurable que ce soit, que le pavage fou ; il est simplement plus facile à construire et donc à mémoriser.

Mais quelle que soit notre analyse de la différence entre le régulier et l'irrégulier, nous devons en dernière instance être capables de rendre compte du fait le plus élémentaire de l'expérience esthétique, le fait que le plaisir se trouve quelque part entre l'ennui et la confusion. Si la monotonie lui fait obstacle, une surabondance de nouveauté surchargera le système et nous fera baisser les bras : nous n'avons aucune envie d'analyser le pavage fou. Il en va tout autrement s'agissant de hiérarchies que nous pouvons maîtriser et reconstruire [ill. 10*]. Dans ce genre d'arrangements, nous pouvons tenir le subordonné pour lu tandis que nous nous concentrons sur les formes de niveau supérieur. La facilité même de la reconstruction nous permet d'avancer et de prendre plaisir à cette unité dans la complexité qui a toujours eu la faveur des paveurs et autres fabricants de motifs [40].

Beaucoup de formes relativement simples sont susceptibles d'être assemblées ou réunies de différentes manières, chacune produisant une nouvelle configuration, comme l'illustre l'exemple banal d'un parquet où les lattes rectangulaires sont disposées en chevrons. Là encore, la nature donne à voir la variété, voire l'infinité des configurations qui peuvent être produites par l'assemblage d'éléments – dont les cristaux de neige sont les plus variés et les plus étonnants, bien

Ill. 10.* Sol pavé du Clarendon Palace, vers 1250, British Museum, croquis de Sergio Aquindo.

que leur beauté n'ait été découverte qu'avec la possibilité de les étudier sous un verre grossissant [ill. 11*]. Nous allons rencontrer beaucoup d'exemples de ce genre de structures hiérarchisées dessinées par l'homme, qui illustrent le principe de « l'unité dans la diversité » qui a toujours été à l'œuvre dans les configurations esthétiques.

Il doit donc y avoir un lien entre la facilité de construction et la facilité de perception [41], un lien qui explique à la fois l'ennui des motifs monotones et le plaisir que procurent des constructions plus intriquées, des configurations qui ne sont pas perçues comme ennuyeusement évidentes, mais que nous

■ 40. Beaucoup d'exemples de motifs de pavement sont donnés dans H. Kier, *Der Mittelalterliche Schmuckfussboden*, Düsseldorf, Rheinland Verlag, 1970, et *Schmuckfussböden in Renaissance und Barock*, München, Deutscher Kunstverlag, 1976. [NDA]
■ 41. « Notre thèse centrale est que voir, entendre et se souvenir, sont tous des actes de *construction* », U. Neisser, *Cognitive Psychology*, New York, Appleton-Century-Crofts, 1967, p. 10. Dans son ouvrage ultérieur, *Cognition and Reality*, op. cit., l'auteur modifie cette thèse sans y renoncer complètement. [NDA]

Ill. 11.* Cristaux de neige, photographies de W. A. Bentley, *in* W. A. Bentley et W. J. Humphreys, *Snow Crystals*, New York, McGraw Hill, 1931.

pouvons quand même saisir comme applications de lois sous-jacentes. Mais pourquoi cela devrait-il nous procurer du plaisir ? De quelle théorie de la perception aurions-nous besoin pour rendre intelligible cette corrélation entre construction et perception ?

Les grandes lignes de cette introduction amènent à considérer la déclaration d'Hamlet, « L'essentiel, c'est d'être prêt »[42], comme la devise de la vie. Aucun choc ne devrait nous prendre au dépourvu. L'organisme a souvent été comparé à un dispositif homéostatique qui s'efforce de maintenir l'équilibre avec son environnement[43]. Un tel équilibre demande une action permanente. Il nécessite un « mécanisme de rétroaction » (du genre d'un thermostat) qui repère et compense tout écart par rapport à l'équilibre. Autrement dit, même au repos, l'organisme ne peut pas se permettre de demeurer passif. Il doit mobiliser son sens de l'ordre pour mener à bien les ajustements nécessaires, tout comme nous devons, quand nous essayons de rester immobiles, basculer imperceptiblement notre poids d'un côté ou de l'autre. Mais ces mouvements de correction, devenus automatiques, ne requièrent pas notre attention. Seules les perturbations qui affectent l'ensemble du système parviennent à notre conscience. Pas nécessairement longtemps, cependant, car si les perturbations reviennent à intervalles réguliers, l'homéostat les intègre à son nouvel environnement et s'ajuste en conséquence. Si nous ajoutons la capacité d'anticipation à notre modèle de départ, nous pouvons nous représenter l'organisme comme préparé aux chocs à venir, prêt à y parer ou simplement à s'accrocher dans la tourmente. L'enfant sur une balançoire ou, mieux encore, le cavalier qui apprend à s'ajuster aux chocs rythmés du canter, du trot, ou du galop, doit construire une structure d'innervations interne parallèle qui corresponde à la régularité du mouvement externe. Je propose de concevoir cet ajustement comme une « mise en correspondance prospective » [*forward matching*]. On pourrait objecter que l'expression de « planification prospective » [*forward planning*], dont je m'inspire ici, est peu pertinente puisque toute planification est prospective, mais que ma « mise en correspondance prospective » est moins pertinente encore puisque nous ne pouvons faire correspondre quoi que ce soit à ce qui n'existe pas encore. C'est pourtant ce paradoxe même qui m'a incité à faire ce choix terminologique, car

■ 42. « *The readiness is all* » (Shakespeare, *Hamlet*, V, 2). Nous reprenons la traduction d'Y. Bonnefoy, Paris, Club français du livre, 1957. [NDT]
■ 43. Voir W. R. Ashby, *Design for a Brain*, London, Chapman and Hall, et New York, John Wiley and Sons, 1952. [NDA]

il souligne le caractère hypothétique de toute réaction. Si le pari est gagné, « la mise en correspondance prospective » devient automatique et redescend sous le niveau de la conscience ; s'il échoue, le « décalage » [*mismatch*] produira un sursaut, comme quand, en descendant un escalier, nous atteignons le palier plus tôt que prévu.

Cet exemple simple mérite d'être encore examiné pour ce qu'il nous révèle des liens qui unissent l'ordre spatial et l'ordre temporel. Si les marches n'avaient pas toutes été d'égale hauteur, nous n'aurions pas adopté la routine de mise en correspondance prospective, mais nous aurions au contraire été vigilants à chaque pas. Si après ce sursaut malvenu, nous nous retrouvons au rez-de-chaussée, nous avons à notre disposition une autre routine, la marche, qui est à son tour presque automatique. Nous pouvons faire facilement le lien avec notre exemple du pavage régulier. Il est perçu sans effort comme un ordre simple auquel nous avons à peine à faire attention.

La facilité de perception doit donc être associée à la facilité de construction – dans les deux cas, nos anticipations sont régulées par la production de modèles internes. Soit n'importe quel objet régulier, un simple cube ou une sphère ; si nous tournons autour de lui, ou si nous le faisons tourner dans nos mains, nous anticipons sans difficulté aucune les aspects successifs qui vont s'offrir à notre vue. Cela ne serait pas vrai d'une forme aléatoire, comme un morceau de charbon, pour lequel nos anticipations ne peuvent être qu'approximatives. L'objet décoré, qu'il s'agisse d'un bâtiment ou d'une boîte, se situe quelque part entre ces deux extrêmes. Nos anticipations seront confirmées tant qu'elles concernent la forme d'ensemble, mais agréablement contrariées, à l'intérieur de ce cadre général, par la variété des motifs.

7. Ordre et mouvement

Tout porte à penser que l'ordre spatial et l'ordre temporel convergent dans notre expérience. Il n'est pas étonnant que la langue parle de motifs dans le temps [44] et de rythmes dans l'espace. L'essentiel de ce que nous avons dit sur les aspects rationnels et esthétiques des ordres géométriques s'applique également aux événements temporels. Quand K. Bücher, auteur au XIXe siècle de *Travail et Rythme* [45], soutient que la musique est née du besoin qu'en avaient les travailleurs tirant des charges ou ramant à plusieurs, sa thèse est certainement excessive. Toutefois, il a raison d'insister sur la nécessité d'un mouvement synchronisé pour l'accomplissement de tâches collectives. Et là encore, la rigueur du rythme garantit non seulement la simultanéité du mouvement, mais, plus important encore, elle offre la possibilité, inhérente à tout ordre, d'élaborer une hiérarchie de mouvements ou de routines qui permet l'accomplissement de tâches plus complexes. Qu'il s'agisse de charger des briques dans des brouettes que l'on emporte une fois pleines, ou des

■ 44. Sur les motifs dans le temps : E. Petersen, « Rhythmus », *Abhandlungen der königlichen Gesellschaft der Wissenschaften zu Göttingen. Philologisch-historische Klasse*, NF, Band 16, n°5, Berlin, Weidman, 1917, p. 1-104, traite de manière exhaustive des sens du mot « rythme » et de son concept dans l'Antiquité. Pour un travail plus récent, voir P. Fraisse, *Les Structures rythmiques, étude psychologique*, Paris et Bruxelles, Éditions Érasme, 1956, et *Psychologie du temps*, Paris, P.U.F, 1957 (en particulier, IIe partie, chap. 3). Sur la danse, voir R. Lange, *The Nature of Dance. An Anthropological Perspective*, London, MacDonald & Evans, 1975. [NDA]
■ 45. K. Bücher, *Arbeit und Rythmus*, Leipzig, Hirzel, 1896. [NDA]

mouvements plus élaborés qu'on exécute sur un terrain de manœuvres, le besoin de hiérarchies composées est évident. L'engrenage ou la roue dentée ont permis de traduire ces interactions synchronisées en opérations mécaniques, et toute machine, de l'horloge à balancier à l'automobile, est un exemple de ce principe de base. L'ordre élémentaire, dans une machine, repose sur les lois de la nature. En l'absence de frottements qui interfèrent avec son mouvement, le pendule, comme nous le savons, continue à osciller, en raison de la constance du rapport entre les forces d'attraction et d'inertie. Beaucoup de régularités naturelles reposent sur des interactions aussi simples que celle-ci. Un robinet continue à goutter régulièrement tant qu'à partir du filet d'eau des gouttes se forment par cohésion, et finissent par tomber quand elles sont trop lourdes pour adhérer au robinet. Il y a sûrement des régularités similaires de saturation et de décharge rythmées dans les rythmes organiques quand les actions réflexes entrent en jeu, mais c'est une des réussites de la biologie moderne que d'avoir montré que ce genre d'explications quasi-mécaniques est inadéquat pour rendre compte des activités rythmiques omniprésentes dans le vivant. Nous avons tous entendu parler des rythmes organiques, des battements de cœur et de la respiration, aux actions complexes qui permettent la locomotion par la nage, la reptation, le vol ou la course, mais les scientifiques n'ont commencé que récemment à déchiffrer ce qui, dans le système nerveux, permet à un poisson de coordonner ses nageoires mobiles, quelle que soit sa vitesse, grâce aux impulsions de la moelle épinière. Ils ont montré qu'il y a là plus qu'un simple mécanisme réflexe. Un organisme peut être représenté comme un groupe complexe, une structure hiérarchisée de forces en interaction. Interaction qui ne pourrait jamais être assurée sans un dispositif temporel élémentaire, un sens de l'ordre. Ce qui distingue les rythmes organiques des rythmes mécaniques des machines, ce sont leurs plus grandes flexibilité et adaptabilité. Leur système hiérarchisé est suffisamment équilibré pour que l'interaction puisse se produire à des vitesses différentes, sans que cela affecte le résultat. La nature qui nous entoure palpite de rythmes complexes, et ces rythmes sont au service de la vie [46].

Même chez l'homme, la plupart des réactions corporelles primitives sont marquées par ces rythmes. Les pleurs du bébé, le rire de l'adulte sont rythmiques. Sous l'effet des émotions, les rythmes les plus simples, les plus réflexes, s'imposent, comme quand l'enfant saute de joie, ou que l'adulte en colère tape des doigts sur la table avec irritation. Les états mentaux que la psychanalyse qualifie de « régressifs » semblent favoriser les rythmes simples, et inversement, l'exposition à ces rythmes simples semble favoriser la régression. Nous berçons le bébé pour l'endormir, tandis que dans d'autres contextes le battement rythmé de l'orchestre peut produire une sorte de frénésie régressive.

Nous qualifions ce genre de rythmes de « primitifs » car la récurrence régulière d'unités dans le temps est particulièrement facile à saisir. Nous savons quand attendre le prochain coup ou le prochain accent, et nous

46. Ce développement sur les rythmes organiques est fondé sur une étude de P. Leyhausen, « Die Entdeckung der relativen Koordination : Ein Beitrag zur Annäherung von Physiologie und Psychologie », in K. Lorenz et P. Leyhausen, *Antriebe tierischen und menschlichen Verhaltens*, München, Piper Verlag, 1968, qui se réfère essentiellement aux travaux de E. von Holst, dont une sélection d'articles est disponible en anglais sous le titre *The Behavioural Physiology of Animals and Man*, Coral Gables, University of Miami Press, 1973. [NDA]

pouvons le prévoir sans effort. Si les éléments ou les subdivisions changent, il nous faudra plus d'attention pour garder la cadence ; des séquences complexes, comme celles des râgas indiens, sont difficilement accessibles à des oreilles occidentales car il faut beaucoup d'entraînement pour parvenir à garder présente à l'esprit la diversité de relations qu'ils comportent. Ainsi, comme pour les motifs visuels, il existe toute une gamme de rythmes temporels, du plus monotone au plus varié, avec leurs effets et corrélats psychologiques propres.

Ill. 12.* Chapeau de femme, artisanat Yurok, région de Klamar River, Oregon, fin XIX ᵉ-début XX ᵉ siècle, Honolulu Museum of Art, Hawaii, USA. Photo : Hiart / CC0 1.0

C'est dans l'acquisition et le développement des aptitudes motrices que nous pouvons le mieux étudier la transition des rythmes primitifs et automatiques, à des structures hiérarchisées plus complexes. Car ce qui est vrai de la perception des motifs visuels l'est aussi de leur production. Le monotone risque de passer inaperçu, et le complexe risque d'embrouiller. Le tic-tac répétitif de l'horloge disparaît de notre champ de conscience alors que tout changement de rythme, ou même son arrêt, peut attirer notre attention. De la même manière, le rythme simple de la respiration ou de la marche permet l'automaticité de ces mouvements, que nous ne surveillons qu'en cas de perturbation. Tout apprentissage d'un savoir-faire vise à rendre les mouvements qui le constituent également automatiques. Pour taper à la machine, faire du vélo ou jouer du piano, nous apprenons d'abord à « maîtriser » les mouvements de base, c'est-à-dire à les accomplir sans avoir à y prêter constamment attention, de manière à libérer notre conscience, qui peut alors se consacrer à la planification et à la direction des structures de plus haut niveau : nous pensons à la phrase que nous tapons, nous contournons un obstacle avec la bicyclette, ou nous nous concentrons sur un rythme complexe exécuté de la main droite tandis que la régularité de l'accompagnement permet de laisser la main gauche s'en occuper toute seule.

Tout artisanat requiert de diviser le savoir-faire en éléments, qui sont pilotés par le mouvement le plus grand : la maîtrise de la vannerie [ill. 12*], du tissage, de la couture, de la sculpture… exige cette structure de routines collectivement dirigées par un esprit conscient. Je ne crois pas qu'il soit exagéré de dire que, pour accéder à cette maîtrise, il faut précisément parvenir à atteler le mouvement à l'espèce de centrale qui dirige nos rythmes organiques. Le travail de l'artisan passé maître en son art coule de source car ses mains bougent à l'unisson avec sa respiration et peut-être avec les battements de son cœur. Il n'est alors pas surprenant que l'objet qu'il a sculpté ou peint soit imprégné de l'esprit d'un rythme vivant, ce signe distinctif de l'artisan que Ruskin n'a jamais cessé d'exalter par opposition à la perfection sans âme de la machine.

Quoi que nous pensions d'un tel jugement de valeur, cette distinction – disons la différence entre la création rationnelle et la création irrationnelle – est éclairante. Il pourrait être tentant de classer les styles historiques en ayant cette polarité à l'esprit, dont les deux extrêmes seraient d'un côté, la forme planifiée, mesurée et cristalline, et de l'autre, les rythmes spontanés, qui s'écoulent librement. Mais bien que l'un de ces deux principes puisse effectivement dominer, nous avons vu que nous ne devions pas forcer l'opposition entre la planification structurelle et les avantages des mouvements rythmiques, qu'exploitent les lois inhérentes à l'organisme lui-même. Loin de chercher à caractériser séparément ces processus comme incompatibles, nous verrons plutôt que c'est la tension entre les deux qui donne naissance aux styles dans l'histoire. Le travail à la règle et au compas ne fait pas moins partie de l'art des motifs, que les courbes et fioritures qui naissent de la plume du maître. Les plaisirs que nous éprouvons à créer des ordres complexes et à les explorer (quelle que soit leur origine) doivent être les deux faces d'une même pièce.

8. Jeu et art

> Christopher Robin sautille
> Hop la, hop la
> Hop la, hop la, hop
> Chaque fois que je lui demande
> Poliment d'arrêter, il
> Dit qu'il ne peut pas s'arrêter.
> S'il s'arrêtait de sautiller, il ne pourrait plus bouger,
> Le pauvre petit Christopher
> Ne pourrait plus bouger…
> C'est pourquoi il ne s'arrête *jamais* de sautiller
> Hop la, hop la
> Hop la,
> Hop la,
> Hop [47].

Voilà un cas où le plaisir de la création est manifestement plus grand que celui de la perception. Mais le petit garçon d'A. A. Milne n'a pas tout à fait tort quand il plaide la cause de son jeu. Je rappellerai simplement que j'ai expliqué à quel point il était profitable à l'organisme de disposer d'un large éventail de routines pour anticiper les régularités de son environnement et leur répondre de manière adéquate. L'apprentissage passe par la mise en marche de ces routines dans des jeux qui ressemblent à celui de Christopher Robin, et nous apprenons aussi à nous accrocher avec une ténacité compulsive à ce genre de rythmes.

Quand un enfant cherche à briser la monotonie, il ne s'arrête pas, il relève l'intérêt de sa routine en y introduisant un élément nouveau. Christopher Robin aurait certainement volontiers accepté d'agrémenter ses petits bonds d'une corde à sauter. L'observation de la plupart des jeux solitaires nous montre la même tendance à complexifier la tâche dès qu'elle devient trop

---

■ 47. A. A. Milne, « Hoppity », *When We Were Very Young*, London, Methuen & Co., 1924. [NDA]. Le petit Christopher Robin qui apparaît dans ce poème n'est autre que l'enfant des aventures de Winnie l'ourson qui ont fait le succès de Milne. [NDT]

facile pour mobiliser l'attention. Quand il fait rebondir un ballon, un enfant peut alterner main droite et main gauche, ou taper dans les mains entre deux rebonds, une, deux, ou autant de fois qu'il en sera capable sans se tromper. En occupant l'intervalle entre deux pics de mouvement, l'enfant découvre la satisfaction double de tenir le rythme tout en évitant la monotonie. C'est ce procédé, que j'appellerai la « complication graduelle », qui révèle le plus clairement son lien psychologique avec l'ornementation dans les arts visuels et la musique.

Contrairement à ce que soutenait Platon, que j'ai cité dans ma préface [48], nous savons maintenant que de telles manifestations du « sens de l'ordre » ne sont pas le propre des hommes. La monographie que Desmond Morris a consacrée au jeune chimpanzé Congo [49] comprend la description d'une complication graduelle qui doit retenir notre attention :

« Lorsque Congo se voyait confier un appareil quelconque utilisable en gymnastique, et qu'il lui était permis d'en faire usage, il commençait par accomplir, un peu au hasard, des gestes d'exploration qui s'harmonisaient bientôt, dès que l'animal sortait de cette confusion initiale, dans un thème de mouvement [*pattern of movement*]. Il répétait ce mouvement un très grand nombre de fois, jusqu'à ce que, après un certain temps, il le modifiât légèrement. Puis la variation introduite devenait de plus en plus importante, au point que le rythme initial n'était plus reconnaissable et qu'un autre l'avait remplacé. » [50]

Plus encore que les dessins du jeune primate, cette description semble justifier le titre du livre, *Biologie de l'art*, car on pourrait prétendre que Congo anticipait là toute l'histoire des styles. Le premier motif ayant perdu de son charme en devenant automatique, il a eu besoin d'un deuxième motif pour éprouver le plaisir de la maîtrise. On pourrait objecter que Congo, après tout, n'avait pas la conscience de ce qu'il faisait, ni la capacité de le communiquer à d'autres. Le plaisir de la maîtrise n'a pas besoin d'être accompagné de cette capacité d'objectiver la réussite, qui rend les enfants capables de se fixer à eux-mêmes des buts et d'indiquer à d'autres à quel point ils les ont atteints pour s'attirer leur admiration, voire leur envie. Mais il serait imprudent d'en conclure que les premiers germes de cette capacité, qui conduit à l'art, sont totalement absents du jeu de ce primate. Car dans son jeu avec les pinceaux et les crayons, Congo a presque atteint le seuil de ce stade décisif. D'abord, ses productions étaient dominées par une séquence fixe de mouvements produisant ce que Morris appelle le motif en forme d'éventail [51] : il donnait des coups de pinceau en direction de son corps. Mais Morris observa ensuite un changement spectaculaire de procédure, que nous ne pouvons décrire

■ 48. Gombrich cite dans sa préface ce passage des *Lois* : « tous les êtres jeunes […] ne cessent d'émettre des sons et de faire des bonds désordonnés; mais, alors que le sens de l'ordre en ces deux domaines échappe complètement aux autres vivants, seule la nature humaine peut l'acquérir. » (II, 664 e, trad. fr. L. Brisson) Voir notre introduction, p 97. [NDT]

■ 49. Le zoologiste Desmond Morris a appris à peindre au chimpanzé Congo dans les années 1950. Son « œuvre », composée de plusieurs centaines de dessins et peintures l'a rendu relativement célèbre à l'époque. Gombrich illustre son analyse de trois dessins de Congo, que nous n'avons pas pu reproduire. [NDT]

■ 50. D. Morris, *Biologie de l'art, op. cit.*, p. 173. [NDA]

■ 51. *Ibid.,* p. 102-103. [NDA]

qu'en termes de mouvements intentionnels. Il s'agit du moment où Congo se mit à dessiner le même motif, mais en sens opposé, en commençant près de son corps et en tirant des lignes qui s'écartaient de lui. Le produit visuel semble être devenu plus important que le plaisir de la production. Plus tard, il découvrit la joie de faire des boucles, mais alors, le plaisir de la pure activité motrice prit le dessus, et Congo eut tendance à recouvrir les formes qu'il créait. Le résultat produit n'avait plus d'importance. Congo n'est pas devenu un créateur de motifs simiesque, car il est tout bonnement devenu beaucoup trop indiscipliné pour poursuivre son travail au pinceau. Un singe découvrira-t-il un jour le plaisir de construire des structures plus complexes ? Nous ne pouvons pas le dire. Depuis les succès des Gardner avec leur chimpanzé Washoe [52], plus rien ne semble impossible.

L'homme ne serait pas l'homme s'il ne mettait sa maîtrise du mouvement au service d'autres fins. Le panier tressé, le tissu, la pierre taillée, le bois sculpté : tout cela rappelle ce plaisir du mouvement contrôlé qui est inséparable de l'émergence des arts décoratifs. En même temps, le motif lui-même est fait pour servir des buts culturels ; à mesure que les motifs acquièrent une signification, la tradition revendique le droit de restreindre la liberté de jeu. Le besoin de standardisation et de répétition se fait lui-même sentir dans le signe qui doit être pleinement contrôlé. Mais même la production des signes – l'art d'écrire et l'art de dessiner – rompt rarement le lien avec ces rythmes organiques que j'ai comparés à un moteur intérieur. Observez un enfant en train de passer du gribouillage rythmique au dessin de formes qui demandent une plus grande coordination, et voyez comme les formes sont construites à partir de sous-unités ou sous-routines, comme des boucles et des jambages réguliers, qui ne lui demandent plus d'attention. [53] Les graphologues prétendent discerner quelque chose du moteur intérieur, du rythme constant du corps, même dans l'écriture manuscrite de l'adulte, et ils ont vraisemblablement raison, puisque seule cette intégration permet d'écrire de manière fluide. Nous verrons de fait que le désir d'un mouvement ludique, au service de la décharge d'impulsions motrices, n'est jamais loin sous la surface de la formation des signes et lettres, et se traduit par les fioritures et volutes, si essentielles à l'art décoratif [54].

Quand on se livre à l'étude des motifs, il ne faut pas être surpris de constater que les fruits de l'exubérance et du jeu se voient souvent assigner un rang relativement bas dans la hiérarchie des arts. Former une écriture fluide est plus difficile que de griffonner des fioritures, et dessiner, à son tour, requiert un plus haut degré d'adresse que la formation des lettres. Mais même l'art du dessin, comme tant de critiques l'ont souligné, est encore enraciné dans le sol

52. Allusion aux travaux de Robert et Beatrix Gardner, respectivement psychologue expérimental et éthologue, parvenus à enseigner le langage des signes américain à la guenon Washoe (1967-1970). [NDT] Voir : W. H. Thorpe, *Animal Nature and Human Nature*, London, Methuen, 1974, p. 285 sq. Une synthèse de vulgarisation est proposée par E. Linden, *Ces singes qui parlent* (1976), trad. fr. J.-P. Carasso et D. Authier, Paris, Seuil, 1979. [NDA]

53. Sur les dessins d'enfants, voir H. Eng, *The Psychology of Children's Drawings*, London, Kegan Paul, 1931. [NDA]

54. Gombrich écrit ainsi plus loin : « les fioritures manifestent cet aspect de l'ornement que Ruskin valorisait par-dessus tout, l'expression de l'exubérance joyeuse d'un artisan déployant en même temps sa maîtrise et son inventivité. C'est comme si, après avoir formé une lettre sur les principes constructifs, il restait à la main un tel surplus d'énergie à exprimer qu'elle montrait sa maîtrise du mouvement régulier dans l'animation des volutes et des boucles. » (*Le Sens de l'ordre*, chap. IX « Designs as Signs », p. 239, nous traduisons.) [NDT]

du mouvement organique naturel. Si chaque dessinateur n'avait pas son rythme propre, sa propre écriture, tous les efforts que font les experts pour attribuer les œuvres à leurs auteurs n'auraient aucune chance d'aboutir. Il est certain que ces traits sont également liés au processus d'apprentissage qui est propre à chaque artiste. La manière dont il divise sa tâche en parties séparées ou en sous-routines, dépendra à la fois de la tradition et de ses dispositions individuelles. Les deux méthodes que Walter Crane suggère pour dessiner un cheval [ill. 13] peuvent illustrer très simplement ce que je veux dire. Ceux qui dessinent spontanément des boucles devraient construire leurs formes à partir de boucles, tandis que ceux qui ont un rythme naturellement plus saccadé devraient suivre l'autre manière de faire. L'historien de l'art, et le connaisseur, peuvent tirer parti de cette analyse.

En effet, c'est ici que l'analyse de l'ornement, qui est le sujet de ce livre, rejoint la psychologie de la représentation picturale, qui était le thème de mon livre sur *L'Art et l'illusion*. Quand j'ai voulu montrer que « le faire précède la ressemblance », j'ai été amené à prendre en compte le rôle de formules ou schémas visuels dans l'acquisition des techniques du dessin. Je me suis même référé au lien entre dessin et écriture dans la tradition chinoise, où l'élève s'exerce à dessiner une orchidée tout en chantant les instructions que ses mouvements doivent suivre [55]. Mais je ne suis pas parvenu à généraliser à partir

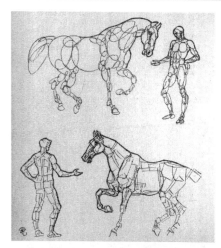

Ill. 13. Illustrations de deux méthodes de dessin, W. Crane, *Line and Form*, London, G. Bell & Sons, 1900, p. 11.

Ill. 14. Raphaël (Raffaello Sanzio), *Études de la Vierge à l'Enfant*, vers 1505-1508. Dessin à la plume, encre. Royaume-Uni, Londres, British Museum Photo © The British Museum, Londres, Dist. RMN-Grand Palais / The Trustees of the British Museum.

■ 55. Voir E. Gombrich, *L'Art et l'Illusion, op. cit.*, chap. V, II. [NDA] « Certaines de ces règles [de peinture] étaient condensées dans des phrases traditionnelles, comportant quatre mots, que le disciple chantonnait pour les retenir par cœur, comme dans le cas de ces préceptes pour la peinture des orchidées : "Dessinez d'abord quatre feuilles. Leur longueur sera différente. Placez en travers une cinquième. Donnez-leur grâce et beauté. Variez

Ill. 15. Raphaël (Raffaello Sanzio),
Étude pour la madone d'Albe, vers 1508. Sanguine.
Lille, Palais des Beaux-Arts
Photo © RMN-Grand Palais
/ Hervé Lewandowski.

Ill 16. Raphaël (Raffaello Sanzio), *Vierge à la chaise*, 1514.
Huile sur bois, diamètre 0.71 m. Italie, Florence, Palais Pitti,
Galleria Palatina.
Photo © Archives Alinari, Florence, Dist. RMN-Grand Palais
/ Fratelli Alinari.

de cet exemple et à mettre à jour le lien étroit entre ce genre de schématismes acquis, et les propensions rythmiques de l'organisme, qui vont du niveau infrahumain des coups de pinceau de Congo, au sentiment sublime du rythme et de la forme qui produit chez un maître comme Raphaël cette abondance de mouvements circulaires qui sont à la fois des schémas et des motifs [ill. 14].

Il semble naturel de passer de la contemplation de ces marques rythmiques à l'attention au mouvement libre et fluide qui se répand dans tous les dessins compositionnels de Raphaël, où chaque figure et chaque groupe est traité comme une interaction mélodieuse [ill. 15]. Quelle que soit la tâche confiée à un grand artiste, il cherchera à l'accorder à son sens du rythme et de l'ordre, qu'il fasse les plans d'un édifice (comme Raphaël sur cette même page), ou qu'il crée une image comme la *Vierge à la Chaise* [ill. 16], dont on voit l'idée émerger peu à peu. Ayant consacré moi-même un essai à l'analyse de ce chef-d'œuvre [56] de composition, je ne saurais m'étonner que les critiques au cours des siècles se soient concentrés sur les dispositifs de son organisation spatiale et sur la

les tons de votre encre. Mêlez pousses nouvelles et anciennes. Les pétales seront clairs; sombres l'étamine et le calice. Que la main, prompte comme l'éclair, ne tarde jamais ni n'hésite." » (p. 129) La citation est tirée de M.-m. Sze, *The Tao of Painting : A Study of the Ritual Disposition of Chinese Painting, with a Translation of the Chieh Tsû Yüan Hua Chuan (Mustard Seed Garden Manual of Painting)* 1679-1701, 2 vol., New York, Bollingen Series XLIX, 1956. [NDT]

■ 56. E. Gombrich, *Raphael's Madonna della Sedia*, Charlton Lectures on Art, volume 37, Oxford University Press, 1956, repris in *Norm and Form. Studies in the Art of the Renaissance*, New York-London, Phaidon Press, 1966. [NDA]

convergence des traditions symboliques dans cette interprétation si classique d'un thème ancien. Comparés à ces sommets de l'art, le travail de l'humble tisserand qui a dessiné le motif du châle que porte la Vierge, ou celui du tourneur qui a façonné le montant de son trône, peuvent en effet sembler de bien peu de valeur. Mais quiconque a vu le tableau tel qu'il est actuellement exposé, dans la salle de Saturne du Palais Pitti, n'a pas pu oublier pour autant le désir permanent qu'ont les hommes de faire la démonstration de leur habileté en créant des motifs décoratifs [57]. Nous devrions autoriser nos yeux, une fois de temps en temps, à se détacher du tableau pour se poser sur son cadre et s'interroger sur sa fonction.

Voilà, en quelques mots, ce que je me propose de faire dans les chapitres suivants. Mais il me faut maintenant également préparer le lecteur au sacrifice qu'implique toute discussion qui se situe à un certain niveau de généralité. Les exemples particuliers auront tendance à être submergés par la marée de l'argumentation. Cela me fournit une excuse pour ne pas m'être arrêté à des recherches historiques sur ce cadre particulier, qui n'est pas, bien entendu, contemporain du tableau de Raphaël. Il doit dater de 1700 environ, c'est-à-dire de l'époque où le tableau a été exposé pour la première fois au Palais Pitti [58].

Mais quelle que soit la date exacte, ainsi que le nom de ceux qui l'ont dessiné et sculpté, il faut admettre qu'à première vue, il semble extraordinairement vain de consacrer une telle débauche de savoir-faire et de travail à la sculpture et à la dorure de ces festons de feuilles de laurier et de baies, tendus entre de fictifs crochets courbes, extraordinairement élaborés eux-mêmes, qui les fixent à des coquilles. Sans compter, aux quatre coins, les masques encadrés par des tresses nouées sous les mentons, et dont les coiffes fleuries se fondent dans des volutes tourbillonnantes, qui forment les palmettes qui servent de cadre aux deux cartouches dans l'axe central ; et enfin, le cercle de (trente-et-une) feuilles d'acanthe ondées, qui ont dû être soigneusement mesurées pour en occuper exactement la circonférence.

À ce stade, le lecteur du XXᵉ siècle est vraisemblablement sur le point de demander si un objet décoratif aussi monstrueux mérite la moindre attention. Ne serait-il pas plus charitable de l'ignorer – ou, mieux encore, d'implorer le directeur du Palais Pitti de débarrasser le tableau de cette vulgarité ostentatoire et de le montrer nu, de préférence sans aucun cadre, comme sont maintenant exposées les œuvres à la Galerie nationale de Gênes ?

J'irais presque jusqu'à espérer une telle réaction si elle pouvait contribuer à impliquer dès le départ le lecteur dans le problème. En tout cas, j'ai pensé qu'il fallait consacrer la première section de ce livre (chapitres I et II) à la critique de l'ornement et au débat sur la décoration qui a culminé avec la

■ 57. La salle de Saturne est très richement décorée, notamment de fresques de Pierre de Cortone. De plus, la Galerie Palatine a conservé le mode d'exposition des collections des palais : les murs sont entièrement tapissés de tableaux. [NDT]

■ 58. Le cadre apparaît sur le tableau de Zoffany, *La Tribune des Offices*, comme on le voit dans J. P. Hennessy, *Raphael*, New York University Press, 1970. Comme son style exclut qu'il puisse dater de la dernière partie du XVIIIᵉ siècle, le plus probable est qu'il ait été fabriqué à l'époque où les collections grand-ducales ont été exposées au public pour la première fois. [NDA] Le tableau de Zoffany date des années 1770. La fondation de la galerie du Palais Pitti est datée de 1640 environ. Avant de devenir un musée à proprement parler, elle admettait déjà les visiteurs. [NDT]

quasi-identification de l'ornement au crime chez l'architecte autrichien Adolf Loos [59], à l'aube de l'ère fonctionnaliste.

Je suis suffisamment âgé pour regarder cette période s'achever avec regret, mais une foule d'indices montrent qu'aujourd'hui la décoration n'est plus taboue. Nous pouvons de nouveau demander ce qui pousse l'artisan à créer des ordres complexes et quelles méthodes il peut utiliser (chapitre III), et réciproquement, comment ces structures intriquées sont destinées à être perçues (chapitre IV). Puisque nous ne sommes pas censés examiner le cadre d'un tableau morceau par morceau, quelle est, si elle existe, la fin qu'il doit servir ? Comment l'esprit appréhende-t-il la profusion ordonnée et que pouvons-nous dire de ses effets et de leurs causes psychologiques ? (chapitre V) Comment des éléments comme les masques aux quatre coins du cadre, ou les feuilles qui entourent l'ouverture circulaire, entrent-ils dans des systèmes de décoration ? (chapitre VI) Le chapitre VII examine un des composants en particulier de cet ensemble, la feuille d'acanthe [60], pour exemplifier l'histoire des motifs décoratifs, qui peut être comparée à l'histoire des mots dans le langage. La comparaison pose également la question du style dans l'ornement, sujet du chapitre VIII, après laquelle la question de la signification, qui a pris une telle ampleur dans certaines études iconologiques récentes, doit être abordée (chapitre IX) [61]. Les fioritures et grotesques apparemment dépourvus de sens que nous voyons proliférer sur le cadre amènent à poser la question de l'origine et de la fonction de ces traditions (chapitre X). Un épilogue sur les motifs à travers l'histoire examine brièvement les analogies et métaphores qui relient les arts spatiaux du dessin et les arts du temps, essentiellement la musique, auxquels l'art cinétique du XXe siècle a lancé un intéressant défi. Je voudrais souligner, et ce n'est pas une simple formule décorative et conventionnelle, que le dessein de ces chapitres est simplement de formuler des problèmes. Il en viendra bien d'autres à l'esprit du lecteur quand il tournera les pages de ce livre et regardera, après le cadre de la *Vierge à la chaise*, ses autres illustrations. Mon ambition a été d'ouvrir des questions, et non de les clore.

Translated from *The Sense of Order* by E.H. Gombrich, published by Phaidon Press Limited © 1979 E.H. Gombrich

Traduit de l'anglais par Laure Bordonaba.

Nos plus vifs remerciements à Leonie Gombrich, sans qui cette traduction n'aurait pu voir le jour.

59. Allusion à A. Loos, *Ornement et crime* (1908), trad. fr. S. Cornille et P. Ivernel, Paris, Payot-Rivages, 2003. [NDT]

60. Il s'agit du motif dont A. Riegl retrace l'histoire in *Stilfragen* (*Questions de style. Fondements d'une histoire de l'ornementation*, trad. fr. H.-Al. Baatsch et F. Rolland, Paris, Hazan, 1992), ouvrage de 1893 auquel Gombrich a consacré un de ses travaux d'étudiant et qui a particulièrement marqué sa formation. [NDT]

61. Cette allusion à l'iconologie vise davantage Panofsky que Warburg : voir notre introduction. [NDT]

SITUATIONS

WILLIAM MORRIS : POLITIQUE DE L'ORNEMENT

Laure Bordonaba

Figure du mouvement *Arts and Crafts* et militant socialiste, William Morris (1834-1896) n'a jamais séparé ces deux versants de son existence : quand la pratique artisanale et artistique participe d'une défense du travail contre sa dénaturation moderne, l'engagement politique vise à produire les conditions d'une vie digne qui ne peut se concevoir sans beauté. En introduction à la traduction de deux conférences de Morris inédites en français, nous revenons ici sur le rôle central que joue la notion d'ornement dans sa réflexion, puisqu'elle se trouve justement à la croisée de ses conceptions esthétiques et politiques.

Parce qu'il est ajout, surcroît, l'ornement est traditionnellement la cible de critiques tant morales ou politiques qu'esthétiques. Par définition superflu, il symbolise le luxe, l'expression de fortunes démesurées qui, ne sachant que faire d'elles-mêmes, se convertissent en signe exultant de leur propre excès. L'ornement est un excès qui manifeste d'autres excès. Dès lors, non seulement il ne porte en lui aucune limite, mais il résiste à toute limitation. Il a besoin de remplir pour mieux dissimuler sa propre vacuité, et tend donc à submerger tout ce qu'il devrait seulement orner, c'est-à-dire souligner ou augmenter, sans prétendre le compléter. Ainsi, la logique luxueuse et proliférace de l'ornement entre en contradiction directe avec sa définition fonctionnelle comme *parergon*. En effet, entendu comme ce qui est autour ou à côté de l'œuvre véritable, distinctement séparé ou au moins séparable, l'ornement est nécessairement le fruit d'un art non seulement second, mais secondaire, « mineur » car « appliqué » à d'autres arts plus fondamentaux, auxquels il devrait donc se subordonner. L'ornement serait par conséquent écartelé entre l'humilité que sa vocation subalterne devrait en principe lui imposer, et sa propension à pulluler, qui le porte à ensevelir ce qui pourtant le précède et le dépasse.

L'intérêt de la réflexion déployée par William Morris, qui fait de l'ornement une des catégories centrales de son esthétique, est notamment de déjouer ce cadre problématique, en substituant des continuités aux oppositions et hiérarchies qui le structurent, qu'il s'agisse de la distinction entre beaux-arts et arts appliqués, entre leurs œuvres respectives (*ergon* et *parergon*), entre leurs créateurs (artiste et artisan), ou encore entre leurs effets (plaisir désintéressé et agrément). Non que Morris se fasse l'avocat du luxe et de l'ostentation, dont il reprend avec virulence la dénonciation, car il les considère effectivement comme creux et sans limite, à l'image de la domination qui les nourrit. Mais il refuse de choisir parmi les deux voies qu'ouvre habituellement cette critique, à savoir la défense d'une vie ascétique, ou bien, au contraire, d'une vie sublimée par le seul grand art, élevé au rang de valeur spirituelle et transcendante. En dépit de leurs différences, en effet, ces deux genres de vie ont en réalité en commun de jeter l'opprobre sur le plaisir et donc, aux yeux de Morris, au rebours de leurs prétentions, de séparer elles aussi l'homme de lui-même.

Pour Morris, si le monde est bel et bien plein « de tonnes d'innombrables ordures »[1] qui usurpent le nom d'ornement, l'ornement véritable a sa mesure propre, et ne doit pas être ravalé avec mépris aux marges de l'art. Morris procède donc à une redéfinition de la notion d'ornement, qui tend, contre un certain usage, à l'élargir considérablement, mais qui requiert également de le distinguer normativement de ses faux-semblants. C'est pourquoi cette redéfinition s'imbrique dans l'ensemble de son discours critique, dont elle ne peut être séparée.

Plus qu'à un ensemble circonscrit d'objets ou un répertoire de motifs, l'ornement renvoie d'abord chez Morris à une fonction, à la fois ancestrale et naturelle, celle d'embellir, dont il lit la manifestation dans le geste universel qui consiste à décorer les objets utilitaires les plus simples et les plus quotidiens : outils, vêtements, ustensiles[2]. La beauté, saisie à sa source, dans son premier surgissement, n'est donc ni le domaine réservé des « beaux-arts », ni le rare privilège de ceux qui peuvent se l'offrir. Elle répond à un besoin humain, au même titre que la santé, à laquelle d'ailleurs elle contribue. Morris n'hésite ainsi pas à comparer le plaisir tiré de l'ornement à celui qu'il y a, naturellement, à manger quand on a faim[3]. Ainsi, si l'ornement crée et dispense de la beauté, il procure à la vie humaine des plaisirs qui, pour être hauts, n'en sont pas moins indispensables : il a une utilité, puisque sans lui, la vie réduite à la survie serait littéralement invivable. L'argumentation de Morris adopte ici constamment et explicitement une structure utilitariste : pour des raisons négatives, car la gratuité signifie davantage le péril de la vanité que la réalisation de la liberté ; de manière positive également, car la valeur se mesure à l'aune de la contribution à la vie. Par conséquent, la critique de la richesse et de son absurde accumulation n'est pas éloge de la pauvreté, du dépouillement ou de la nudité, mais plutôt d'un accomplissement prospère, de l'épanouissement et du bien-être (*wealth*)[4].

■ 1. W. Morris, « Les arts mineurs » (1877), dans *Comment nous vivons, comment nous pourrions vivre*, trad. fr. F. Guévremont, Paris, Rivages, 2013, p. 134.
■ 2. Voir par exemple W. Morris, « De l'origine des arts décoratifs » (1886), dans *La civilisation et le travail*, trad. fr. D. Bellec, Paris, Le Passager clandestin, 2013.
■ 3. W. Morris, « Les arts appliqués aujourd'hui » (1889), dans *L'âge de l'ersatz et autres textes contre la civilisation moderne*, trad. fr. O. Barancy, Paris, L'Encyclopédie des nuisances, 1996, p. 86.
■ 4. Nous rendons ainsi la distinction que fait Morris entre *riches* (richesse du puissant) et *wealth* (prospérité, bien-être), et qui sert de fil directeur à sa conférence intitulée « Art, Wealth, and Riches » (1883), reprise *in* W. Morris, *Architecture, Industry and Wealth*, London, Longmans Press, 1902.

Plus encore, si l'ornement est ce qui embellit, alors tout art, qu'il relève des beaux-arts ou des arts dits décoratifs, est en réalité, en tant que créateur de beauté, d'essence ornementale [5]. Cette thèse ne vise cependant pas à dissoudre totalement la distinction entre arts « majeurs » [higher] et « mineurs » [lesser]. En effet, les arts les plus hauts enrichissent et complexifient la recherche ornementale d'autres préoccupations. Et beaucoup d'œuvres, souligne Morris lui-même, parmi les chefs-d'œuvre de l'histoire de l'art, ont une beauté si tourmentée, qui fait si puissamment appel à des émotions violentes et parfois douloureuses, que leur spectacle permanent et quotidien serait difficile à supporter [6]. En leur compagnie, la vie serait perpétuellement inquiète, incapable de repos et de concentration, ou bien se durcirait tant pour se soustraire à leur effet, qu'elle les galvauderait, les empêcherait d'être les œuvres qu'elles sont. Quoique belles, et donc, en un sens large, ornementales, elles ne peuvent décorer un lieu de vie, c'est-à-dire être des ornements acceptables en un sens plus étroit. La spécificité des arts décoratifs demeure donc, qui correspond à cet usage étroit de l'ornement comme élément constitutif d'un cadre de vie. Mais, des arts décoratifs aux beaux-arts, la différence est, d'une part, de degré et non de nature. D'autre part, cette différence ne coïncide pas avec une hiérarchie qualitative fixée : art mineur ne veut pas dire mauvais art, et de même qu'il peut y avoir une excellence décorative, qui allie la beauté à la suggestivité, sans laquelle l'ornement n'échappe pas à la futilité, il peut y avoir une médiocrité ou une bassesse picturales.

Il n'en reste pas moins que l'apparente évidence de la distinction entre ce qui orne et ce qui est orné est ainsi remise en cause : si un cadre orne un tableau, le tableau lui-même – quand bien même il serait placé en un lieu réservé ou secret, de manière à empêcher qu'on le voie constamment – orne un édifice, qui lui-même orne la ville ou le village, qui orne à son tour un certain site naturel, dont les éléments, reliefs, sables et pierres, lumières, animaux et végétaux, peuvent encore être regardés comme ornements de l'espace. Cela signifie d'abord qu'aucune œuvre ne peut être tout à fait close sur elle-même ou prétendre à une parfaite autonomie : définir l'art comme décoratif, c'est insister sur son articulation à un environnement, que celui-ci soit quotidien ou exceptionnel. C'est pourquoi Morris regarde les musées comme des « lieux mélancoliques » [7], instruments certes nécessaires de l'éducation, mais artificiels, où l'abstraction de la présentation des œuvres est la trace d'un arrachement à un contexte et à la vie. Arrachement qui occulte la violence qui parfois l'a rendu possible, quand les objets exposés sont les trophées de conquêtes passées, et qui est en général et par définition appauvrissant.

C'est pourquoi également, l'engagement de Morris en faveur de l'artisanat est très tôt lié à la lutte pour la préservation du patrimoine architectural, monumental et vernaculaire (il est membre fondateur de la *Society for the Preservation of Ancient Buildings* créée en 1877 [8]), à la fois contre l'inculture

---

■ 5. En un sens et avec un but un peu différents, cette thèse a d'abord été formulée par John Ruskin dans *Les deux chemins* (1859), trad. fr. F. Campbell, Dijon, Les presses du réel, 2011.
■ 6. Voir W. Morris, « Some Hints on Pattern-Designing » (1881), London, Chiswick Press pour Longmans & Co., 1899.
■ 7. W. Morris, « Les arts mineurs », conf. cit., p. 123.
■ 8. Morris est l'auteur du « Manifeste de la Société pour la Protection des Monuments Anciens » (1877), traduit dans *L'âge de l'ersatz, op. cit.*, p. 21 *sq.*

sans vergogne de ceux qui détruisent en s'imaginant « restaurer », et contre l'avidité des promoteurs qui, dans une chasse effrénée au mètre carré, abattent arbres et vieilles maisons, pour couvrir Londres de briques et de mortier[9]. Ainsi, sa conception ornementale de l'art implique que l'architecture soit à ses yeux « la mère de tous les arts et [...] qui les contient tous »[10]. Non seulement parce que l'architecture est en principe l'art le plus essentiellement attentif à l'articulation des œuvres à leurs sites, mais aussi parce qu'elle est amenée à travailler simultanément au sein de chaque œuvre à différentes échelles, dont elle doit penser l'enchâssement harmonieux : l'architecte devrait se soucier de la charpente comme de la forme de chaque poignée de porte. C'est pourquoi l'expression d'« art architectural » a souvent sous la plume de Morris un sens qui excède largement celui de l'art de bâtir et devient exactement synonyme, dans nombre de textes, d'« art décoratif » ou « ornemental ».

Enfin, et pour les mêmes raisons, Morris dénonce également sans relâche les dommages irréparables que l'industrie et les « philistins du rail » font subir aux campagnes, dévastant « les landes brunes et les prairies, les ruisseaux clairs et le ciel ensoleillé »[11], plongeant « des régions entières [...] sous des nuages de vapeurs sulfureuses ; [transformant] de jolies rivières en égouts infects »[12].

Par conséquent, si morale de l'ornement il y a, elle s'enracine dans la nécessaire prise de conscience de la beauté de ce qui, naturel ou artificiel, existe déjà. Elle en tire comme première obligation de ne pas défigurer cette beauté, mais de « s'accorder » à elle, de « l'assister »[13]. D'ailleurs, une forme de naturalité peut être retrouvée au sein de l'artifice : si c'est dans cet esprit d'accord que les objets sont ornés, alors « le tissu, le vase, le couteau, semblent aussi *naturels*, voire aussi jolis que les champs verts, que les bords d'une rivière, que les cristaux du quartz. »[14] De la même manière, quand il s'adresse par exemple aux étudiants la Birmingham Art School lors d'un discours de remise des prix, Morris leur rappelle que la chance qu'ils ont de devenir artistes, de pouvoir se consacrer à un travail qui n'est pas une simple profession, va de pair avec la responsabilité de ne pas gâcher la feuille de papier ou le panneau de bois qu'ils ont entre les mains et qui sont déjà en eux-mêmes de belles choses[15]. Loin d'être un sujet de préoccupation futile, l'ornement doit donc être pris au sérieux : il constitue bien un ajout à quelque chose qu'il doit rehausser, et qu'il est par conséquent également susceptible d'abîmer, de mutiler ou de détruire. Or, en dernière instance, ce quelque chose n'est autre que la vie elle-même : les ornements sont, d'une manière générale, pour reprendre l'expression que Morris emploie parfois,

---

9. Voir par exemple W. Morris, « Art, Wealth, and Riches », conf. cit.

10. W. Morris, « Les arts appliqués aujourd'hui », conf. cit., p. 96.

11. W. Morris, « Art, Wealth, and Riches », conf. cit., resp. p. 103 et 99. Nous traduisons. Voir également, par exemple, « Art and the Beauty of the Earth » (1884), London, Longmans Press, 1898, ou « L'art en ploutocratie » (1883), dans *Contre l'art d'élite*, trad. fr. J.-P. Richard, Paris, Hermann, 1985.

12. W. Morris, « Comment nous vivons, comment nous pourrions vivre » (1877), dans *Comment nous vivons, comment nous pourrions vivre, op. cit.*, p. 51.

13. W. Morris, « Les arts mineurs », conf. cit., p. 104.

14. *Ibid.* Nous soulignons.

15. W. Morris, *An Address Delivered at the Distribution of Prizes to Students of the Birmingham Municipal School of Art (21 février 1894)*, London, Longmans & Co., 1898.

« les ornements de la vie », puisque l'objet orné est finalement destiné à prendre place dans l'espace qui sert de cadre à la vie – même si, comme nous l'avons vu, les positions possibles dans ce cadre sont diverses, plus ou moins exposées. La seconde obligation de l'ornement serait alors de servir la vie, de lui être utile, c'est-à-dire, pour reprendre la définition antique de la morale que Morris fait souvent sienne, de contribuer à la vie bonne.

Ainsi, cultiver l'ornement, ce n'est pas prodiguer aux nantis de vains raffinements, ni en procurer le simulacre à une masse qui en oublierait sa servitude, mais c'est au contraire refuser d'abandonner la culture à l'argent, l'art à la ploutocratie [16], refuser de livrer les hommes, corps et âmes, aux calculs étriqués d'un utilitarisme de surface, qui a perdu le sens de ce qu'il devrait servir. Par conséquent, la dimension morale de l'esthétique de Morris est indissolublement liée à sa dimension politique.

Morris a présenté lui-même son cheminement vers le socialisme comme le fruit de son attachement premier aux arts [17]. D'abord, parce que le souci de la beauté s'articule nécessairement à la révolte contre ce qui la détruit, en l'occurrence le capitalisme industriel qui préside à « l'âge de l'ersatz » [18]. En effet, Morris définit constamment la beauté des objets, leur qualité ornementale, comme la manifestation sensible du plaisir que leur créateur a pris à travailler, c'est-à-dire, littéralement, à œuvrer – faire œuvre. En ce sens, et cela vient nuancer sa définition première comme ajout, il y a bien une organicité de l'ornement, mais elle provient de son adhérence à l'engagement de l'artisan dans son travail, à l'espoir et la fierté que lui donne sa prise sur le monde. L'ornementalité est la qualité que l'intelligence technique laisse, parfois malgré elle, dans son sillage, quand elle s'applique à la matière. C'est pourquoi Morris regarde les objets artisanaux les plus modestes, les plus simples et les plus dépourvus de tout décor, comme d'authentiques ornements : « le bateau de pêche oscillant sur les flots, la charrue traçant le sillon qui portera la prochaine récolte, [...] les copeaux s'amoncelant sous l'action du rabot » [19]. Qui plus est, même ajouté intentionnellement à l'objet, l'ornement véritable finalement en émane, car il couronne et célèbre le travail, bien plus qu'il ne cherche à effacer ou faire oublier l'ennui du labeur [20]. Ainsi, derrière « ces entrelacs d'une beauté mystérieuse, [...] ces créatures étranges, et ces oiseaux et ces fleurs » qui ornent les objets quotidiens du passé, on peut facilement deviner le « sourire de plaisir aux lèvres » de celui qui les a tracés. [21] Cette célébration des objets les plus humbles est caractéristique de l'intérêt de Morris pour les réussites esthétiques véritables, quoique sans

▓ 16. W. Morris, « L'art en ploutocratie », conf. cit.
▓ 17. W. Morris, « Comment je suis devenu socialiste » (1894), dans *Contre l'art d'élite, op. cit.* D'abord membre de la *Democratic federation*, Morris participe (aux côtés, notamment, d'Eleanor Marx) à la scission qui donne naissance en 1884 à la *Socialist League*. La ligue s'enlise dans les dissensions internes, et à partir de 1890, il prend son indépendance avec la petite *Hammersmith Socialist Society*.
▓ 18. Titre d'une conférence de 1894. Nous reprenons, en dépit de son anachronisme volontaire, la traduction de *makeshift* (succédané, expédient, substitut de fortune…) par O. Barancy dans *L'âge de l'ersatz, op. cit.*
▓ 19. W. Morris, « Les arts appliqués aujourd'hui », conf. cit., p. 85.
▓ 20. Voir W. Morris, « De l'origine des arts décoratifs », conf. cit.
▓ 21. W. Morris, « L'art du peuple » (1884), dans *Comment nous vivons, comment nous pourrions vivre, op. cit.*, p. 83.

éclat, de l'artisanat traditionnel, et de sa conception d'un art populaire, fait pour le peuple, et par le peuple lui-même. Il ne s'agit pas de mettre en doute la valeur ni l'existence de l'exceptionnalité géniale, mais de faire en sorte qu'elle ne masque pas les possibilités artistiques d'hommes ordinaires, même médiocrement doués, pour peu qu'ils ne soient pas coupés de toute tradition, c'est-à-dire du lien qui relie les générations et tisse la société. D'autant plus que le fait de réserver la beauté au chef-d'œuvre, rare par définition, aurait pour effet d'en priver nécessairement la majorité. Un art populaire est un art accessible à tous, non seulement esthétiquement, mais matériellement, un art que beaucoup doivent donc être à même de pratiquer [22]. L'ornement apparaît ici encore comme « mineur », cette fois au sens où il est relativement facile à produire, mais sans que cette minorité soit infamante, bien au contraire, puisqu'elle est la condition de son large partage.

Dans une sorte de relation en miroir, la beauté comme manifestation d'un plaisir pris dans la fabrication devient également source de plaisir pour celui qui la rencontre, le sourire deviné du travailleur fait mimétiquement sourire à son tour celui qui le devine. La fonction essentielle de l'ornement, dit Morris dans « Les arts mineurs », est « de réveiller nos sens endormis » [23], autre manière de dire son utilité vitale, quand, par opposition, la laideur les dérègle ou les anesthésie. Cela suppose une conjonction plus étroite encore entre la création et la réception : s'il n'y a de beauté perceptible qu'à condition que l'œuvre soit œuvre et non objet servile, il n'y a de spectateur pour cette œuvre que formé lui-même à la beauté par son propre travail. Cette conviction repose sur l'analyse critique, d'inspiration marxiste [24], des transformations du travail dans la modernité industrielle, que Morris a inlassablement menée et répétée dans ses conférences. Il montre négativement comment la destruction du travail, c'est-à-dire la disparition stérilisante de l'artisanat, détruit en même temps le public qui pourrait l'apprécier. D'abord, la mécanisation et le morcellement de la production privent l'ouvrier du sens de ce qu'il fait, l'empêchent d'engager dans sa tâche, devenue besogne, « peine perdue » [25], sa main comme son esprit. Dès lors, il ne produit que des simulacres d'œuvres, des biens de consommation dont le fini industriel, comme le soulignait déjà Ruskin, est aussi apparemment parfait que véritablement inhumain. À ce titre, les seules réussites que Morris reconnaît à la production industrielle moderne, c'est-à-dire les seuls produits qui soient réellement ce qu'ils disent et doivent être, parce qu'ils sont « élaborés avec soin, prévoyance et succès » [26], sont justement les machines de l'usine, et les engins de guerre. Surtout, cet engourdissement de tout son être atteint chez l'ouvrier sa faculté de prendre plaisir à la beauté, et fait de lui le premier consommateur de la camelote que

■ 22. Voir par exemple W. Morris, « Some Hints on Pattern-Designing », conf. cit.
■ 23. W. Morris, « Les arts mineurs », conf. cit., p. 104.
■ 24. Sur la lecture de Marx par Morris, voir son propre témoignage dans « Comment je suis devenu socialiste », art. cit., ainsi que, par exemple : A. K. Bacon, « Morris's View of the History of Industrialism », *Journal of the William Morris Society*, 5/1, été 1982 ; et A. Jappe, « William Morris et la critique du travail », présentation de W. Morris, *La civilisation et le travail, op. cit.*
■ 25. Pour reprendre la traduction de « *useless toil* » proposée par J.-P. Richard pour W. Morris, « Travail utile ou peine perdue ? » (1883), dans *Contre l'art d'élite, op. cit.*
■ 26. W. Morris, « L'âge de l'ersatz », conf. cit., p. 129.

fabrique son usine, des « marchandises d'esclaves [*slave-wares*], faites par et pour des esclaves » [27]. On retrouve ici, dans le simulacre d'ornement, la même identité entre producteur et public que dans le modèle vertueux de l'art populaire qu'il pervertit. Le faux art industriellement produit n'est que faussement populaire : il n'est pas fabriqué par le peuple mais par des machines, il ne s'adresse pas au peuple mais somme et excite des consommateurs asservis.

La valorisation de l'ornement va donc de pair, non seulement avec la requalification de sa minorité, mais aussi avec la distinction entre « véritable ornement », fruit d'un libre artisanat, et ornement factice, mécanique et sans âme, « inepte gribouillis » [28], qui demeure totalement étranger à l'objet auquel il est appliqué justement parce qu'il lui est appliqué de l'extérieur, par un calcul commercial qui y voit le moyen de parer sa marchandise frelatée des signes du prestige.

Deux objections au moins sont envisageables. La première consiste à remarquer que quel que soit l'asservissement des exécutants, la liberté de création est toujours entière chez celui qui conçoit et dessine des objets manufacturés. À cela, Morris répond, d'une part, que cette liberté est toute relative puisqu'elle s'inscrit dans le cadre d'un marché concurrentiel qui a d'abord besoin de trouver des débouchés commerciaux. De manière plus originale, il ajoute que le concepteur est lui aussi dépossédé de son art en perdant le contact avec la matière, que l'intellectualisation de son travail en est également une amputation. Ce que le mode de production moderne détruit, c'est la possibilité d'une « co-opération » entre travailleurs : coopérer, c'est œuvrer ensemble, participer à égalité, sans rapports de domination ou d'instrumentalisation, à l'élaboration d'une œuvre commune. D'une manière générale, le capitalisme sépare, divise, dresse les hommes les uns contre les autres. Sa valorisation de la compétition comme émulation et source de progrès est le masque de sa violence, à l'égard de la main-d'œuvre qu'il exploite, comme des peuples qu'il conquiert et dont il anéantit, en quelques années, les traditions artisanales millénaires. Morris note ainsi ironiquement que l'Angleterre n'est demeurée pacifique que tant qu'elle dominait le marché mondial [29]. Mais, si « la guerre [est] l'âme des profiteurs », inversement, « l'association est la vie des travailleurs » [30]. Cette vision du travail, dont la nature doit dicter les modalités matérielles et ce que l'on appelle ses « conditions », se traduit, sur le plan économique, par l'organisation de la manufacture en coopérative, forme dont Morris s'est inspiré dans sa propre entreprise, Morris & Co., qui partageait les bénéfices et offrait à ses ouvriers un cadre que les témoignages décrivent comme idyllique [31]. Enfin, si la coopération dans la fabrication est essentielle, elle l'est également dans l'économie générale de

▧ 27. W. Morris, « Art, Wealth, and Riches » conf. cit., p. 101. Nous traduisons.
▧ 28. W. Morris, « Les arts appliqués aujourd'hui », conf. cit., p. 99.
▧ 29. W. Morris, « Comment nous vivons, comment nous pourrions vivre », conf cit., p. 24.
▧ 30. *Ibid.* p. 34.
▧ 31. Voir l'introduction de P. Henderson (ed.), *Letters of William Morris to his family and friends*, London, Longmans, 1950, citée par O. Barancy dans son introduction à *L'âge de l'ersatz, op. cit.*, p. 13.

la société, où producteur et consommateur doivent pouvoir se comprendre, s'identifier l'un à l'autre.

Pour Morris, l'art est donc socialiste par essence. Il appelle et renforce une organisation socialiste du travail et de la société dans son ensemble. C'est d'ailleurs pourquoi, parallèlement à sa propre œuvre littéraire et artistique, Morris s'est engagé dans les rangs socialistes, et a également mené une activité intense de conférencier, parcourant l'Angleterre pour présenter à des publics divers et plus ou moins avertis, ses analyses esthétiques et politiques. « Tous les grands écrivains victoriens ont été des prédicateurs », dit Jean Gattégno dans sa préface au recueil *Contre l'art d'élite*, et Morris ne fait pas exception, dont les conférences sont effectivement des sortes de « sermons » [32]. Sa particularité, souligne Jean-Pierre Richard, qui l'a traduit, est d'avoir cultivé un style franc et simple, à la « facture largement teutonne, sans les nuances ni les abstractions qu'autorise l'élément latin de l'anglais » [33]. En effet, à la fois vives et amples, d'une honnêteté sans mystères ni replis, les conférences de Morris tirent leur force d'entraînement du sentiment d'entièreté qui en émane et du désir de convaincre, c'est-à-dire de partager, qu'elles expriment.

La seconde objection insisterait sur le fait que le « grand » art, quoique destiné, certes, à une élite, reste inaccessible à l'industrie et échappe à ces bouleversements de la production. En un sens, Morris l'admet, puisqu'il reconnaît l'existence de grands artistes parmi ses contemporains – à commencer par son ami le peintre préraphaélite Burne-Jones. Il souligne toutefois leur rareté, et surtout la rareté de leur public. Alors, le risque est ici que l'artiste authentique, quand bien même il aurait lui-même résisté à l'arasement général, et à la tentation de devenir le luxueux jouet d'une clientèle blasée, soit forcé de se replier sur une œuvre purement individuelle. Moqué ou simplement ignoré par le reste de la société, il est condamné à s'enfermer dans une tour d'ivoire, entérinant le divorce de l'art et de l'artisanat, qui coupe l'art, tant de ses racines que de sa vocation sociale essentielle.

Morris le dit nettement : « on ne saurait distinguer, à mon avis, l'art de la morale [et] de la politique » [34]. L'ornement ne peut donc être pensé de manière « purement » esthétique, car cette pureté, même si elle est de méthode, postule la séparation trompeuse de l'art et du travail, de l'objet et du processus de production qui, en lui donnant naissance, détermine sa nature. En ce sens, la pensée de Morris peut être qualifiée d'« écologique ». En particulier, comme nous l'avons vu, parce qu'il reconnaît une valeur à la nature qui implique la nécessité de la préserver. Mais de manière plus générale également, parce que toute sa réflexion est orientée négativement par la critique de la séparation dont le capitalisme est l'expression, et donc, positivement, par les idées d'environnement, de milieu, de lien ou de relation : entre les œuvres, ou entre les œuvres et leur contexte, qui doivent s'accorder, entre les individus qui fabriquent, qui doivent coopérer, entre les individus qui fabriquent et ceux qui regardent, qui doivent se comprendre, entre les hommes et entre

32. J. Gattégno, préface à *Contre l'art d'élite*, op. cit., p. XIV.
33. J.-P. Richard, « Les conférences de William Morris : échos et auditoires », postface à *Contre l'art d'élite*, op. cit., p. 175-176.
34. W. Morris, « L'art du peuple », conf. cit., p. 94.

les peuples, qui doivent être égaux, c'est-à-dire frères. Autrement dit, si la notion d'ornement est relationnelle, elle est l'écho, dans le domaine de la beauté, de ce qu'est la justice pour la société.

La corrélation de ces deux versants de la pensée de Morris apparaîtra à la lecture des deux conférences inédites en français dont nous proposons ici la traduction.

La première, « L'Art et ses producteurs » (1888), décrit les effets dévastateurs de la nouvelle organisation du travail sur la situation de l'art ornemental en cette deuxième moitié du XIXe siècle, et lie le destin de l'art à la révolution socialiste que Morris appelle de ses vœux.

La seconde, « Conférence sur la collection de peinture de l'école préraphaélite anglaise » (1891), est une analyse du préraphaélisme, qui permet à Morris de mettre en évidence la dimension essentiellement ornementale de l'art, y compris dans l'art jugé le plus noble, la peinture. Il est évident que la peinture préraphaélite se prête particulièrement bien à la thèse, puisqu'elle frappe d'abord par l'abondance d'ornements représentés, qui font du tableau lui-même un vaste agencement d'ornements, et donc, globalement, un ornement. Mais cet immense soin apporté au décor et aux accessoires dans la mise en scène des situations représentées, a également un rôle d'une autre nature. En effet, tapisseries, mobilier, tentures, étoffes, vaisselle... participent à la narration en constituant, non seulement la décoration, mais le décor, et donc l'atmosphère de la scène représentée. De surcroît, tous ces objets sont eux-mêmes ornés, de motifs, de scènes et de figures, représentés par le peintre au second degré, qui bien souvent commentent symboliquement la scène principale par un jeu d'échos analogiques, ou encore y introduisent la temporalité en figurant son passé ou en préfigurant son avenir [35]. Ainsi, la fonction ornementale s'articule à une autre fonction, symbolique et narrative, qui confère à la surface sa profondeur. L'affirmation de l'ornementalité de la peinture ne signifie donc pas sa réduction. Elle ne signifie pas non plus une neutralisation de la force critique de l'art, puisque Morris insiste au contraire sur la révolte anti-conventionnelle qui a présidé à la naissance de l'école préraphaélite. Or, c'est bien la revendication décorative qui a, paradoxalement peut-être pour des yeux contemporains, été un étendard de cette révolte. Notamment, le traitement préraphaélite de l'espace pictural, son refus de la profondeur perspective et de toutes les techniques qui permettent de la simuler, va de pair avec le rejet de l'affectation illusionniste associée à l'héritage de Raphaël. Et le tableau qui rend ainsi sensible ses deux dimensions, ce que l'on a appelé un siècle plus tard sa planéité en louant sa réflexivité, rappelle ou manifeste qu'il appartient au même espace que le mur auquel il est accroché. Autrement dit, cette planéité est celle d'un revêtement, destiné à orner.

Laure Bordonaba

35. Pour des exemples, voir notamment M. O'Neill, « Arts and Crafts Painting : The Political Agency of Things », *British Art Studies* 1, https://dx.doi.org/10.17658/issn. 2058-5462/issue-01/moneill.

L'ART ET SES PRODUCTEURS [1]

William Morris

J'ai peur que vous pensiez avoir déjà entendu mille fois ce que j'ai à vous dire; mais il me semble que le lancement d'une association pour la popularisation et la promotion des arts de la vie ne peut se passer d'une réflexion sur le thème que je vais aborder. Je commencerai par vous présenter mon sujet, et je développerai ensuite, afin que vous saisissiez d'emblée le sens de mon intervention; cette manière de faire nous permettra, je l'espère, à vous comme à moi, de gagner du temps.

On suppose généralement que c'est la nécessité de gagner sa vie qui pousse à travailler et, dans notre société moderne, c'est effectivement la seule motivation chez les ouvriers qui produisent des marchandises censées comporter une dimension artistique; mais alors, il est impossible que des hommes travaillant de cette manière produisent de véritables œuvres d'art. Il est donc souhaitable, soit que l'on abandonne toute prétention à l'art pour les marchandises ainsi fabriquées, et que l'art soit réservé à ce qui n'a d'autre fonction que d'exister en tant qu'œuvre d'art, comme les tableaux, les sculptures, etc.; soit que le travail ne soit pas seulement accompli par nécessité, mais aussi pour lui-même, pour le plaisir et l'intérêt qu'il recèle.

Tel est mon sujet, et je suis sûr que vous trouverez nécessaire de l'examiner très attentivement si vous voulez faire quelque chose pour l'art, et non vous payer de mots; car les temps modernes ont inventé tant de belles formules à toutes fins utiles qu'il n'y a plus besoin d'œuvres d'art pour en parler.

En d'autres termes, la question que je vous pose est triple. Premièrement, devons-nous prétendre que nous produisons de l'architecture et des arts architecturaux [2] si nous n'en produisons que l'apparence? Deuxièmement, devons-nous renoncer à ces arts – que nous désespérions de les voir réellement exister, ou que cela nous soit indifférent? Ou, troisièmement, devons-nous nous mettre à l'œuvre pour leur donner une réalité?

Le choix de la première possibilité montrerait que nous sommes trop inconscients, et trop pressés par la vie, pour nous soucier de savoir si nous sommes des imbéciles (et de très tragiques imbéciles) ou pas. L'adoption de la deuxième possibilité nous ferait passer pour des gens très honnêtes, déterminés à se libérer autant que possible de toute responsabilité, même au prix d'une vie terne et vide. Si nous adoptons sincèrement la troisième possibilité, nous accroîtrons de beaucoup les inquiétudes et responsabilités qui pèsent déjà

---

1. Conférence prononcée le 5 décembre 1888, lors du premier congrès annuel de la *National Association for the Advancement of Art and its Application to Industry* (NAAAI), à la Rotunda (théâtre de Liverpool). Elle a été reprise *in* W. Morris, *Art and Its Producers, and The Arts and Crafts of Today : Two Addresses Delivered Before the National Association for the Advancement of Art*, London, Longmans & Co., 1901; puis *in The Collected Works of William Morris*, vol. 22, London, Longmans Green & Co., 1914. [Toutes les notes sont de la traductrice.]

2. L'architecture est, pour Morris, la source, le couronnement et finalement le résumé de l'ensemble des arts visuels, décoratifs et appliqués (voir notre introduction) : l'expression d'« arts architecturaux » a dans l'ensemble du texte un sens métonymique, et n'est donc pas à prendre au pied de la lettre.

sur nos vies, au moins pour un temps, mais nous les rendrons également plus heureuses. Je suis donc favorable à l'adoption de cette troisième voie.

En fait, bien que je vous aie présenté la deuxième possibilité, par souci, je le crains, de maintenir des apparences d'équité logique, je ne pense pas que nous soyons libres de l'adopter consciemment à l'heure actuelle, même si, au bout du compte, nous pourrions être forcés de le faire. Aujourd'hui, je pense que seules deux voies nous sont ouvertes : accepter tranquillement le mensonge d'un art omniprésent, qui envahit en effet les affiches publicitaires, mais rien d'autre ; ou bien lutter pour un art qui imprègne véritablement nos vies et les rende plus heureuses. Mais puisque cela impliquera, si nous nous y appliquons sérieusement, une reconstruction de la société, voyons d'abord ce que sont réellement ces arts architecturaux, et s'ils méritent toute cette peine ; car, si ce n'est pas le cas, nous ferions mieux de ne rien changer, et de fermer les yeux sur le fait que cela nous impose de faire bêtement semblant de vouloir ce que nous ne voulons pas.

La véritable nature des arts architecturaux, donc, consiste à ajouter à tous les objets dont nous avons à nous servir une certaine part de beauté et d'intérêt propre, que l'utilisateur désire y voir et que le producteur désire produire. Jusqu'à une période relativement récente, la question de savoir si cette beauté et cet intérêt devaient faire partie de la marchandise ne se posait pas ; le fabricant incorporait la beauté dans sa fabrication, sans que cela soit nécessairement conscient de sa part, et sans que l'utilisateur l'ait expressément demandé ; et le semblant d'art dont j'ai parlé est simplement une survivance de cette réalité traditionnelle ; ce qui explique que vous ne puissiez vous en défaire en suivant la voie simple et logique que je vous ai présentée comme deuxième possibilité.

Mais l'intégrité et la sincérité de cet art architectural, auquel, c'est important, l'ouvrier se consacre non seulement parce qu'il le doit (car il ne sent pas la contrainte ici), mais parce que cela lui plaît – bien que souvent il n'ait pas conscience de son plaisir –, cet art architectural authentique dépend des marchandises dont il constitue un aspect, puisqu'il est produit par un savoir-faire, à destination de personnes qui comprennent ce savoir-faire. L'utilisateur, le consommateur, doit décider quelles marchandises il veut, et le fabricant doit être en accord avec ce choix. Le style des marchandises ne doit être imposé ni à l'utilisateur ni au fabricant ; ils doivent tous deux être du même avis et être susceptibles, dans des circonstances faciles à imaginer, d'échanger leurs rôles d'utilisateur et de fabricant. Le charpentier fabrique un jour un coffre pour l'orfèvre, le lendemain l'orfèvre fabrique une coupe pour le charpentier, et il y a de la sympathie dans leur travail... c'est-à-dire que le charpentier fabrique un coffre pour son ami orfèvre exactement comme il l'aurait fait pour lui-même s'il avait eu besoin d'un coffre ; la coupe de l'orfèvre est exactement celle qu'il aurait voulue pour lui-même s'il en avait eu besoin. Chacun a conscience quand il travaille de fabriquer quelque chose qui sera utilisé par un homme qui a des besoins similaires aux siens. Je vous demande de bien retenir cela, car je vais bientôt avoir à décrire des conditions de travail très différentes. En attendant, observez que cette question de l'art ornemental ou architectural n'est pas de savoir, comme peut-être la plupart des gens le pensent, s'il faut ou non plaquer une certaine dose d'ornements ou d'élégance sur un malheureux objet sans vie dont on se sert quotidiennement – une maison, une tasse, une cuiller, ou n'importe quoi d'autre. Le coffre et la coupe, la maison, ou quoi que ce soit, peuvent être aussi simples ou grossiers que vous voudrez, ou aussi dépourvus de ce qu'on appelle habituellement ornement ; mais s'ils sont fabriqués dans l'esprit que je vous ai décrit, ce seront immanquablement des œuvres d'art. Dans le travail ainsi accompli, chacun se met, et doit se mettre, à la place qui est celle de l'autre dans la vie : la connaissance des besoins humains et la conscience de l'humanité de la bienveillance, sans lesquelles le monde se déferait, font partie d'un tel travail. Des racines de l'art jaillit une paix, qui s'épanouit même au milieu de la guerre, des troubles et de la confusion.

Tel est l'art architectural dont je vous exhorte à penser qu'il mérite que vous vous battiez pour lui donner une pleine réalité. Je crois fermement que le combat en vaut la peine, si pénible soit-il. Il y a des choses qui n'ont pas de prix ; et je place à leur sommet la conscience de vivre comme un homme ; ce qui n'est pas possible sans les arts.

Voilà, dis-je, la théorie des conditions dans lesquelles l'art architectural authentique peut être produit ; mais cette théorie est fondée sur une vision du développement historique des arts industriels, elle n'est pas simplement construite en l'air. Je dois donc à présent rendre brièvement compte de ma position historique, bien que je l'aie déjà si souvent fait qu'elle doit être familière à beaucoup d'entre vous, sinon à la plupart. Depuis le début de l'histoire jusqu'à la fin du Moyen Âge, comme je l'ai dit, la question de savoir si une certaine forme d'art devait accompagner les marchandises destinées à durer un tant soit peu, ne se posait pas : le caractère artistique d'une marchandise ne la rendait pas plus chère, et n'augmentait pas consciemment le travail nécessaire à sa fabrication ; les marchandises étaient artistiques par nature, elles poussaient dans cette direction comme poussent les plantes ; durant toute cette longue période, elles ont été entièrement fabriquées par des artisans. Il est vrai que dans l'Antiquité, la majeure partie de la production de marchandises était due au travail des esclaves, et même si la condition des esclaves artisans était très différente de celle des esclaves qui travaillaient dans les champs, leur esclavage a pourtant nettement marqué les arts mineurs de l'époque, dans leur soumission sévère, ou littéralement servile, au travail supérieur accompli par les artistes. Lorsque l'esclavage disparut d'Europe avec le monde antique et que le Moyen Âge émergea du chaudron de Médée de la confusion qui s'ensuivit, dès que la formation des guildes offrit un point de ralliement aux ouvriers, libres et serfs, ces ouvriers, les fabricants de marchandises, accédèrent à la liberté dans leur travail, indépendamment de leur statut politique ; et les arts architecturaux fleurirent comme jamais dans l'histoire, et le monde eut comme un avant-goût de ce que pourrait être le plaisir de la vie dans une société d'égaux. C'est à cette époque que l'artisanat atteignit son apogée : l'objet déclaré des guildes d'artisans, tel qu'il ressort des preuves irréfutables que constituent leurs règlements, était de répartir le travail disponible équitablement, au sein d'une pure société d'artisans (nous avons transformé ce mot au point de lui donner maintenant un sens exactement opposé à son sens originel [3]), de manière à freiner les effets du capitalisme naissant et de la concurrence à l'intérieur de la guilde, tout en produisant des marchandises dont le seul test serait l'usage réel, les besoins réels d'un public de voisins, eux-mêmes engagés dans leur travail dans le même esprit. Cette façon de travailler, de produire pour l'usage et non pour le profit, porta ses fruits : il va de soi que les marchandises fabriquées par les membres des guildes des XIVe et XVe siècles ont pour l'essentiel péri ; même les plus durables d'entre elles, les bâtiments qu'ils ont édifiés, ont été détruits ou dégradés par l'ignorance et l'intolérance, la frivolité et le pédantisme des époques ultérieures ; mais ce qui nous en reste, le plus souvent par pur accident, suffit à nous apprendre qu'aucun raffinement, aucun des avantages procurés par une science qui a de nos jours soumis la nature, tant qu'ils demeurent extérieurs à la vie de l'ouvrier au travail, ne peuvent remplacer la liberté de la main et de la pensée dans le travail, ni l'intérêt pour la qualité du travail lui-même ; en outre, cela nous montre que le génie collectif d'un peuple travaillant en coopération libre mais harmonieuse est beaucoup plus puissant dans le domaine de l'art architectural que les efforts spasmodiques du plus grand génie individuel ; car l'expression de la vie et du plaisir par tout un peuple n'est pas forcée, elle est spontanée, directement reliée aux traditions du passé, et donc aussi infaillible que l'œuvre de la nature elle-même.

Mais cette société d'ouvriers, véritable couronnement médiéval du travail, était condamnée à ne pas durer. Sa propension à l'égalité a été si complètement détruite par le développement ultérieur du contexte politique dans lequel elle vivait, que son existence n'a guère été soupçonnée avant l'apparition, à notre époque, de l'école de la critique historique [4]. Ceux qui sont portés, parfois malgré eux, à prendre le temps d'imaginer ce qui aurait pu être, peuvent examiner les plus petites des causes qui semblent avoir conduit à ce changement, et spéculer sur ce qui se serait passé si la peste noire n'avait pas tué la moitié de la population du nord-ouest de l'Europe ; si Philippe van Artevelde et ses courageux Gantois avaient vaincu l'ost français à Roosebeke, comme leurs pères à Courtrai ; si les vigoureux paysans du Kent et de l'Essex, rassemblés sur « le beau champ de Mile End » [5], avaient eu suffisamment d'esprit pour ne pas se fier au jeune roi scélérat qui venait de faire assassiner leur chef en traître, et mener la Guerre des paysans à sa juste conclusion.

3. Le terme qu'emploie Morris, *handicraftsmen*, contient et associe les notions de main et de savoir-faire, que le travail ouvrier moderne ne sollicite plus.

4. Allusion au médiévalisme victorien, et notamment aux œuvres de Ruskin, parmi lesquelles le chapitre des *Pierres de Venise* (1851-1853), « La Nature du gothique » (réédité à part et préfacé par Morris en 1892 dans son imprimerie-maison d'édition, Kelmscott Press) tient une place toute particulière dans la formation intellectuelle de Morris. Ce dernier se réfère également volontiers à l'historien et économiste T. Rogers, auteur de *Histoire du travail et des salaires en Angleterre depuis la fin du XIIIe siècle* (1866).

5. Morris joue sur la célèbre expression du prologue de *Pierre le Laboureur* (1360-1387) de William Langland, « *a fair field full of folk* ». La suite du passage fait allusion à la Révolte des paysans de 1381 et à la ruse de Richard II, alors âgé de 14 ans, qui promit mensongèrement à Mile End l'abolition du servage pour mieux réprimer l'insurrection, et faire tuer son chef, Wat Tyler. Dans le roman *Un rêve de John Ball* (1888, trad. fr. M. Leclair, Paris, Forges de Vulcain, 2011), Morris tisse explicitement le lien entre cet épisode et les luttes socialistes du XIXe siècle.

J'ai l'air de plaisanter ou de divaguer, mais il y a autre chose derrière. L'administration de l'industrie par les guildes devait de toute façon prendre fin, quand le désir général de nouvelles connaissances, d'une plus grande maîtrise de la nature et d'une accélération de la vie, serait devenu assez fort pour entraîner le travail productif vers une nouvelle étape de son développement. Les guildes étaient incapables de soutenir l'expansion devenue alors inévitable, et elles devaient disparaître, après avoir largement contribué à la mort de la hiérarchie féodale et donné naissance aux classes moyennes, qui devinrent la nouvelle force dominante en Europe. Le capitalisme a commencé à croître au sein des guildes : le compagnon [6], le soi-disant travailleur libre, y est né ; et en-dehors des guildes, en particulier dans notre pays, la terre a peu à peu été cultivée au profit de son propriétaire capitaliste plutôt que de la subsistance du paysan, et on a créé le système de production qu'exigeait le développement de la société moderne... la société du contrat, qui a remplacé la société du statut. Ce système avait besoin que le travailleur libre ne soit plus libre dans son travail, qu'il soit soumis à un maître qui, détenant la matière première et les outils de travail, exerce un contrôle complet sur son travail ; et qu'il soit sans relation directe avec le marché universel où se vendent les marchandises, dont l'existence même échappait à sa conscience. Il a ainsi progressivement cessé d'être un artisan, un homme qui, pour accomplir son travail, devait absolument s'y intéresser, puisqu'il est responsable de ce qu'il fabrique comme de ce qu'il gâche, et dont la clientèle était surtout composée de ses voisins, d'hommes dont il pouvait comprendre les besoins. Au lieu d'être un artisan, il doit maintenant être une « main », dont la seule responsabilité est d'exécuter les ordres de son contremaître. Dans ses heures de loisir, il est (peut-être) un citoyen intelligent, capable de comprendre la politique, ou de s'intéresser à la connaissance scientifique, ou à quoi que ce soit d'autre, mais durant ses heures de travail, il n'est pas même une machine, juste une pièce quelconque de cette machine immense et presque miraculeuse qu'est... l'usine : un homme, dont la vie n'a d'intérêt qu'en-dehors de l'objet de son travail, dont le travail est devenu « emploi », c'est-à-dire simplement l'occasion de gagner sa vie en dépendant de la volonté d'un autre. Dans ce système, à supposer qu'un intérêt quelconque reste attaché à la production de marchandises, il a complètement abandonné l'ouvrier ordinaire, pour devenir l'affaire de ceux qui organisent son travail ; et cet intérêt ne tient généralement pas au fait que les marchandises sont des choses qui se manipulent, qui se regardent... bref, qui s'utilisent, mais suppose de les traiter comme de simples jetons dans le grand jeu du marché mondial. J'imagine que rares sont les « manufacturiers » de ce grand quartier « manufacturier » [7] qui ne seraient pas horrifiés à l'idée d'utiliser les marchandises qu'ils « manufacturent », et s'ils pouvaient être témoins de l'enthousiasme qu'éprouvent les clients des

---

■ 6. Morris considère l'apparition des compagnons, qui ne sont plus apprentis, mais n'ont pas le statut de maîtres, comme le symbole de la fin de l'organisation égalitaire et démocratique des guildes. Voir par exemple W. Morris, « Architecture et histoire » (1884), dans *L'âge de l'ersatz et autres textes contre la civilisation moderne*, trad. fr. O. Barancy, Paris, L'Encyclopédie des nuisances, 1996, p. 44.

■ 7. La conférence a lieu à Liverpool, et précisément dans le quartier industriel et ouvrier de Vauxhall.

clients de leurs clients, quand leurs marchandises atteignent enfin l'usage auquel elles sont destinées, peut-être en souriraient-ils avec quelque cynisme.

Dans ce bref récit, j'ai intentionnellement omis les étapes intermédiaires qui ont mené des artisans du Moyen Âge au travailleur libre d'aujourd'hui, de la production de marchandises destinées à l'usage direct à la production de marchandises destinées à l'échange sur le marché mondial[8]. Je veux vous exposer le contraste le plus clairement possible ; mais comme je pourrais rencontrer des objections, je dois dire que je suis bien conscient que le processus de transformation a été graduel : au début, le nouveau travailleur libre n'a pas eu à beaucoup changer sa manière de travailler ; le système de la division du travail qui lui a été appliqué au XVIIe siècle s'est perfectionné au XVIIIe siècle ; et, à mesure que ce système approchait de la perfection, l'invention des machines automatiques a changé de nouveau le rapport de l'ouvrier à son travail et a fait de lui, dans les secteurs fondamentaux de l'industrie, non pas une machine, mais un ravitailleur de machine (ce qui était pour lui, je pense, un avantage) ; mais, d'un autre côté, les derniers savoir-faire artisanaux qui avaient jusque-là échappé au système de la division du travail sont presque tous tombés sous sa coupe, et l'artisanat a donc été éradiqué des classes salariées. L'artisanat a aujourd'hui pratiquement disparu, hormis dans les classes professionnelles, qui revendiquent le statut de *gentlemen*.

Si nous voulons vraiment donner aux arts architecturaux ou décoratifs une réalité, nous devons affronter ces faits, qui concernent au premier chef l'ouvrier. Cependant, si nous voulons clarifier la position réelle de l'ouvrier, du producteur de ces marchandises, nous devons aussi prendre en considération la position du consommateur. Car on dira peut-être : si vous désirez que ces marchandises soient produites, il suffit de créer la demande correspondante, et elle les fera alors naturellement advenir, tout en transformant de nouveau l'ouvrier en artisan. En admettant qu'une telle demande soit authentique, et aussi qu'elle soit suffisamment importante, c'est tout à fait vrai ; mais alors la question se pose de savoir s'il est possible de créer cette authentique et large demande ; et si oui, comment il faut s'y prendre.

Or, de même que le système de production actuel a fait de l'artisan une machine dépourvue de volonté, il a transformé l'acheteur de proximité, qui faisait ses courses avec bon sens, en esclave du marché mondial... un porte-monnaie. La devise du mercantilisme moderne étant, non pas le marché pour l'homme, mais l'homme pour le marché : le marché est le maître, l'homme l'esclave, ce qui, à mon avis, inverse l'ordre raisonnable des choses. Vérifions que c'est bien le cas. Aujourd'hui, le grand problème auquel nous devons faire face est d'employer correctement le travail humain ; un travail inemployé nous dévorerait d'abord, et Dieu sait ce qu'il adviendrait ensuite ; mais si nous ne l'employons pas correctement, nous aurons pour seul horizon une société vile et corrompue ; pour ma part, j'aimerais que nous arrivions à réfléchir à la manière dont il faut employer le travail, plutôt que de l'employer n'importe comment. En tout état de cause, force est de reconnaître que – sans parler

■ 8. Pour un exposé plus détaillé de ce récit historique, voir par exemple « Architecture et histoire », conf. cit., p. 36-50.

des quelques centaines de milliers de personnes qui, quoi que nous fassions, mourront de faim si elles ne vont à l'hospice –, nous devons nous soucier de l'emploi de la force de travail, c'est-à-dire, des hommes. J'ai dit tout à l'heure, et je le répète encore une fois avec toute la force dont je suis capable, que les véritables employeurs (c'est-à-dire les clients) des travailleurs sont les travailleurs ; et s'ils n'avaient pas d'autres clients, je suis parfaitement certain qu'à long terme, ils ne s'emploieraient qu'à fabriquer des choses utiles, parmi lesquelles, bien sûr, je compte les œuvres d'art de toutes sortes ; mais comme ils ont d'autres clients, j'en suis beaucoup moins sûr, car je vois comme tout le monde qu'ils s'emploient à produire beaucoup de choses vendables, certes, mais inutiles. Ils ne sont pas eux-mêmes d'aussi bons clients pour eux-mêmes qu'ils devraient l'être, parce qu'ils ne sont pas assez riches ; toutes les marchandises qu'ils consomment sont nécessairement de qualité inférieure, sans parler de leur quantité ; de ce fait, leur clientèle doit être complétée par celle des classes aisées et fortunées, dont nous pourrions supposer qu'elle est, elle, suffisamment riche pour satisfaire son besoin de choses vraiment désirables : quelqu'un de raisonnable ne voudrait rien de plus, s'il pouvait se maîtriser ; mais à en juger d'après ce que je vois autour de moi, ce n'est pas le cas. Il faut croire que le marché des paris sur les profits [9] est si astreignant, ou que le besoin d'employer de la main-d'œuvre est si pressant, que les riches ne peuvent se permettre de n'acheter et de ne consommer que ce dont ils ont besoin ; ils doivent, en plus, acheter et consommer beaucoup de choses dont ils n'ont pas besoin : il leur faut prendre des habitudes de luxe fastueux, pour que le marché, que la misère des pauvres laisserait exsangue, puisse être maintenu en activité par le luxe qu'il procure aux riches. Vous devez comprendre que j'entends ici affirmer que, si toutes les marchandises fabriquées doivent être consommées, la consommation ne prouve cependant pas leur utilité : elles peuvent être utilisées, ou elles peuvent être gaspillées, or si elles ne répondent pas à un besoin, elles ne peuvent pas être utilisées, et sont donc nécessairement gaspillées.

L'examen de la possibilité d'une vaste et authentique demande pour l'art architectural, se heurte donc ici d'emblée à cette difficulté, que les ouvriers, qui doivent être les producteurs de l'art, sont largement, je dirai même généralement, employés à gaspiller leur travail de deux manières : d'une part, en fabriquant des marchandises de qualité inférieure, que leur position inférieure les contraint à acheter, et pour lesquelles il ne devrait pas y avoir de demande ; et d'autre part, en fabriquant des marchandises, destinées non à l'usage, mais au gaspillage des classes riches, pour lesquelles, là encore, il ne devrait y avoir aucune demande. Et ces deux types de demandes, aussi malheureusement fausses l'une que l'autre, s'imposent respectivement à ces deux classes, parce que la position qu'elles occupent ne leur laisse pas le choix. Le marché mondial, qui devrait être notre serviteur, est notre maître, et ordonne qu'il en soit ainsi. Par conséquent, la large et authentique demande pour des arts architecturaux, qui ne peuvent être produits, comme nous

■ 9. Morris compare souvent le marché à une salle de jeux, et l'entrepreneur capitaliste à un parieur, qui spécule sur les profits possibles en risquant la vie des autres.

l'avons vu, que par des artisans, ne peut être créée dans le cadre du système de production actuel, qui, en effet, ne pourrait pas survivre si la majeure partie de ses produits étaient le fruit de l'artisanat.

Nous en arrivons donc finalement à la conclusion suivante : le plaisir et l'intérêt dans le travail lui-même sont nécessaires à la production d'une œuvre d'art, si humble soit-elle ; ce plaisir et cet intérêt ne peuvent être présents que lorsque l'ouvrier est libre dans son travail, c'est-à-dire conscient de produire un bien adapté à ses propres besoins d'homme sain ; le système actuel de production industrielle ne permet pas l'existence de tels ouvriers libres, produisant consciemment des marchandises pour eux-mêmes et leurs voisins, et interdit au grand public de demander les marchandises que ce genre d'hommes fabriquent ; par conséquent, comme ni les producteurs ni les utilisateurs de marchandises ne sont libres de fabriquer ou de demander des marchandises selon leur volonté, il est impossible, dans notre système de production actuel, que les arts architecturaux que je vous ai exhortés à rechercher avec force, puissent réellement exister, ce qui nous condamne à nous contenter de prétendre qu'ils existent ; cette voie me semble assez déplorable.

Alors, que pouvons-nous faire pour nous sortir de cette honteuse impasse, pour être libres de dire, soit que nous voulons les ornements de la vie, et qu'aucun faux-semblant ne nous satisfera, soit que nous ne les voulons pas, et que nous nous en passerons ?

Si l'on accepte mes prémisses, la conséquence pratique est claire : nous devons essayer de changer le système de production des marchandises. Pour devancer d'éventuelles objections, une fois de plus, je ne veux pas dire par là que nous devrions viser la disparition de toutes les machines : je ferais faire par des machines certaines choses qui sont aujourd'hui faites à la main, et j'en ferais faire d'autres à la main qui sont aujourd'hui faites par des machines. Bref, nous devrions être les maîtres de nos machines et non leurs esclaves, comme nous le sommes maintenant. Ce n'est pas de telle ou telle machine tangible, en acier et en laiton, que nous voulons nous débarrasser, mais de la grande machine intangible de la tyrannie commerciale, qui opprime notre vie à tous. Je pense que cette rébellion contre le mercantilisme est la plus digne des entreprises : souvenez-vous de mon introduction, quand j'ai affirmé qu'outre la nécessité de travailler, nous devrions y être poussés par le plaisir et l'intérêt du travail lui-même. Je ne plaide pas pour que l'on produise un peu plus de beauté dans le monde, quels que soient l'amour que je lui porte et les sacrifices que je pourrais faire pour elle ; ce sont les vies des êtres humains que je défends ; ou si vous voulez, comme le poète latin, les raisons de vivre [10]. Dans cette assemblée, vous n'êtes peut-être que très peu à pouvoir comprendre ce que signifie le dur labeur quotidien, sans autre espoir que la poursuite d'une vie de dur labeur, qui est le lot de tous, à l'exception de quelques-uns seulement, dans notre civilisation ; car on ne peut en effet le comprendre que par l'expérience ou par un puissant effort d'imagination ; mais faites de votre mieux pour vous le représenter, et pour saisir ensuite

---

■ 10. Allusion à Juvénal, *Satires*, VIII : « regarde comme la pire infamie de préférer la vie à l'honneur et pour sauver ta vie, de perdre les raisons de vivre » (*Juvénal et Perse, Œuvres*, trad. fr. H. Clouard, Paris, Garnier, 1934).

ce que signifierait la transformation de ces heures quotidiennes de besogne désespérée en journées de travail agréable, d'exercice heureux des énergies viriles, illuminé par la certitude d'être utile et l'espoir d'être salué par les amis et voisins pour qui on s'y livre. Quand vous y aurez réfléchi sérieusement, vous devrez certainement admettre une fois de plus que l'obtention d'un tel changement mérite presque tous les sacrifices. Je le répète, comme je l'ai souvent dit, si le monde ne peut espérer être heureux dans son travail, il doit abandonner complètement tout espoir de bonheur.

Encore une fois, le but de ceux qui se soucient sérieusement des arts populaires est que nous soyons maîtres de notre travail, et que nous soyons en mesure de décider ce que nous voulons et ce que nous ferons ; et le prix que nous devons payer pour atteindre ce but est, pour parler sans détours, la refonte de la société. Car ce système de production mécanique et tyrannique que j'ai condamné est si intimement lié à la société dont nous faisons tous partie, qu'il en apparaît tantôt comme la cause, tantôt comme l'effet, et en est en tout cas inséparable ; vous ne pouvez éradiquer les taudis de nos grandes villes ; il ne peut y avoir de villageois heureux vivant dans de jolies maisons au milieu des arbres, travaillant à de jolies choses chez eux, ou dans l'agréable atelier du village entre le semis et la récolte, à moins de supprimer les causes qui ont donné naissance au brutal habitant des taudis et au famélique ouvrier agricole. Les fondements essentiels de la société, telle qu'elle s'est développée à travers les siècles, entraînent des effets qu'on ne peut simplement chercher à pallier. La société antique reposait sur l'esclavage, la société médiévale, sur le servage, la société moderne, sur l'irresponsabilité du travailleur salarié soumis à un maître ; et aucun effort extérieur ne peut disposer ce dernier à accomplir un travail étranger à son état de dépendance : l'artisan est responsable de son travail, et un homme sous tutelle ne peut être responsable de rien, sinon de l'exécution de la tâche que lui attribue son maître.

Mais de peur que vous pensiez que je ne vous indique pas clairement ce que vous pouvez faire, à part vous évertuer, comme moi, à préparer la reconstruction consciente de la société sur la base de l'égalité, je dirai un mot ou deux sur le travail qui nous attend d'ores et déjà en tant qu'artistes plutôt qu'en tant que citoyens. Il y a un petit groupe d'hommes qui travaille de manière indépendante, que l'on appelle par le nom que je viens d'utiliser… les artistes : le fait qu'ils constituent un groupe séparé résulte de l'incapacité du système commercial à utiliser des travailleurs indépendants, et le fait qu'ils soient exclus de la production ordinaire de marchandises est la cause extérieure évidente de la maladie dont souffrent les arts architecturaux. Quoi qu'il en soit, ce sont bien des travailleurs indépendants, la faiblesse de leur position étant qu'ils ne travaillent pas pour l'ensemble du public, mais pour une très petite partie de celui-ci, qui les récompense de cette exclusivité en leur donnant le statut de *gentlemen*. Maintenant, il me semble que la seule chose que nous pouvons faire, si nous ne voulons pas empêcher la reconstruction de la société, c'est de nous occuper de ce groupe de *gentlemen* travailleurs. Les travailleurs non *gentlemen* resteront hors de notre portée si nous n'abordons pas la question d'un point de vue plus large, mais nous pouvons essayer d'amener les artistes à s'intéresser aux arts de la vie dont la production est actuellement entièrement aux mains des machines irresponsables du système commercial, et à comprendre qu'ils devraient eux-mêmes, les artistes, si talentueux soient-ils, prendre part à cette production; et réciproquement, les travailleurs qui sont aujourd'hui des machines devraient être des artistes, si humbles soient-ils. Par ailleurs, nous pouvons tenter d'exhumer ce qui pourrait encore rester, étouffé sous la glaise compacte du système de l'usine, de responsabilité et d'indépendance, d'aller voir si certaines des personnes chargées de son organisation commerciale ne sont pas des artistes, et leur donner l'opportunité, quand cela est possible, de travailler plus directement pour le public, et de recevoir les marques d'approbation et de sympathie de leurs frères artistes, que tout bon travailleur désire naturellement. Je ne suis pas du tout le seul à penser que cela pourrait et peut se faire; en avançant cette idée, je ne formule pas le simple et vague espoir qu'elle puisse être tentée, je me fais le porte-parole d'un projet réellement mis en œuvre. J'ai l'honneur d'appartenir à une petite société sans prétention, dont M. Crane est le président, et qui, sous le nom de l'*Arts and Crafts Society*, vient de présenter avec succès une exposition de ce que l'on appelle « arts appliqués » à Londres [11], avec la ferme intention de promouvoir le but que je viens de décrire. Certains d'entre nous trouveront qu'un tel travail est très insignifiant et n'a rien d'héroïque, surtout s'ils ont été récemment confrontés à l'ignominie et à la misère sans fards d'un grand quartier manufacturier, ou s'ils ont vécu si longtemps dans l'enfer sordide du grand centre commercial du monde, qu'il fait partie de leur vie et qu'ils y sont maintenant « habitués », autrement dit, qu'ils se sont abaissés à son lamentable niveau; mais voilà quelque chose que l'on peut au moins faire, dans l'attente de jours meilleurs, pour maintenir vivante l'étincelle de vie dans les arts architecturaux, que la production commerciale pourrait sinon définitivement éteindre, désastre qui semblait des plus probables il n'y a pas si longtemps. Loin de nous retarder, je pense que ce modeste travail nous amènera plutôt à nous engager plus largement et plus profondément, et à contribuer de notre mieux à la réalisation de la Société des Égaux, qui, comme je l'ai déjà dit, donnera naissance aux seules conditions dans lesquelles le véritable artisanat peut être la règle de la production – cette forme de travail qui implique l'agréable exercice de nos énergies propres, et la sympathie pour les capacités et aspirations de nos voisins, à savoir, de l'humanité en général.

Traduit de l'anglais par Laure Bordonaba.

■ 11. Allusion à la première exposition organisée par l'*Arts and Crafts Society* (créée l'année précédente) à la New Gallery sur Regent Street, en 1888.

CONFÉRENCE SUR LA COLLECTION DE PEINTURE DE L'ÉCOLE PRÉRAPHAÉLITE ANGLAISE[1]

William Morris

M. Kenrick[2] a dit que mon discours allait porter sur l'art, mais il est évident qu'il s'agit là d'un très vaste sujet, et que je dois très considérablement me limiter. Plus encore, même si je n'entreprenais que de parler de tous les tableaux exposés ici, le sujet serait à nouveau si vaste que je n'en finirais pas. Je dois donc me limiter encore davantage. C'est pourquoi je me propose de vous parler presque exclusivement, à partir de ce que j'en sais, de cette école de peintres qu'on appelait autrefois les préraphaélites, et que l'on devrait peut-être continuer à appeler ainsi. C'est d'autant plus justifié que leurs doctrines ont été, de fait, couronnées de succès; elles se sont imposées à la génération actuelle, en tout cas aux Anglais, et elles ont également influencé dans une certaine mesure, je pense, les artistes français. En fait, elles ont exercé une très grande influence sur les œuvres d'art d'aujourd'hui. Je veux dire qu'au-delà des œuvres magnifiques qui ont été produites par les chefs de file de cette école, l'École elle-même a marqué l'époque.

Voyons ce qu'étaient les préraphaélites. Ils n'étaient assurément qu'un tout petit groupe. Les trois premiers chefs de file, les membres fondateurs de la confrérie préraphaélite, comme vous le savez probablement, étaient Dante Gabriel Rossetti, Everett Millais et Holman Hunt; mais d'autres artistes appartenaient à l'École, même s'ils ne faisaient pas à proprement parler partie de la confrérie. Les plus remarquables de ces peintres, aux débuts de l'École, étaient Ford Madox Brown et Arthur Hughes. Plus tard, votre compatriote, Burne-Jones[3], devint leur ami et compagnon de travail. Il y en eut d'autres encore, mais j'ai nommé ceux qui furent non seulement les plus éminents, mais aussi les plus caractéristiques de l'École.

Quoi qu'il en soit, ces quelques jeunes gens, totalement inconnus jusqu'à ce qu'ils *forcent* le public à les reconnaître, tentèrent quelque chose qu'il faut qualifier de vraiment audacieux : une révolte catégorique contre l'art académique qui régnait alors dans toutes les écoles de l'Europe civilisée. En fait, je pense qu'il faut regarder la révolte des préraphaélites comme une partie d'une révolte générale contre l'académisme en littérature comme en art. En

■ 1. Prononcée le 2 octobre 1891, à l'occasion d'une visite privée de l'exposition organisée par le Birmingham Museum & Art Gallery à la Corporation Gallery (Birmingham), cette conférence a été publiée en plaquette par E.C. Osborne & Son, Birmingham, 1891, puis reprise dans le recueil *William Morris : Artist, Writer, Socialist*, vol. 2, ed. M. Morris, Oxford, Basil Blackwell, 1936. La collection préraphaélite du musée de Birmingham est encore à ce jour une des plus importantes au monde. [Toutes les notes sont de la traductrice.]

■ 2. William Kenrick (1831-1919) : industriel et homme politique de Birmingham. Défenseur des *Arts and Crafts*, il a présidé le comité du Birmingham Museum & Art Gallery, et fait don au musée de *The Blind Girl* de Millais en 1891.

■ 3. Edward Burne-Jones était natif de Birmingham.

littérature, la révolte avait eu lieu beaucoup plus tôt. Il y a de nombreuses raisons à cela ; mais la principale me semble être que l'art de la peinture, étant beaucoup plus technique que la littérature, dépend beaucoup plus de la tradition que la littérature, et que cette tradition, quand bien même elle a perdu la position qui était originellement la sienne, si pauvre et si impuissante soit-elle devenue sur le plan positif de la création, conserve néanmoins un pouvoir négatif et conservateur, et empêche les gens de modifier la tendance générale de l'art ; alors que sa sœur, la littérature, dépend moins des traditions et est plus individuelle que la peinture – quoique ce ne soit pas un avis partagé –, et par conséquent la nécessité d'une révolte se fait sentir plus tôt, et ses effets se font plus facilement et clairement remarquer.

Avant d'aller plus loin, je ferais aussi bien de donner une date approximative. Si je me trompe, je vois au moins un ami dans la salle qui pourra me corriger. Il me semble que l'on peut situer la première apparition générale des préraphaélites devant le public autour de 1848 [4].

Eh bien, examinons, tout d'abord, la doctrine première qui sous-tendait leurs œuvres. Quel point de vue spécial et particulier adoptèrent-ils ? Car dans toutes les révoltes, il y a un principe spécial et particulier qui, pour ainsi dire, absorbe tous les autres, qui est si enthousiasmant que ceux qui mènent la révolte ne peuvent guère voir dans ce qu'ils font que ce qui incarne cette doctrine particulière. Eh bien, je pense qu'il ne faut pas aller très loin pour trouver la doctrine spéciale et particulière des préraphaélites. C'est, en un mot, le naturalisme [5].

Autrement dit, les préraphaélites ont commencé par dire : « Vous avez la nature sous les yeux, ce que vous devez faire, c'est copier la nature, et alors vous produirez quelque chose qui, quoi qu'il arrive, méritera l'attention du public. » Cela semble aujourd'hui, à première vue, une proposition évidente. Mais n'oubliez pas ce que j'ai dit tout à l'heure à propos de cette tradition usée qui dominait à l'époque l'ensemble des écoles artistiques en Europe. Je me souviens très bien que, quand j'étais enfant, lorsqu'on me montrait des tableaux, je ne comprenais pas du tout de quoi il s'agissait. Je disais : « Oh, d'accord, très bien. Il y a là le genre de choses qu'il est censé y avoir dans un tableau. Il n'y a rien à redire à cela, sans aucun doute. Je ne peux pas dire que je ferais autrement, car c'est à l'évidence de cette manière qu'il faut faire. » Mais en réalité, tout cela me laissait assez indifférent, tout comme, je pense, les neuf cent quatre-vingt-dix-neuf personnes sur mille qui n'avaient pas reçu de formation technique précise en art, qui n'étaient pas officiellement des artistes. J'allais dire – mais mon ami M. Wallis [6] vient de me corriger sur ce point – que même aujourd'hui, la majeure partie de ceux que j'appellerais les profanes en matière d'art, ne se mettent pas à exulter à la vue de l'œuvre d'un maître ancien. Si d'aventure ils rencontrent soudainement un maître ancien, je me risque à penser qu'ils sont assez déçus de l'impression que cela leur fait.

■ 4. Année de la fondation de la confrérie.
■ 5. *Naturalism* : comme le montre explicitement la suite du texte, le terme signifie ici toute autre chose que le réalisme matérialiste qu'il évoque en français.
■ 6. Whitworth Wallis (1855-1927) : directeur du Birmingham Museum & Art Gallery.

Eh bien, en réalité, les préraphaélites ne disaient rien d'autre que : « Nous allons rompre avec cette tradition pauvre et usée qui nous tyrannise depuis si longtemps. Nous allons de fait vous présenter quelque chose de naturel. » Et je dois dire que c'est exactement ce qu'ils ont fait. Leur peinture était tout entière portée par cette visée naturaliste et l'a pleinement atteinte, et je m'attendais à ce que la plupart pensent que le public acclamerait cette entreprise, qu'il l'accueillerait avec joie, qu'il dirait : « Voilà enfin quelque chose que nous pouvons comprendre. Voici des moutons reconnaissables ; voici des choses telles que nous les avons vues, telles que nous les voyons tous les jours, des choses qui ressemblent au plus au point aux choses qu'elles représentent. Il y a peut-être des défauts ici ou là, c'est possible, mais malgré tout, nous comprenons ce que cela signifie. Cela s'adresse à nous, au public, et pas seulement aux artistes qui ont des préjugés en faveur de certaines traditions. »

Mais, étrangement, loin d'acclamer ces tableaux, le public a fait exactement le contraire. En réalité, ils ont dit : « Ces choses sont monstrueuses. Elles ne ressemblent pas à la nature. » Ce n'est pas ce qu'ils voulaient dire ; ils voulaient dire : « Elles ne ressemblent pas à des tableaux ». Et en effet, ces tableaux ne ressemblaient pas aux tableaux que l'on faisait à l'époque, mais ils ressemblaient assurément à la nature ; impossible de le nier. Cependant, comme je vous le dis, le public a reçu ces tentatives comme on reçoit toujours les tentatives révolutionnaires des jeunes gens, avec des railleries, parce que ce public était lui aussi sous l'influence de la tradition académique.

Mais il y eut un homme qui, malgré cela, et alors qu'il avait été formé dans une école très différente de celle des préraphaélites, dans ce que j'appellerais l'école du dessin à l'ancienne (cette expression n'a ici aucune connotation péjorative, elle doit être prise en un sens purement descriptif) – qui, alors qu'il avait été formé dans cette école, et que son maître était M. J. D. Harding [7] – un nom que vous connaissez bien –, regarda vraiment ces tableaux préraphaélites, les yeux grands ouverts. Cet homme, j'ai à peine besoin de vous dire qu'il s'agissait de John Ruskin. Il s'est immédiatement fait le champion de ces jeunes gens face au public. Et il ne fait aucun doute qu'ils avaient grandement besoin d'un tel champion.

Quoi qu'il en soit, ils firent leur chemin, et finalement l'emportèrent, tout d'abord individuellement, en se faisant chacun une grande réputation tout à fait méritée, puis en faisant école ; leur doctrine fondamentale, le naturalisme, détruisit l'ancienne tradition académique affaiblie.

Mais maintenant, il faut en dire un peu plus sur ce que l'on entend par le mot « naturalisme ». Je peux concevoir, tout comme la plupart d'entre vous, j'imagine, un certain type de naturalisme qui ne serait pas très intéressant. C'est celui qui fait tant parler de lui de nos jours. Il consiste à utiliser l'art de peindre pour procéder à de simples relevés factuels, et il me semble que les tableaux peints dans cette optique, à moins qu'ils n'aient, en dépit de la

---

■ 7. James Duffield Harding (1798-1863) : peintre, dessinateur et graveur, spécialisé dans les paysages, membre de la *Society of Painters in Watercolours* (également appelée la *Old Watercolours Society*). Il fut le professeur de Ruskin, qui loue son œuvre dans *Modern Painters* (1843-1860).

théorie dont ils se réclament, d'autres ressources – ce qui, d'ailleurs, n'est pas si rare – ne peuvent guère être des œuvres d'art. Ils se situent plutôt à la frontière entre les œuvres d'art et les observations scientifiques. Les tableaux des préraphaélites n'avaient rien à voir avec cela, parce qu'en plus de la simple présentation de faits naturels, ils visaient quelque chose de différent et de beaucoup plus important. Ces peintres cherchaient, et certains d'entre eux sans doute davantage que d'autres, à présenter un événement avec justesse. En d'autres termes, ils en étaient certainement arrivés à la conclusion qu'il était non seulement nécessaire qu'ils peignent bien, mais qu'il fallait que cet art de peindre, cette peinture de qualité, l'excellence de l'exécution, l'acuité du regard, le soin, le savoir-faire, etc. soient au service d'une histoire à raconter au spectateur. Cela, voyez-vous, parachève le naturalisme. Si vous avez quelque chose à dire, et que vous le dites bien au moyen de l'art de peindre, alors, et alors seulement, vous êtes un peintre naturaliste.

Il ne fait aucun doute qu'au début du préraphaélisme, en tout état de cause, la mode était à la dénonciation du respect de toute convention quelle qu'elle soit en peinture, puisque les œuvres étaient produites contre la tyrannie d'une convention faible, pauvre et indigne comme je l'ai déjà dit. Mais en réalité, toute œuvre d'art, qu'elle soit imitative ou suggestive [8], doit être fondée sur une convention quelconque. Il me semble que l'essentiel – et je pense que les préraphaélites l'avaient instinctivement compris –, c'est que cette convention ne doit pas être, pour ainsi dire, une convention conventionnelle. Il doit s'agir d'une convention que vous avez découverte par vous-même d'une manière ou d'une autre, que vous l'ayez tirée de l'histoire ou que vous ayez été capable de l'atteindre à la lumière de la nature. En tout cas, vous devez comprendre qu'il est absolument impossible de donner une transcription littérale de la nature. Vous avez besoin de conventions. Dans la vieille histoire de Parrhasios et Zeuxis, Parrhasios dit : « Zeuxis a trompé les oiseaux, mais j'ai trompé Zeuxis. » Cette histoire, bien qu'instructive à certains égards, comporte une erreur. Zeuxis n'aurait jamais pu tromper les oiseaux : Zeuxis lui-même était beaucoup plus facile à tromper que les oiseaux, parce que Zeuxis était un homme, et avait une imagination, qui toute sa vie durant lui avait raconté une sorte d'histoire, histoire qui s'était connectée à ce qui lui était tombé sous les yeux. Eh bien, le naturalisme des préraphaélites, qui ne s'est pas contenté de la simple présentation d'un fait scientifique, mais est allé plus loin en étudiant soigneusement les conditions nécessaires à la réalisation d'une œuvre d'art, s'est fondé sur une convention authentiquement *naturelle*.

J'ai parlé jusqu'à présent des qualités qui font une grande œuvre d'art plastique sous deux angles différents : la présentation de la nature et la narration d'une histoire. Une œuvre d'art a cependant encore nécessairement un troisième aspect, et ce troisième aspect était à la fois moins pris en considération par le public, et beaucoup plus difficile à lui présenter : il s'agit de la fonction ornementale de l'art. Aucun tableau ne me semble achevé s'il n'est rien de plus qu'une représentation de la nature et le récit d'une histoire.

■ 8. La suggestion est pour Morris le propre des motifs [*patterns*] des arts décoratifs, quand ils ne sont pas directement mimétiques.

CONFÉRENCE SUR LA COLLECTION DE PEINTURE DE L'ÉCOLE PRÉRAPHAÉLITE ANGLAISE

■ 151

Il doit aussi receler une beauté distincte, harmonieuse et concertée. Il doit être ornemental. Il doit être susceptible de trouver place au sein d'un bel ensemble, dans une salle, une église ou un château. Parmi les préraphaélites fondateurs, Rossetti était le plus sensible à cette dimension de l'art de la peinture : tous ses tableaux ont une qualité décorative essentielle, et non simplement accidentelle, ni artificielle, parce que de tous ses compagnons il était celui qui avait le plus le sens du lien historique entre les arts. Son esprit avait été formé par son intérêt pour l'histoire, qui est un trait caractéristique de la révolte générale contre l'académisme ; et quiconque étudie l'histoire en conclura que l'art vivant a toujours été décoratif.

Mais cette dimension décorative de l'école avait besoin d'un autre homme pour achever de se développer, et le trouva dans la personne de votre compatriote, Burne-Jones, dont j'éprouve une certaine difficulté à parler objectivement, dans la mesure où nous sommes des amis très proches. Toutefois, je dois dire qu'il a apporté l'idée de *parfaite* ornementation, l'aspect complètement décoratif de l'art. En fait, lorsque l'école préraphaélite fut portée à son plein accomplissement par cet homme emblématique, il devint alors évident que le nom même du préraphaélisme indiquait suffisamment en quoi il consistait. Autrement dit, le préraphaélisme renouait avec l'art qui avait eu cours dans l'Europe entière avant que Raphaël ne marque l'aboutissement du mouvement par lequel l'art devint académique, c'est-à-dire inorganique : ce que l'on appelle la Renaissance.

Il est apparu clairement que la « nouvelle » école, qui fut d'abord accueillie avec tant de mépris et qui, depuis lors, a fait son chemin avec tant de vigueur, n'était en réalité rien d'autre qu'une branche du grand art gothique qui imprégnait autrefois toute l'Europe. Les caractéristiques de cet art gothique étaient les trois caractéristiques fondamentales dont j'ai parlé. D'abord, l'amour de la nature – et non, attention, de sa seule surface morte –, mais l'amour de la nature comme le seul moyen de raconter une histoire. L'amour de la nature est le premier élément de l'art gothique, puis vient sa qualité épique, et à ces deux éléments s'ajoute ce que les gens pensent très souvent être sa seule qualité, à savoir sa qualité ornementale. On peut dire qu'il partage ces qualités avec les écoles artistiques organiques de l'Antiquité, à commencer par l'école grecque (bien qu'il me semble qu'il les surpasse dans ses développements épiques et ornementaux), mais le gothique se distingue au moins par une qualité, sa qualité *romantique*, comme il me faut l'appeler faute d'un meilleur mot ; et cette qualité est éminemment caractéristique de Rossetti et Burne-Jones, et surtout de ce dernier. Même s'il faut les distinguer, elle constitue un élément de la qualité épique (chez Homère en particulier [9]) ; et elle est nécessaire au raffinement suprême de la décoration, à la plénitude qui lui fait traverser les époques – mais je reconnais qu'elle est plus aisée à sentir qu'à définir.

Et je dois dire que tout au long de l'histoire des arts, vous constaterez que lorsque les artistes pensent avant tout à raconter consciencieusement une

■ 9. Morris est l'auteur d'une traduction versifiée de l'*Odyssée* (London, Reeves & Turner, 1887), notamment saluée par Oscar Wilde.

histoire, leurs œuvres sont vraiment beaucoup plus belles, beaucoup plus dignes d'orner des bâtiments publics [10], que lorsqu'ils pensent uniquement à produire des œuvres de *pur* ornement. Il serait long d'expliquer pourquoi, mais c'est ainsi. Peut-être que cela peut vous sembler paradoxal au premier abord. Je crains toutefois de devoir ajouter un autre paradoxe, en disant qu'en général, les époques où l'on parle le plus des d'œuvres d'art, sont également celles où on en fait le moins. Eh bien, il faut nous appliquer cela à nous-mêmes, car après tout, nous sommes dans cette situation. Nous devons reconnaître qu'en ces temps difficiles, nous avons encore beaucoup de chemin à parcourir. Nous sommes contraints de parler de l'art, non pas parce qu'il est dans un état satisfaisant, mais parce qu'il est dans un état très insatisfaisant : sinon, pourquoi aurions-nous à en parler ?

Encore un ou deux mots pour résumer les caractéristiques des différents membres de l'école préraphaélite. Je dois dire qu'en tant que représentant du pur naturalisme, qui se préoccupait moins de raconter que de présenter des formes naturelles, Millais l'emportait sur les trois autres, Dante Gabriel Rossetti, Holman Hunt et Ford Madox Brown, qui avaient en commun le même souci de représenter soigneusement un événement. En regardant leurs tableaux, vous constaterez qu'ils veulent toujours frapper fort de ce point de vue : dans l'image, il se passe toujours quelque chose, quelqu'un est toujours en train de faire quelque chose. Ils disent : « Voici un événement »; et au meilleur de leur talent, ils parviennent à faire ce que tout artiste authentique essaie de faire – convaincre réellement le spectateur que les événements représentés n'auraient pas pu se produire autrement que comme ils sont représentés. Telle est la fin, le but de ce que j'appellerai, faute d'un meilleur mot, l'art dramatique – mais peut-être vaudrait-il mieux parler d'art épique. Quant à Rossetti et Burne-Jones, ce sont les membres de l'école chez qui la représentation soigneuse des événements traite de sujets romantiques d'une manière romantique, et *par conséquent* inclut la décoration comme qualité essentielle.

Maintenant, je dois dire un mot sur le fait que Rossetti et Burne-Jones ne se sont pas du tout occupés de représenter les scènes ordinaires de la vie moderne qui se déroule sous vos yeux. On a souvent reproché cela aux artistes « romantiques », comme un défaut. Maintenant, je dois dire que je pense tout simplement que *c'est* un défaut. Mais ce défaut est-il le fait de l'artiste en tant qu'individu, ou du public en général ? Pour ma part, je penche pour la deuxième possibilité. Quand un artiste a vraiment un sens aigu de la beauté, je me risque à penser qu'il ne peut pas représenter littéralement un événement qui se déroule dans la vie moderne. Il doit ajouter quelque chose pour atténuer ou adoucir la laideur et la sordidité du cadre de vie de notre génération. Ce n'est pas seulement le cas en peinture, voyez-vous : c'est aussi le cas en littérature. Deux exemples me viennent à l'instant à l'esprit. Prenons les romans d'un auteur comme Hardy, ou de ceux qui écrivent plus ou moins dans la même veine. Ils sont censés représenter des scènes de la vie moderne

---

■ 10. L'intérêt de Morris pour les bâtiments publics vient du fait qu'ils sont par définition destinés à tous les yeux : occasion d'un partage esthétique, ils participent à la formation artistique du public.

dans leurs romans. Mais le font-ils ? Je dis que non, parce qu'ils prennent soin de baigner ces scènes modernes dans une atmosphère de vie campagnarde retirée, que personne parmi nous ne peut connaître. Si vous vous enfoncez dans la campagne, vous ne verrez pas les héros et héroïnes de M. Hardy se promener, je vous l'assure. Vous verrez quelque chose de très différent lorsque vous rencontrerez un fermier britannique ordinaire, ou un ouvrier agricole britannique ordinaire qui se promène, et plus particulièrement – excusez-moi –, plus particulièrement lorsque vous croiserez leurs épouses et leurs filles. Je suis vraiment désolé, mais c'est ainsi. Eh bien, je dis que la difficulté est peut-être encore plus grande pour le peintre. En peinture, on ne peut pas s'éloigner autant des faits qu'en littérature. Néanmoins, je pense que ceux d'entre vous qui ont vu les tableaux de Walker (et si vous les avez vus, vous les avez sûrement admirés, car ils sont extrêmement beaux et extrêmement habiles) auront senti que ses paysans, ses faneurs, ses charretiers et les autres, ne sont pas réellement des charretiers et des faneurs anglais d'aujourd'hui, mais des charretiers et des faneurs descendus de la frise du Parthénon. L'agriculteur britannique n'est pas bâti comme ça, ou seulement très rarement. Parfois, on trouve des hommes de ce genre parmi les vagabonds sans feu ni lieu, peut-être chez les gitans, mais jamais parmi les travailleurs ordinaires du pays. Bien sûr, tout le monde est libre en art, et évidemment, si quelqu'un ressent sincèrement le désir de traiter des sujets modernes, qu'il le fasse, et qu'il le fasse du mieux qu'il peut ; mais, d'un autre côté, je ne pense pas qu'il ait le droit dans ce cas, et au vu des écarts qu'il est absolument contraint de faire, de reprocher à son frère artiste de revenir à la vie des temps passés ou, dirons-nous plutôt, puisque son imagination doit s'habiller d'une manière ou d'une autre, de prendre spontanément le costume d'une période où le cadre de la vie n'était pas laid, mais beau.

Bien, j'ai essayé du mieux que j'ai pu de vous donner une idée des principes généraux de l'école préraphaélite. Je dis que ces principes, en tant qu'ils défendaient le pur naturalisme, ont plutôt réussi, je veux dire qu'ils ont réussi à donner naissance à une école continue. En tant qu'ils défendaient la représentation juste de l'événement – c'était leur particularité – ils ont moins bien réussi, car il est vrai que pour produire des œuvres de ce genre, il faut soit des artistes d'un génie étonnant et prodigieux, et il n'en naît que très peu à chaque époque, soit une grande école de tradition homogène, capable de tirer parti des diverses qualités des hommes les moins doués pour les combiner en un tout harmonieux. Enfin, l'objectif ornemental de l'école a encore moins laissé de traces. Il ne faut pas s'en étonner, dans la mesure où la dimension ornementale de l'art est en fait une partie de l'architecture, et que l'architecture ne peut s'épanouir que si elle est l'expression spontanée du plaisir et de la volonté d'un peuple entier. De nos jours, admettons-le une bonne fois pour toutes – et c'est une des raisons pour lesquelles ces musées de peinture, où chaque tableau se suffit à lui-même, sont intéressants pour nous –, aucune œuvre d'art ne saurait être tirée des efforts combinés de tout un peuple, mais elle doit être simplement le travail et l'expression du génie individuel, de capacités individuelles, mises au service d'une certaine fin. Cela me ramène à ce dont je parlais à l'instant, et je pense qu'une des raisons pour lesquelles il y a tant à dire sur cet art qui traite de la vie passée, ou plutôt de l'imagination que l'artiste s'en fait, est que c'est la seule manière pour un artiste de pouvoir prendre appui sur quelque chose qui, sous la forme de l'histoire, joue le rôle de cette idée traditionnelle d'un art combiné et commun à tout un peuple. Peut-être est-ce finalement, je pense, la véritable raison intrinsèque qui fait que la représentation de la vie qui nous entoure aujourd'hui est si difficile.

En fin de compte, cependant, je dois répéter que c'est probablement un défaut de nos arts que de ne pouvoir le faire ; et ce défaut, je pense que nous devrions par tous les moyens nous efforcer d'y remédier. Maintenant, j'essaierai de ne pas trop m'attarder sur les avantages des lieux comme celui où nous nous trouvons actuellement : les musées, les galeries d'art, etc. Les musées et les galeries d'art ne sont pas de la moindre utilité pour une population qui n'a aucune idée de l'art avant d'entrer dans les galeries et les musées. On ne peut pas éduquer un homme qui ne désire pas sincèrement être éduqué : c'est un fait. Mais si ce désir existe, et ce désir doit sans aucun doute exister, si ce n'est universellement, si ce n'est même très largement, au moins à un certain degré, alors je dis que si ce désir existe, tous les lieux comme les musées, et je vais ajouter les galeries – il suffit que les tableaux soient seulement assez bien choisis –, peuvent être d'un très grand profit pour ceux qui ont ce désir, qui veulent vraiment se confronter aux grands artistes d'aujourd'hui et d'autrefois. En effet, une fois qu'il aime l'art, un homme doit nourrir cet amour pour l'art en voyant des œuvres qui non seulement sont reconnues comme de grandes œuvres d'art, mais qu'il peut lui-même ressentir comme telles. On se demande parfois si l'homme ordinaire, l'homme de la rue (quelle que soit sa classe, je veux dire) est bon juge pour les œuvres d'art. On dit qu'il est trop inculte, etc. Mais regardons les choses en face. Ce serait formidable qu'il soit cultivé, ce serait merveilleux. Cependant, si c'était le cas, tous les efforts que vous devez faire aujourd'hui pour l'éducation artistique n'auraient pas lieu d'être. À vrai dire, ce n'est pas tant que l'homme de la rue soit sans culture. Au contraire, il baigne dans la lie de tous les arts de l'époque à laquelle il vit. N'en est-il pas entièrement et exactement ainsi ? J'en suis persuadé. Peut-être ne suis-je pas vraiment fondé à parler d'un autre membre de la famille des arts, parce que je n'en sais pas grand-chose, mais je suis tout à fait certain que dans l'art de la musique, ce ne sont pas les belles œuvres d'art que l'homme « inculte » aime, mais les airs ordinaires, plats et *banals* qu'on lui tambourine aux oreilles à chaque coin de rue. C'est normal. En d'autres termes, tout le monde a tendance à tomber sous la domination d'une tradition quelconque ; et la belle tradition, la tradition supérieure, ayant disparu, les hommes tomberont certainement entre les mains de la tradition basse et inférieure. Débarrassons-nous donc une fois pour toutes de l'idée que la masse des gens puisse avoir une idée intuitive de l'art sans être en relation immédiate avec les grandes traditions des temps passés, et sans rencontrer chaque jour de belles choses bien faites. Maintenant, il me semble (en fait j'en suis certain) que si les gens ne pratiquent pas d'art, s'ils ne voient pas non plus d'art, cela aura pour conséquence d'éteindre en eux tout penchant pour la pratique artistique, et tout désir d'art. On constatera la disparition complète du sens de l'art, qui a jusqu'ici été l'un des sens du genre humain. Laissé sans usage, il se perdra, exactement comme le goût ou le toucher seraient peu à peu perdus si les hommes ne s'en servaient plus. Par conséquent, je dis que nous devons absolument cultiver le peu qu'il reste de désir de revenir aux meilleures traditions de l'art. Ces traditions, nous devons bien entendu les retravailler nous-mêmes. Elles doivent nous aider à produire quelque chose qui n'a jamais été produit auparavant. Nous ne pouvons pas reproduire le travail du passé. Nous ne le voulons pas, et cela ne nous serait pas d'une grande aide si nous le pouvions ; de toute façon, que nous le voulions ou non, il est absolument certain que c'est impossible. Mais l'éducation peut faire naître de nouveaux désirs dans ces domaines, et ces nouveaux désirs produiront un nouvel art. Et de ce point de vue, l'action de la Ville de Birmingham me semble digne de tous les éloges. Elle est déterminée à ce que son musée et sa galerie d'art produisent de réels effets.

Je voudrais encore dire un mot avant de terminer, un mot de remerciement à ceux qui ont prêté leurs œuvres d'art à la ville. Je ne veux pas trop m'étendre là-dessus, car je suis convaincu qu'un homme qui a acheté un chef-d'œuvre est, pour ce qui regarde ce chef-d'œuvre, dans la position d'une sorte d'administrateur de bien public. Néanmoins, compte tenu du fait que les gens font rarement leur devoir, je pense que vous serez tous d'accord avec moi pour dire qu'il faut les remercier quand ils le font. Ce n'est pas si fréquent que cela.

Encore un dernier mot sur les préraphaélites dont je n'ai pas parlé comme il aurait fallu, parce que c'est vraiment un sujet très difficile, qui a tellement de ramifications qu'il serait très long d'en traiter de manière satisfaisante. Je voudrais proposer à tous les jeunes artistes ici présents de regarder les chefs de file du mouvement préraphaélite, comme un exemple de patience, de diligence et de courage, et de cette *rigueur minutieuse* qui accompagne toujours le vrai génie pratique : ces seules qualités auraient pu justifier le succès qu'ils ont obtenu dans leur difficile tâche. Et représentez-vous, s'il-vous-plaît, à quel point elle était difficile, comme il était difficile de parvenir à amener une partie considérable d'un public qui ne se souciait d'aucune forme d'art, et qui se satisfaisait tout à fait de n'importe quelle œuvre convenue, à comprendre ce que faisait l'école, à apprécier le travail des artistes, à leur permettre, ce qui après tout n'est pas rien, d'en tirer des moyens de subsistance, et enfin à transmettre leurs noms à la postérité, comme ceux de personnes ayant vraiment mérité les honneurs de leur pays. De plus, les jeunes artistes comprendront certainement qu'ils doivent aussi *apprendre* avec patience et rigueur, et ne pas prétendre être maîtres dans leur métier alors qu'ils sont encore en apprentissage. Voilà un lieu commun, direz-vous : oui, mais qu'il est nécessaire de rappeler, par-dessus tout en ces jours chaotiques. Enfin, bien qu'il soit extrêmement profitable pour eux, durant leur apprentissage, d'étudier avec application, et même en un sens de suivre la manière de travailler d'un grand maître, le temps doit venir ensuite pour chacun de travailler par lui-même : non pas simplement travailler à la manière du grand maître, mais produire un travail qui soit le sien ; sinon, autant renoncer à être artiste. Car même les petits artistes, s'ils sont d'authentiques artistes, ont quelque chose qui leur est propre dans leur travail. Ce sont des mots que comprendront ceux qui sont vraiment dans le feu de la création, qui se battent vraiment dur pour devenir des artistes. Ils savent, bien sûr, la difficulté qu'il y a, lorsqu'on admire un grand maître, à ne pas suivre sa manière, et j'espère qu'ils comprendront clairement que la seule façon de suivre cette manière doit être de devenir progressivement, non pas un maniériste, mais un artiste original, qui offrira au monde quelque chose de différent, quelque chose qui n'existait pas avant qu'il commence à travailler.

Eh bien, Mesdames et Messieurs, je n'ai rien d'autre à ajouter, si ce n'est que je vous invite à poursuivre l'étude de ces maîtres, et de tous les grands maîtres qui figurent dans cette exposition, mais sans vous en tenir aux conventions. Ne vous contentez pas, face à un tableau, de dire que vous l'aimez parce qu'il est signé d'un grand nom, cherchez plutôt pour vous-mêmes si vous parvenez à l'aimer par vous-mêmes ou non, et si vous n'y arrivez pas, eh bien, je ne vous dis pas qu'il ne faut pas en avoir honte, car dans un certain nombre de cas, vous devriez peut-être en avoir honte, mais, quoi qu'il en soit, reconnaissez, sinon publiquement, au moins intérieurement, que votre éducation artistique est inachevée, et tâchez d'y remédier.

Traduit de l'anglais par Laure Bordonaba.

ABSTRACTS

L'ornement

Ornament, a Transartistic Notion?
Bernard Sève

Ornament does not exist in itself, it depends ontologically on a reality (artistic or not) that is prior to it – but many ornaments can be detached from their medium. The secondary of the ornament explains its propensity to proliferate. The ornament has thus an ambiguous relationship with the ornamented work: it tends to weaken it (through its proliferation) no less than to build it (through the binder or the shine it gives it). In music and in oratory art especially, ornamentation is essential. In all cases, the ornament aims to present the work ; in some cases, the ornament even stands for itself, as pure jubilation of life and "self-expression" without any recipient.

Ornament, Industry and Autonomy around 1800
Clara Pacquet

At the end of the 18th century in Germany, as the textile and porcelain factories became increasingly industrialised, a dispute broke out between theorists and practitioners over the value of ornaments: are they necessary or superfluous, initiating order or disorder, serving reason or imagination? Should they be taught or banned from academies? This normative crisis became an opportunity to reassess the boundary, whether it be considered to be tight or dynamic, between the fine arts and applied arts, and thus to launch a pioneering thinking on art grounding on autonomy and dealing with inseparable aesthetic and political issues.

Aby Warburg on the Singularity of the Drapery or Ornament Expressiveness
Marie Schiele

Far from being absent from Warburg's work, the notion of ornament stands out through its fragmentation and composite character. The purpose of this article is to reconstruct and study the plurality of Warburg's conceptions of ornament through the motif of drapery.

"Arabesques". A Western Story
Rémi Labrusse

By its etymology, the word arabesque, in European languages, refers to somewhere else. Since the 16th century, this sense of otherness has never ceased, fostering both attraction and mistrust towards a form whose ontological value remains deeply ambiguous. Its appropriation in the self-awareness of the modern West in no way detracts from its otherness, but it internalises it: with the arabesque, from the

Renaissance to the 18th century, from Romanticism to the avant-gardes of the 20th century, the foreign is transmuted into strangeness. There appears a disturbing and fascinating self-otherness, cracking the realm of objectivity to which the mimetic image seeks to be subordinated.

"Just like pearls": Mass Ornament from Siegfried Kracauer to Busby Berkeley
Aurélie Ledoux

From his early 1927 article on "The Mass Ornament", Siegfried Kracauer pointed out the similarity between the Taylorist organization of labour and the vast ornamental compositions of dancers whose model was to be provided a few years later by Busby Berkeley's cinema. With their excessive as well as reflexive dimensions, Berkeley's cinematic acts are an extension of and a commentary on Kracauer's thesis. But, more than that, by raising the question of a "fascist unthought" at work in this aesthetic pattern, they call for a clarification of its critical use in *From Caligari to Hitler* make of it, and for a reappraisal of the original ambivalence of Kracauer's thinking.

Ernst Gombrich: Explaining the Ornament
Laure Bordonaba

Why does humanity manifest "the universal urge to [...] cover [...] things with dots and scrolls, chequerboard and floral patterns"? The treatise Ernst Gombrich devoted to ornament (*The Sense of Order*, 1979, unpublished in French) is driven by that question. The concern to go back to the basis of the ornamental gesture thus leads him, in accordance with the general spirit of his intellectual enterprise, to root his history of the decorative arts in psychology, and even beyond in biology. After a presentation that situates Gombrich's explanatory ambition, we offer here the translation of the introduction to this major work on ornament.

William Morris : Ornament Policy
Laure Bordonaba

A figure of the Arts and Crafts movement and socialist activist, William Morris (1834-1896) never separated those two aspects of his existence: when craft and artistic practice becomes part of a defence of labour against its modern denaturation, political commitment aims to produce the conditions for a dignified life that cannot be conceived without beauty. As an introduction to the translation of two of Morris's lectures, so far unpublished in French, we revisit here the central role played by the notion of ornament in his thinking, since it precisely stands at the crossroads of his aesthetic and political conceptions.

FICHE DOCUMENTAIRE

3ᵉ TRIMESTRE 2020, N° 162, 163 PAGES

Le dossier du numéro 162 des *Cahiers philosophiques* est consacré à une approche théorique de l'ornement.

En lien avec le dossier, la rubrique « Introuvables » publie la traduction inédite de la préface du livre de E. Gombrich *The Sense of Order. A study in the Psychology of Decorative Art* (1979). Dans la rubrique « Situations » sont proposées deux conférences de 1888 et 1891, inédites en français, de W. Morris, figure du mouvement *Arts and Crafts*.

Mots clés

accessoire ; arabesque ; artisan ; arts décoratifs ; composition ; contingent ; cosmétique ; décor ; décoration ; decorum ; détail ; Emmanuel Kant ; Ernst Gombrich ; esthétique ; grotesques ; kosmos ; masse ; motif ; ordre ; ornamentum ; ornement ; parergon ; parure ; philosophie de l'art ; régularité ; relatif ; rococo ; Siegfried Kracauer ; superflu ; surplus, William Morris.

Textes clés d'esthétique. Connaissance, art et expérience
Danièle Cohn et Giuseppe Di Liberti (dir.)

L'esthétique a une histoire au long cours, que ce volume contribue à restituer. Elle mêle les écrits des philosophes, des artistes et des historiens de l'art. Philosophie « appliquée », elle se tient au croisement d'une psychologie de la perception et d'une anthropologie. Comme les textes ici rassemblés le montrent, l'esthétique ne se limite ni à une réflexion sur le jugement de goût, ni au plaisir d'une réception passive ni à une science du beau. Aussi les critiques d'un bon goût normatif, la crise du grand art, les interrogations sur l'hypothétique universalité du beau ne sauraientelles autoriser que l'on prône un malaise ou un adieu à l'esthétique. Loin qu'il y ait à lui substituer une philosophie ou une théorie de l'art, il s'agit d'assurer à toute philosophie de l'art possible des fondements esthétiques. Étude des formes sensibles et de la manière dont elles nous affectent, l'esthétique est partie prenante des débats les plus actuels sur les émotions, la fiction, la construction du réel et le langage, elle instaure et continue de déployer des positions dont ce volume de Textes clés d'esthétique vise à faire la cartographie.

Vrin - Textes clés
380 p. - 11 x 18 cm - 2012
ISBN 978-2-7116-2433-1, 13 €

Qu'est-ce qu'une image ?
Jacques Morizot

Devant une image ordinaire, nous sommes spontanément capables d'appréhender son contenu représentationnel. Quelles propriétés de l'image et quelles attitudes du spectateur permettent-elles d'atteindre ce résultat? Les analyses de Gombrich, Wollheim et Walton apportent des réponses différentes mais qui toutes mettent l'accent sur l'acte de voir. En ce sens, elles préparent le renouveau néo-naturaliste (Schier, Lopes) qui prend le contrepied des thèses conventionnalistes (Goodman) et structuralistes et qui rapproche aujourd'hui l'esthétique de la philosophie de l'esprit.

Vrin - Chemins philosophiques
128 p. - 11,5 x 17,5 cm - 2006
ISBN 978-2-7116-1801-9, 9 €

La perception
Essai sur le sensible
Renaud Barbaras

Il revient à la phénoménologie husserlienne d'avoir mis en évidence, avec la théorie de la donation par esquisses, l'originalité de la présence perceptive : le propre du perçu est de s'absenter de ce qui le présente, d'excéder toujours ce dans quoi il se donne. La question que Husserl permet alors de poser, sans parvenir à la résoudre complètement, est celle de la nature véritable du percevant et du sens d'être du perçu.
Cet ouvrage tente d'esquisser une réponse en rapportant la perception à l'activité d'un sujet vivant et en opposant par conséquent à la plénitude de l'objet, sorti du néant par un regard purement théorique, un monde dont la profondeur répond à l'insatisfaction qui caractérise la vie.

Vrin - Moments philosophiques
128 p. - 11 x 18 cm - 2009
ISBN 978-2-7116-2163-7, 10 €

CAHIERS

Derniers dossiers parus

Cahiers Philosophiques

BULLETIN D'ABONNEMENT

Par courrier : complétez et retournez le bulletin d'abonnement ci-dessous à :
Librairie Philosophique J. Vrin - 6 place de la Sorbonne, 75005 Paris, France
Par mail : scannez et retournez le bulletin d'abonnement ci-dessous à : fmendes@vrin.fr
Pour commander au numéro : www.vrin.fr ou contact@vrin.fr

RÈGLEMENT

❑ France
❑ Étranger

❑ Par chèque bancaire :
à joindre à la commande à l'ordre de
Librairie Philosophique J. Vrin

❑ Par virement sur le compte :
BIC : PSSTFRPPPAR
IBAN : FR28 2004 1000 0100 1963 0T02 028

❑ Par carte visa :

_ _ _ _   _ _ _ _   _ _ _ _   _ _ _ _

expire le : _ _ / _ _

CVC (3 chiffres au verso) : _ _ _

Date :

Signature :

ADRESSE DE LIVRAISON

Nom
Prénom
Institution
Adresse

Ville
Code postal
Pays
Email

ADRESSE DE FACTURATION

Nom
Prénom
Institution
Adresse
Code postal
Pays

ABONNEMENT - 4 numéros par an

Titre	Tarif France	Tarif étranger	Quantité	Total
Abonnement 1 an - Particulier	42,00 €	60,00 €		
Abonnement 1 an - Institution	48,00 €	70,00 €		
			TOTAL À PAYER :	

Tarifs valables jusqu'au 30/06/2021

* Les tarifs ne comprennent pas les droits de douane, les taxes et redevance éventuelles, qui sont à la charge du destinataire à réception de son colis.

Achevé d'imprimer en avril 2021
sur les presses de
La Manufacture - Imprimeur – 52200 Langres
Tél. : (33) 325 845 892

N° imprimeur 210373 - Dépôt légal : avril 2021
Imprimé en France